朝日大学産業情報研究所叢書 13

継承する地域・創造する地域

―コロナ禍を越えて蘇るその魅力―

中垣勝臣 編著

成 文 堂

はしがき

コロナ禍の影響

　2020年の年明けに，爾来幾年にもわたって根底から世界を混乱させ，人々を恐怖させ，社会基盤を揺るがして今なお，その悪影響を及ぼし続けている新型コロナウイルスの，世界的大流行を予測した人はどれほどいただろうか。すでに前年末から兆候はあった。ヨーロッパでは高齢者が異常に多く亡くなっていた。何か悪いものが流行していると誰もが知覚していた。

　ほどなくして，3月の卒業式を迎えるころには世界的流行は顕著となり，人々の行動は自発的にも社会的にも制限され，萎縮していった。以後，外国への渡航（アウトバウンド）も外国から日本への流入（インバウンド）も極度に縮小した。国内においても，職場で，プライベートで，県境を越えた他者との交流を制限されるなど，直接のコミュニケーションが少なくなった。われわれも出勤そのものが制限された。

　さて，予てより地域の問題について研究を進めていた「朝日大学産業情報研究所」は，叢書12『地域アイデンティティを鍛える』を2015年に刊行したが，それから既に5年余りが経過していた。今回の地域研究プロジェクトは，"地域の魅力を考える"という目的設定の下，コロナ禍が発生する以前の2018年に萌芽的研究としてスタートし，発展的研究を経て，2021年にはその成果が刊行される予定であった。ところが，コロナ禍によって様々な業務に忙殺され，たいへん言い訳がましいが，叢書の執筆は後回しになってしまっていた。

コロナ禍の下での取組み

　コロナ禍は人々の活動を萎縮させたが，他方で，情報通信技術の発展が非接触型のコミュニケーションを容易にしていた。インターネットやSNSの普及により，世界中の情報にアクセスし，世界中の人々とオンラインでコミュ

ニケーションしていた。コロナ禍は，そうした分野の進歩と普及を著しく増大させた。対面形式で行われていた講義も，仕事も，日常生活も，多くがオンラインやリモートで代替された。

　その進展の結果，対面型，接触型（いわゆるオフライン型）の非合理性に対するオンライン型の利点に人々が気づき始めた。毎日満員電車で出勤しなくても仕事はオンラインやリモートで，買い物もネットショップで，趣味やレジャーもインドアやバーチャル，オンライン型で代替可能であった。少なくともそう思えた。離れた家族や友人とのオンラインでのコミュニケーションにも慣れた。新しい生活スタイルが定着しつつあった。

　一方，"地域の魅力を考える"われわれにとっては，再考の機会となった。というのも，検討課題の一つが"インバウンドをどのように（岐阜）地域に取り込むか"であったからだ。ところがそれが蒸発してしまったため，インバウンドに過度に依存しない地域の創造，地域の魅力発信に視点論点が移行した。換言すれば，インバウンドというオブラートに包まれて見えにくくなっていた地域の魅力の本質について，インバウンドが存在しないものとして考える機会となった。

　地域，とりわけ少子高齢化と人口減少の長期的傾向が進行する地域において，コロナ禍は経済活動を加速度的に縮小させ，地域存亡の危機感はより深刻度を増した。地域経済を再活性化させるためにも，地域に関心を抱かせ魅力的と感じさせるものとは何か，人を地域に惹きつける吸引力とは何か，われわれにとってコロナ禍は，表層的ではない本質的な魅力について検討する機会となり，そのための期間であった。

コロナ禍を越えて

　インバウンドが蒸発したコロナ禍の地域において顕在化した魅力とは，過去から現在まで継承されてきた自然や伝統文化や歴史など（＝遺産）であり，その地に暮らす人々の営み（＝創造活動）の豊かさに他ならなかった。この本質的な魅力は，コロナ禍でも絶えることはなかった。

　そんな折，コロナ禍が一段落して，人々が落ち着きを取り戻した昨今，改めて人々は他者との直接のつながりを求めて活発に行動し始めた。その動きはコロナ禍前を上回る勢いで，「リベンジ消費」といわれるほど人々は行動し，消費に勤しんでいる。日本各地に外国人旅行客が溢れ，「オーバーツーリズム」の様相を見せ始めてさえいる。日本人も老若男女を問わず街に観光地に人が溢れている。コロナ禍は既に過去のものにでもなったかのようだ。インバウンド需要も回復して，コロナ禍を乗り越えて蘇った地域の魅力は，改めて人々を地域に惹きつけることとなった。

　しかし，単純にコロナ禍以前に戻ったわけではない。コロナ禍をきっかけとして発達した技術進歩，とりわけ情報通信分野での進歩が，人々の生活様式を大きく変えていった。直接的コミュニケーションと間接的コミュニケーションの両方を等しく，人々は生活を豊かにする手段として利用し始めた。情報通信技術の進歩は産業経済活動のあり方も変えていった。例えばクラウドファンディングなどの新しいビジネスの仕組みが登場した。ドローンやスマホアプリなどの新たなデバイスを情報収集・分析・発信に活用することで新たな領域が開拓され，ふるさと納税などの行政との協業を含めて，地域の魅力の可能性を広げている。

本書の成果と意義

　われわれはコロナ禍というフィルターを通して，改めて地域の問題を直視することになった。コロナ禍の前後で地域とそれを取り巻く環境はどのように変化したのか。結論から言えば，詳細は本論に譲るが，われわれの研究観点からすれば，コロナ禍という"非常事態"は一過性のものであって，本質的には大きくは変わっていないということだ。地域のいいところ（魅力）も悪いところ（課題）もコロナ禍を乗り切って，継承されてきている。本書を通じて地域の数多の魅力を取上げたが，SDGsの指標からみれば岐阜はまだまだ"遅れている"地域であり，解決すべき課題も山積している。

　ではコロナ禍後の地域はどうなっていくのだろうか。日本が少子高齢化の

流れにあって，魅力のない地域は過疎化を免れない。地域の生存をかけて，受け継いできた魅力（＝遺産）を未来に継承できるか，そこに新たな魅力を創造できるか，それが地域には問われている。本書各章が示したのは，破壊が創造を生みだすのではなく，継承が創造に繋がるということだ。創造するためには継承を疎かにしてはいけない。創造するとは継承することである。

☆　　　☆　　　☆

　最後に，コロナ禍は人間のあゆみを一時的に停滞させたが，一方で技術的にも精神的にも進化を促した。今こうして，われわれは情報発信を行っている。その事実をもって，換言すれば，本書の刊行をもって，やや時期尚早かも知れないが，人類に対する脅威"であった"新型コロナウイルスに対する，われわれの勝利宣言としたい。

編者記す

本叢書の構成と概要

　本書は全体を俯瞰する位置づけの序章と総括としての終章との間を，3部構成として"地域"の問題を扱っている。不特定，あるいは複数の地域に言及しているものもあれば，特に岐阜（ないし岐阜県）を中心としているものもあるが，本叢書の執筆者全員がワークとライフのいずれかまたはその両方で岐阜と関係があり，地域の在り方を検討するとき，直接の対象ではないとしても，どこかで少なからず岐阜を意識している点は共通している。

　それは岐阜での滞在経験を持つ外国の人々にとってもまた，同じである。外国の人の目に岐阜はどのように映るのか，読者も大いに興味深いだろう。そこで序章において，"外国人の目からみる岐阜の魅力"を語るという構成を採り，自然，歴史，文化，伝統産業など岐阜の魅力全般を俯瞰した。

　つづく第1部「"魅力ある地域"の根源を探る」では自然・文化・歴史の継承をテーマに，第1章「自然との共生を考える〜薬草の山・伊吹と共に〜」，

第2章「"名物"伊吹山薬草の歴史〜近江と美濃それぞれの歩み〜」，第3章「織田信長と貨幣」の3編が語られる。

　第2部「"豊かなる地域"の資源を活かす」では今日の産業・金融・財政の取り組みをテーマに，第4章「ローカル地域における商品開発と販路開拓」，第5章「「地域」を活かすための税システム」，第6章「クラウドファンディングを活用した地域活性化」の3編が述べられている。

　第3部「"特色ある地域"の未来を拓く」では，技術的進歩の活用と，精神的進歩に焦点を当てた未来志向の観点から，第7章「地域を支えるドローン技術」，第8章「情報技術とインバウンド」，第9章「あなたのムラは世界全体〜自分本意でSDGs〜」が語られる。

　終章「"日本人の目からみる外国の魅力"〜本書の成果と意義〜」では，序章とリンクさせて日本人からみた外国の魅力を語り，その上で叢書全体の成果と意義をまとめている。以下，各章の概要を示す。

序章　外国人の目からみる岐阜の魅力

　本章の第一節では，岐阜の歴史と自然環境について触れた上，外国人として実際に足を踏んだ岐阜の名所，下呂温泉，恵那峡，新穂高高原，飛騨高山などを紹介した。続いて，第二節では伝統工芸を紹介した。岐阜県では古くからモノづくりが盛んなことが特徴であり，豊かな森と水のおかげで，良質な木材，燃料となる薪，豊富な水，良質な土などに恵まれ，家具・木工，刃物，紙，陶磁器など，匠の技と日本の美を象徴する伝統工芸を生み出し，今日まで受け継いでいる。第三節では，コロナ禍が岐阜県に及ぼした影響を検討した上，インバウンドを誘致するための岐阜県の特色のある取り組みを紹介し，著者自身の経験からポストコロナ時代になっても変わらぬ岐阜県の魅力を披露した。最後に多くの外国人に岐阜に来てもらうために，三つの提言をした。

第1部　"魅力ある地域"の根源を探る

第1章　自然との共生を考える～薬草の山・伊吹と共に～

　循環型社会の形成が進む今，地域の"魅力"を継承しつつ，さらに健全な形で"発展"させていくためには，"自然環境を保全しつつ"もその"価値を利用する"，いわゆる「共生の関係」を築く必要がある。本章では朝日大学の所在地・美濃地方になじみのある「伊吹山」を題材に，常に人の生活と関わり合いながらその独自性を形成してきた"伊吹山の歴史"をたどり，人と自然の様々な"共生の形"を考察する。

第2章　"名物"伊吹山薬草の歴史～近江と美濃それぞれの歩み～

　伊吹山で採取される薬草は，近江（滋賀県）の名物として知られ，江戸後期に近江商人の販売戦略の中で発生した「織田信長が宣教師に命じて栽培させた」という説は，近代以降に史誌類や植物学でも取り上げられて流布した。一方，伊吹山のもう片側である美濃（岐阜県）では，薬草は生活の中に根付いていても販路がなく，昭和初期に揖斐郡春日村で商品化が目指された際も，免許制や登録制に阻まれ実現できなかった。本章ではこれらの歴史を紹介し，岐阜における薬草活用の展望にも言及する。

第3章　織田信長と貨幣

　岐阜の地と関係の深い織田信長が実施した撰銭令などの貨幣政策や，岐阜地域の出土銭貨を分析することで明らかとなる当該期における流通銭貨の実態，信長が使用した旗印である「永楽通宝」に関する考察などを通して，信長と貨幣史との関連に焦点を当てた考察を行う。また，併せてNHK大河ドラマ「麒麟がくる」に映し出された貨幣関連のシーンについて，貨幣史の専門的立場から時代考証的な解説を行う。

第2部　"豊かなる地域"の資源を活かす

第4章　ローカル地域における商品開発と販路開拓

　少子高齢が急速に進行する中，若年層を中心に人口流出が続くローカル経済はその多くで縮小傾向が見込まれる。そうした中，地域を活性していくためには，その地域特有の資源を利用したものづくりやサービス開発による価値創造が必要である。本章では，大都市圏の消費者や外国人旅行者の潜在的ニーズと地域資源とを組み合わせた魅力ある"売りモノ"作り，地元のものを地元で消費してもらう仕掛け，そして顧客との絆を強めていく取り組みなどについて成功事例をもとに考察する。また，地元文化を核とした"地域らしさ"の重要性，魅力づくりの土台となる地域や組織のあり方についても言及する。

第5章　「地域」を活かすための税システム

　地方財政の厳しい状況の中，各自治体では財源である税収入の確保が重要であることは言うまでもない。ここで重要なことは，最終的に税収を確保する上で，コスト削減とともに徴収率をいかに高めるのかという考え方である。また，地域や地方自治体がその資源を活かしていくためのもう1つ重要なテーマは，ふるさと納税である。各自治体では，新たな財源としてふるさと納税に期待し，多くの努力を捧げて必死に取り組んでいる状況である。本章では，これらのテーマを基にして，地域の実態や地域間格差の問題点を見ていく。地方税に焦点を当てて現状と課題を整理し，地域の長所や魅力を活かしながら運用していく政策について検討する。

第6章　クラウドファンディングを活用した地域活性化

　クラウドファンディングは，急速に発展して現在2,000億円ぐらいの市場になっている。特に新型コロナウイルスの影響で購入型クラウドファンディングが大きく増加した。購入型クラウドファンディングはリターンの商品の入手を目的に資金提供するプロジェクトが増加しており，EC取引に近づい

ている。岐阜県では飛騨信用組合が早くからクラウドファンディングに取り組み，現在では多くの金融機関が運営業者と提携している。購入型クラウドファンディングはストーリー作りが重要で，中小企業が新商品開発を行い，テストマーケティングを行う場として地域活性化に貢献することが期待される。

第3部　"特色ある地域"の未来を拓く

第7章　地域を支えるドローン技術

　現在ドローンは様々な分野で使用されており，特に画像・映像の分野では頻繁に使われている。我々がテレビやインターネット配信等で目にする観光PR動画にもドローン映像が多く含まれており，また撮影業者も全国に存在する。ドローンは2015年に航空法の改正により無人航空機と定義され，その飛行には国土交通大臣の承認・許可が必要となったが，官民挙げての普及促進により，現在では空撮以外でも農業，点検の分野では欠かせない技術となっている。本章ではドローンの現状について自治体の活用事例を紹介するとともに，筆者が関わる活動を紹介する。また，ドローンの未来について観光，物流，育成，課題について述べる。

第8章　情報技術とインバウンド

　朝日大学では，地域の知の拠点として地域貢献を目的とした産学連携を行っている。そのひとつに，地域の物流企業（濃飛倉庫運輸）との連携協議に基づく地域貢献のための共同研究がある。本共同研究では，岐阜県の県産品の越境電子商取引に着目し，海外からの観光客の購買行動を推進するためのデジタルプラットフォームならびにアプリケーションの開発を行っている。本章では，電子商取引の市場の拡大と岐阜県の県産品の販売促進のためのアプリケーション開発について紹介する。

第 9 章　あなたのムラは世界全体〜自分本意で SDGs〜

　2030 年が達成年とされる国連が提唱する持続可能な成長目標（Sustainable Development Goals：SDGs）をテーマとし，地域に生きる我々がどのように実際にその実働を行うべきかを提唱している。その中で，生活資源の獲得圏域であるムラ概念を提唱し，それが地域社会のみならず，世界全体に広がっている点を指摘している。地球の果てにある知らないムラ同士が互いに対等な立場で尊重し合う行動が，SDGs の達成に不可欠であると述べている。

終章　"日本人の目からみる外国の魅力"〜本書の成果と意義〜

　地域の魅力を考える上で，地域の"うち"側の立場と"そと"側の立場では，見方や感じ方が異なる。序章では"そと"から岐阜の魅力を論じたので，ここでは"うち"側の人間が一旦"そと"側の立場で外国の魅力を検討し，それを"うち"側に投影することで外国人旅行客にとっての日本の魅力，地域の魅力を考える。続いて各章で検討された個々の内容を本書全体の中に意味づけることで，本書の成果と意義を明らかにする。本書が示した一つの結論は，魅力を継承することが新たな魅力の創造に繋がる，ということである。最後に，本書を通して再確認した大学と地域の魅力の関係性について触れる。大学は地域にとって魅力的な存在であり，地域とのより一層の協業が必要である。

謝辞

　本書の発行にあたり，ご協力とご助言をいただきました，編者の中垣勝臣准教授，編集作業全般を補佐されました神谷真子教授と米田真理教授，校正作業を補助してくださった村橋剛史教授に感謝申し上げます。

　また，原稿執筆においては戴秋娟北京外国語大学歴史学院准教授，壁谷順之長崎県立大学地域創造学部教授にもご多忙の中，叢書への寄稿をご快諾いただき心より感謝いたします。ご執筆いただきました，すべての著者ならびに関係者に深謝いたします。

　本書の発行に至るまでには紆余曲折ありましたが，無事に刊行できますのは，執筆にご協力いただきました著者の皆様ならびに，取りまとめていただきました担当者のご尽力に他なりません。本書は様々な切り口で論じられております。これを一つの目的に向かって捻り合わせていく作業は，途方も無い労力と編集技術の賜物かと思います。そのご尽力の結果，このような立派な叢書を発行できましたことは，産業研究所の大きな功績となります。一時は発行も危ぶまれました叢書ですが，無事に世に出せることに安堵するとともに，言葉に尽くせないほど感謝しております。本当にありがとうございました。

　成文堂編集部の飯村晃弘氏には編集をサポートしていただいたのみならず，執筆が遅れたため厳しい発行スケジュールのなか，我々の無理なお願いにご尽力いただきました。心より感謝申し上げます。

　常日頃から産業情報研究所の活動にご理解を示され，並々ならぬ暖かいご支援を賜りました朝日大学宮田淳理事長，大友克之学長にお礼申し上げます。

朝日大学産業情報研究所　所長　矢守恭子

目　次

第1部　“魅力ある地域”の根源を探る

第2部　"豊かなる地域"の資源を活かす

第3部　"特色ある地域"の未来を拓く

序章

外国人の目からみる岐阜の魅力

はじめに

　日本に滞在して，時々，時間が過去のある瞬間に止まっているような気がする。古めかしい町は過去の歴史的な瞬間を語っているようである。ある町に滞在するだけで，多くの伝説や歴史物語を知ることができる。日本史を振り返り，最も有名な人を3人あげるとすれば，織田信長は必ずその中の一人となり，岐阜は信長のピーク時代の"タイムカプセル"であった。

　私は仕事の関係で，日本のど真ん中にある岐阜県でおよそ2年間生活したことがある。海から離れ，山地に囲まれている岐阜は地味なところであるが，生活しているうちに，その魅力に気づいてきたのである。岐阜は日本で最も有名な観光都市の一つであり，日本全国では数少ない内陸県のひとつである。北部の飛騨地域には，穂高岳，槍ヶ岳，御嶽山，乗鞍岳や白山など3000m級の山々がそびえ，標高3000mを超える飛騨山岳地帯から木曽川，長良川，揖斐川の3大河川が集まった標高0mの美濃水郷地帯まで，地形は千変万化し，自然資源は多彩で，日本人は飛騨の山と美濃の水を「飛山濃水」と呼んできた。このほかに，岐阜は日本の東西文化の接点として古くから交通と軍事の要衝であり，日本の東西交流の中心地として，重要な歴史の舞台になってきた。地の利をいかした独自の文化が育まれ，商いも活発に行われてきた。岐阜県内の西北部白山山麓1500mに位置する白川村は四方を山に囲まれ，

水田が縦横に走り，独特な合掌造り集落は自然と調和して，厳しい気候風土を耐え抜く先人の知恵を示しているため，1996 年に国連教育科学文化機関によって「世界遺産リスト」に登録された。白川村では，伝統的な農村文化が守られ，合掌造り集落は「生きた世界遺産」として，現在も人々の生活の場として使われている。

　本章はまず，岐阜の歴史，自然環境，伝統工芸産業の特徴を総合的に紹介した上，コロナ禍が岐阜に及ぼした影響とインバウンドを誘致するための岐阜の対応をサーベイし，そうした中で岐阜のオリジナルな魅力を再発見して，いかにしてより多くの外国人に岐阜に来てもらうのかについて提言を試みた。

第 1 節　岐阜の歴史文化

　岐阜県は日本のほぼ中央に位置し，面積は 1 万 621.29 km^2 で国土の 2.8% を占め，全国 7 位と広い県土を持つ県である。そのうち 4 分の 3 は山地である（**図序-1**）。人口は 193 万 3019 人[1] であり，県内は海抜 0 m の平野から 3000 m を超える飛騨山脈など標高の差が大きく，県庁所在地の岐阜市の平年気温が 15.8℃，北部の高山市の年平均気温は 11.0℃ というように，気候も地域によって大きく差がある。複雑な地形や気候の影響を受けて，県内にはさまざまな種類の動物や植物が生息し，自然豊かな地域でもある。

1　岐阜の歴史
1）飛騨の国と美濃の国
　岐阜の県域のほとんどは北部にある旧飛騨国と南部にある旧美濃国とで構成されている。「飛山濃水」すなわち山国の飛騨と水場の美濃という分け方をすることが多い。飛騨国が一国のまとまりとして中世末になって形成され，山国としての性格は律令国家によって確定されたのである。律令国家が飛騨国を林業を主要な産業とする地域と認定した。地域勢力による飛騨一国

図 序-1　岐阜県の位置

出典：岐阜県庁ホームページ（https://www.pref.
gifu.lg.jp/page/110.html, 最終閲覧日：2023 年 8
月 6 日）

統治の動きは室町時代から広瀬氏，江馬氏，三木氏など土着武士の台頭から
始まり，金森氏による一円支配が豊臣秀吉の時から続き，飛騨の経済的，文
化的特徴の形成に大きな役割を果たしていた。このように，一国的な政治
的・経済的集中は住民の "飛騨人" 意識の形成につながったのである[2]。

　一方，美濃国は東濃・北濃と西濃の西側が丘陵や山地であって，水場では
ないが，木曽川・揖斐川・長良川水系が網の目のように流れ，それらの間に
いくつもの輪中[3]が存在する平野部が美濃国の代表的な特徴である。美濃国
は畿内から東国に至る東山道の出入り口に立地し，中央政府にとって軍事的，
政治的に重要な位置を占め，東・西の社会，政治，文化の接点である。律令
三関の一つである不破の関が設けられた関国でもある。織田信長が全国統一
事業を美濃支配から始め，徳川家康が全国支配を関ケ原の戦いから本格化す

るなど東から西を攻略する際の舞台である[4]。

　関ケ原の戦いの後，事実上家康が天下を取った。江戸時代をとおして，美濃・飛騨は比較的平穏な時代を迎える。美濃は大名領，天領，旗本領と細分化され，支配地が複雑に入り組んだ形になった。飛騨は1692年に天領となり，高山城は破却され，代わりに陣屋が設けられて，そこで代官により飛騨の一国の政務が執り行われた[5]。飛騨は全国で珍しい一国天領として独自の豊かな文化を発展させた。このように，細分化され，入り組んだ支配体制の下で，美濃と飛騨はそれぞれに特徴ある地域文化・産業を発展させたといえよう。

　江戸幕府が瓦解した後，美濃・飛騨の天領・旗本領・藩領は幾たびかの変遷を遂げた後，1876年8月21日，岐阜県として統合され，これまで隣国とはいえ，文化も歴史も自然環境も大きく異なった美濃と飛騨が1つの県となったのである。

2）地名の由来

　岐阜市街地の北東，長良川の南にそびえるのが岐阜市のシンボルとも言うべき金華山（328 m）である。金華山は古くは稲葉山と呼ばれ，鎌倉時代以来，何代にもわたって城が築かれたとされているが，城下町を伴った本格的な城郭を構えたのは，全国大名斎藤道三が天文年間（1532-1555年）に入城してからのことと思われる。道三の娘婿で隣国の尾張国の織田信長が1567年に稲葉山に居城を移し，入城に際して，信長が尾張の政秀寺の禅僧である沢彦宗恩が進言した「岐山・岐陽・岐阜」の3つのうちから「岐阜」を選んだものといわれている。沢彦宗恩は，中国の「周の文王，岐山より起り，天下を定む」という故事にならってこれらの地名を考えたといい，天下統一を目指す信長は「曲阜」（学問の祖，孔子が生まれた集落があった魯国の首府にして儒学発祥の地）の「阜」を併せ持つ「岐阜」を選定して，太平と学問の地であれとの意味を込めて命名したとされる[6]。このように信長は「岐阜」というところから天下布武の第一歩を踏み出した。

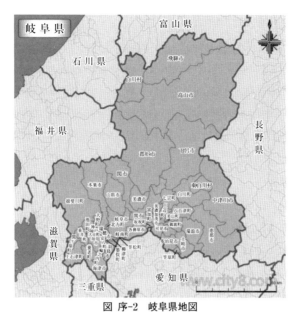

図 序-2　岐阜県地図

出典：https://image.baidu.com/search/detail?ct=，最終閲覧日：
2023 年 8 月 6 日）

2　豊かな自然環境

　岐阜県は本州のほぼ中央に位置し，海を持たない内陸県であるが（**図 序-2**），
標高 0 m の低海抜地から 3000 m をこえる山岳地に及び，暖地性から寒地性
まで変化に富んだ豊かな植生が見られ，多様な自然環境からなっている。県
の北部及び東部の大部分は山地で，東部は長野県に広く接しておりその多く
が飛騨山脈で，北部には奥穂高岳，槍ヶ岳など北アルプスを代表する山々が
連なっている。また，その南には乗鞍岳・御嶽山等の火山があり，恵那山を
経て愛知県境付近に広がる東濃丘陵山地につながっている。西部県境の北部
は両白山地で，白山から高度を減じながら滋賀県境の能郷白山，伊吹山を経
て三重県北部に連なる鈴鹿山脈に続いている。森林面積は約 8634 km^2 で，県
土面積に占める比率は約 81.3% となっている。南部は北部と対照的に濃尾
平野の一部である美濃平野が広がっている[7]。海から離れているが，木曽三

川が流れる自然豊かな土地である。

　このような自然豊かなゆえにアクセス良好とはいえないが，飛騨高山，白川郷，文化遺産・五箇山，日本の伝統を感じられる古き良き町並み，日本三大名泉の下呂温泉など，魅力的な観光スポットが多く，毎年多くの観光客が訪れている。筆者が岐阜に滞在している間，県内の名所を回り，改めて岐阜の広さ，自然豊かさに感服した。以下，深い印象を残してくれたところを紹介する。

1）下呂温泉

　岐阜県には兵庫県の有馬温泉，群馬県の草津温泉と並ぶ日本三名泉のひとつと称された下呂温泉がある。歴史ある名湯であり，源泉が発見されたのは延喜年間（901-923 年）とも天暦年間（947-957 年）ともいわれる。織田信長がこよなく愛し，よく湯治に出かけていた記録もある。

　温泉好きな私は春，夏，秋，冬それぞれの季節に下呂に行ったことがあり，下呂の多彩な美を感じられた（**図序-3，序-4**）。

　千年以上の歴史を持っている下呂温泉は美肌の湯と名高く，最高 84℃という高い温度で湧いている天然温泉であり，泉質はアルカリ性単純泉で，無色透明である。温泉文化は日本のオリジナルな文化であり，奥深くて，外国人にとって魅力的である。

図 序-3　下呂温泉風景
出典：筆者撮影

図 序-4　下呂温泉風景
出典：筆者撮影

2）新穂高ロープウェイ

　山国の岐阜を身近に感じるためには，山の上までいかなければならない。そこで新穂高ロープウェイに乗ることを薦める。高山市の奥地，奥飛騨温泉郷・新穂高温泉にあるロープウェイは始点の新穂高温泉駅から終点の西穂高

口駅まで，第1・第2ロープウェイを乗り継いで全長3200mの空の旅を体験
でき，北アルプスの大パノラマに圧倒される。西穂高口駅屋上にある山頂展
望台からは，雄大な自然の絶景が目の前に広がり，一瞬人間の力は大自然と
対抗できると感慨無量だった（**図 序-5**）。

3）白川郷（合掌造り集落）

　岐阜には世界遺産が多い。その一つは日本の原風景が今なお残る美しい地

図 序-5　北アルプス風景
出典：筆者撮影

図 序-6　合掌集落
出典：筆者撮影

域白川郷である。白川郷は 1995 年に「人類の歴史上重要な時代を例証する
ある形式の建造物，建築物群技術の集積，または，景観の顕著な例」として
世界文化遺産に登録された。その中心となる合掌造り集落群は村の中央やや
北側に位置する萩町地区にあり，その周囲の伝統文化の体験施設や歴史資料
館等では，自然と共に生きる昔ながらの生活の知恵を垣間見ることができる。
合掌造りの建物が最も多く残る地域で，大小あわせて 100 棟余りある（2016
年現在）（**図 序-6**）。合掌造り集落の規模としては全国最大で，国の「伝統的建
造物群保存地区」に選定されている。雪の中の白川郷は童話の世界のようで
ある。

4）淡墨桜

　春はお花見である。淡墨桜は中濃の本巣市にある樹齢 1500 余年を誇る孤
高の桜である（**図 序-7**）。桜並木に慣れている私は，はじめて一本桜を見たと
き，感心した。長い年月を経てからも盛大に咲く桜を見ると，そこに魂が宿っ
ているような感じがした。継体天皇お手植えの桜と伝えられ，薄いピンクの
つぼみが，満開になれば白に，そして散り際には淡い墨色になることから淡
墨桜と名付けられたと言われている。樹高 17.3 m，幹回 9.4 m の大木は，山
梨県の「山高神代桜」と福島県「三春滝桜」と並んで日本三大桜のひとつに
数えられ，国の天然記念物に指定されている。

図 序-7　淡墨桜
出典：筆者撮影

5）飛騨高山 古い町並

　岐阜ではきれいな自然風景と古い町並みを同時に体験することができる。
　生活のリズムが速い大都市での生活に慣れてきた現代人には時々歩を止め
て考える必要がある。飛騨高山の古い町並みは日常では見慣れない様相なが
ら，どこか懐かしさや落ち着きを与えてくれる。昼間にはやすらぎを，夜間
には幻想的な世界を目にすることができる。

図 序-8　高山陣屋
出典：筆者撮影

図 序-9　飛騨の街並み
出典：筆者撮影

　飛騨高山は，豊臣秀吉に仕えた武将・金森長近によって築かれた城下町である。ここには上一之町，上二之町，上三之町からなる「さんまち」を中心に，昔ながらの町家が軒を連ねるレトロな町並みが残されている。町家は現在，カフェやショップ，お土産物店などに改装されているので，そぞろ歩きをするだけでも楽しめる（図序-8, 序-9）。高山は飛騨の小京都と呼ばれ，多くの人が行き交った昔に，思わずタイムスリップしてしまいそうである[8]。

　江戸時代からの町並みが現在も残り，風情ある町家や老舗の暖簾が続き，日本の原風景が残る街である。出格子の風情ある町家が軒をつらねており，歴史や文化を感じることができる。

6）恵那峡

　岐阜には川が多い。県民は古くから洪水と闘いながら生きてきた。この付近の木曽川は大きな岩がごろごろした急流だった。大正時代に「電力王」の福沢桃介はこの地域の水力発電には絶好の地形と豊富な水量に着目し，果敢にもダム建設を試み，度重なる洪水で資料などが流出し，難工事を極め，苦難を乗り越えてダムが完成した。このダムによってできた湖は，漫々と水をたたえ緑美しい県立自然公園として世に知られるようになった（図序-10）。

図　序-10　夏の恵那峡
出典：筆者撮影

「恵那峡」という名前は，大正9年，世界的に有名な地理学者・志賀重昂氏によって命名されたもので，その後多くの文化人に愛される場所となり，恵那峡公園内には記念碑も残されている[9]。渓谷を巡る遊覧船に乗ると，以前の木曽川の急流を彷彿させる湖畔の奇岩や絶壁が観覧でき，改めて大自然と共存していく中での人間の力が感じられる。

第2節　岐阜の伝統工芸産業

　自然豊かな岐阜では，日本の伝統文化遺産がたくさんある。自然環境を生かした伝統的なモノづくりが盛んである。豊かな森と水のおかげで，良質な木材，燃料となる薪，豊富な水，良質な土などに恵まれ，家具・木工，刃物，紙，陶磁器など，匠の技と日本の美を象徴する伝統工芸を生み出し，今日まで受け継がれている。製造業は岐阜県の中心的な産業となり，全産業のうち製造業の就業者数が占める割合は25.0％で，全国順位は6位（全国割合15.6％）と高くなっている[10]。ここで，代表的な美濃和紙，飛騨の匠，関の刃物や美濃焼を，各関連サイトに基づいて紹介する。

1　美濃和紙
　この項は美濃和紙の里会館公式ウェブサイトの記事に基づき紹介する。美濃和紙とは，岐阜県美濃市でつくられてきた和紙であり，福井県の越前和紙，高知県の土佐和紙と並び「日本三大和紙」のひとつに数えられる。現在分かる最古の美濃和紙は702年御野国戸籍の紙であり，同じ時期の他地域の戸籍用紙に比べて，繊維が入念に処理され簀の糸目が細かい良質である[11]。美濃和紙の里の公式サイトによれば，美濃国は製紙の先進地として，平安時代には中央の官営製紙工房と密接なつながりを持っていた。紙の需要を急激に拡大させたのは仏教による影響があり，経文や経典の登場によって紙の消費量も拡大され，紙の生産地も数を増していった。美濃産の紙は都での評判が極めて高く，縁故を頼ってまで美濃紙を求めたといわれている。江戸時代に

入ってから，美濃紙は江戸幕府御用となり，障子紙を納めることとなり，御紙漉屋は諸役が免除され，幕府の手厚い保護の様子がうかがえる。明治になり，政府は明治6年（1873年）のウィーン万博と同9年（1876年）のフィラデルフィア万国博に美濃紙を出品した[12]。先人たちの技法が今もなお受け継がれ，薄くて，強くて，むらのない美しい美濃紙が生産されている。

　美濃和紙の文化をより多くの人に知ってもらうために美濃和紙の里会館が作られ，そこでは美濃和紙の歴史，原料，作り方を知ることができるだけでなく，さらに紙すき体験もできる。

図　序-11　美濃和紙の里会館
出典：美濃和紙の里会館ホームページ

2　飛騨の匠

　「飛騨匠」は，日本の文化庁による取り組み「日本遺産」に「ストーリー＃029　飛騨匠の技・こころ〜木とともに，今に引き継ぐ1300年〜」として認定されている。「日本遺産」とは，「日本遺産ポータルサイト」[13]によれば，従来の世界遺産登録や文化財指定のような価値付けや保全のための規制ではなく，地域活性化を目的とするもので，次のように紹介されている。

　文化庁では，地域の歴史的魅力や特色を通じて日本の文化・伝統を語るストーリーを「日本遺産（Japan Heritage）」として認定し，ストーリーを語る上で不可欠な魅力ある有形・無形の様々な文化財群を総合的に活用する取組を支

援します。

　岐阜県に関係する「ストーリー」は「飛騨匠」の他に，「戦国城下町・岐阜」「木曽路」「西国三十三所観音巡礼」が認定されており，各「ストーリー」ごとにサイトのページが作られている。

　「飛騨匠」の「ストーリー」は次のように記されている。

　「飛騨工制度」は古代に木工技術者を都へ送ることで税に充てる全国唯一の制度で，飛騨の豊かな自然に育まれた「木を生かす」技術や感性と，実直な気質は古代から現代まで受け継がれ，高山の文化の基礎となっている。

　飛騨では，奈良時代以前の古代寺院が14箇寺以上と，全国でもまれにみる密度で確認されており，飛騨工制度ができる以前から寺院を建てる高い建築技術をもっていた。高山市内には中世の社寺建築群や近世・近代の大工一門の作品群，伝統工芸など，現在も様々なところで飛騨匠の技とこころに触れることができる。

　「飛騨匠」の技術は社寺や城などの建築で発揮されてきたが，その技術が現代もが活かされている例として，「日本遺産ポータルサイト」では飛騨春慶や一位一刀彫などの伝統工芸が挙げられている。この他，本書第8章で取り上げた飛騨家具も，古代からの技が受け継がれており，そのことが大きな魅力になっているといえよう。

3　美濃焼

　美濃焼のふるさとは岐阜県の東濃地区における土岐市・瑞浪市・多治見市であり，そこは良質な粘土を産出し，地形的にも地理的にも，やきものをつくるのに適した地域で，1300年もの昔から多種多様なやきものが作られてきた。美濃焼の転換期となったのが安土桃山時代で，志野・織部・黄瀬などの名陶を生み出した。この伝統は，現在地場産業の美濃焼として引きつがれ，現在の土岐市は日本一の陶磁器生産量を誇っている。値段はそれほど高くないが，和の美が表現されていて，庶民に親しみやすいのが美濃焼だと思う。

4　関の刃物

　岐阜県の関市は刃物のふるさととされている。鎌倉時代後期，元重という鍛冶屋が関にやってきて，刀剣づくりを始めたといわれている。しかし，関に鍛冶が定着し発展したのは，直江（現，養老町）から多くの鍛冶が移住してきた 15 世紀初頭以降であった。この時期は足利義満が日明貿易を始めた時期と重なり，日明貿易は別名「刀剣貿易」と呼ばれることからも，関の打ち刃物産業は日明貿易によって発展したと考えられる[14]。

　体験型複合施設「関刃物ミュージアム」では関市で作られる包丁や日本刀の製造工程を実物を使って展示解説しているほか，透明アクリルで囲われた日本刀鍛錬場を備え，室町時代から続く 25 代・26 代藤原兼房刀匠による日本刀鍛冶鍛錬の見学や，参加者が大槌を振るっての鍛冶体験ができる。また，持ち運びに便利なミニはさみの組み立てを体験できる[15]。このような体験型ミュージアムは伝統文化を広めるための重要なツールだと思われる。

　上記に紹介した美濃和紙，飛騨の匠の家具，美濃焼，関の刃物はいずれも過去から受け継がれた技術を生かして，現在まで重要な地場産業としてその影響力を発揮している。外国人から見ると，文化と歴史を内包した魅力的な岐阜の特産品である。

第3節　ポストコロナの時代における岐阜の魅力の再発見

　本節はコロナ禍が岐阜県に及ぼした影響を検討した上，ポストコロナ時代に岐阜県の魅力の再発見を試みる。

1　コロナ禍による影響

　2020 年 1 月に日本で初めて感染が確認された新型コロナウイルス感染症の感染拡大は，海外からの旅行客等の入国制限や国内における外出自粛，休業要請などの社会経済活動の抑制策により，地域経済を大きく減速させた。地域経済の停滞は広範囲に及び，鉄道，バス，ホテル，旅館，飲食，小売業

を中心に，地域の企業や事業者は大幅な減収を余儀なくされ，存続の危機にも瀕した。

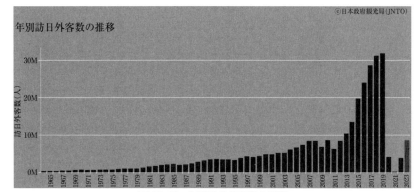

図 序-12　年別訪日外客数の推移

出典：観光庁の公式統計（https://statistics.jnto.go.jp/graph/#graph--inbound--travelers--transition,
最終閲覧日：2023 年 8 月 15 日）

1）インバウンドの減少

　少子高齢化や先行き不透明な経済状況を受けた貯蓄重視の動きにより，日本国民による消費量はどんどん低下していく中で，日本政府が打ち出した観光立国戦略が奏功し，2018 年のインバウンドは年間 3 千万人にのぼり，2012年の 1 千万人を超えて 6 年で 3 倍にも急増した。コロナの前の訪日外国人客によるインバウンド消費も大きく成長し，訪日外国人旅行消費額の増加にともなって，2015 年に黒字に転じ，その後も黒字額は拡大し，2018 年には約2.4 兆円の黒字となったのである。この意味では，観光業はすでに日本の一大"輸出産業"となり，新型コロナウイルス感染拡大の影響により，インバウンド需要の蒸発が見られた。**図 序-12** によると，2021 年の訪日外客数は，コロナ禍の影響を大きく受け，2019 年比 99.2%減となる 24 万 5,900 人に落ち込み，観光庁が発足した 1964 年以来最低の人数を記録した。

　さらに，岐阜県の統計からみると，2019 年の宿泊客のうち外国人が 116 万7 千人に上がったが，2020 年から一気に 13 万 2 千人に減少し，2021 年は度

表 序-1　岐阜県観光入込客数

区　　分		R3 [2021] 年	参考：R2 [2020] 年	参考：R1 [2019] 年
観光入込客数 （延べ人数）		4,837 万 9 千人 （対 R2 年比△ 2.0％） （対 R1 年比△ 32.5％）	4,935 万 7 千人	7,162 万 8 千人
行祭事・イベント 入込客数（延べ人数）		74 万 8 千人 （対 R2 年比＋ 29.5％） （対 R1 年比△ 92.0％）	57 万 7 千人	935 万 4 千人
観光入込客数 （実人数）		3,841 万 6 千人 （対 R2 年比＋ 11.3％） （対 R1 年比△ 20.0％）	3,451 万 1 千人	4,799 万 5 千人
内訳	日帰り客	3,504 万 7 千人 （対 R2 年比＋ 13.2％） （対 R1 年比△ 16.2％）	3,094 万 8 千人	4,182 万人
	宿泊客 【うち外国人】	336 万 9 千人 （対 R2 年比△ 5.4％） （対 R1 年比△ 45.4％） 【2 万 2 千人】 （対 R2 年比△ 83.0％） （対 R1 年比△ 98.1％）	356 万 3 千人 【13 万 2 千人】	617 万 5 千人 【116 万 7 千人】

出典：岐阜県観光国際局観光企画課『令和 3 年岐阜県観光入込客統計調査』(https://www.pref.
gifu.lg.jp/uploaded/attachment/327536.pdf，最終閲覧日：2023 年 8 月 12 日)

重なる緊急事態宣言やまん延防止等重点措置など，新型コロナウイルス感染症の影響をほぼ通年で受けたことで，観光入込客数（延べ人数）は 2020 年からさらに減少し，そのうち外国人観光客は 2 万 2 千人と激減した（**表序-1**）。新型コロナ感染症により岐阜県の観光需要はかつてない落ち込みとなり，県内観光産業は深刻な影響を受けたといえよう。その影響は小売や飲食サービス，宿泊業などの労働集約度の高い産業で顕著にあらわれ，特に国内需要の減少にも直面する宿泊業は大きな打撃を受けたと思われる。

　2022 年に緊急実態宣言の解除に伴い，観光地を中心に外国人の入国規制も緩和され，日本でも徐々にインバウンドによる旅行が再開されてきている。いかにしてインバウンドを岐阜まで誘致するかは需要喚起の大きな課題である。観光庁のインバウンドの都道府県別訪問率ランキングを見ると，岐阜県は 3％にとどまり，全国の第 16 位となり，訪問率を上げる余地が十分あるだろう（**図序-13**）。

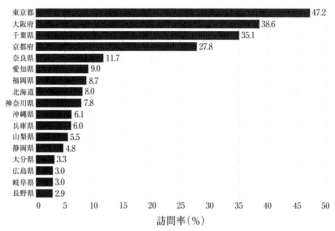

図 序-13　2019 年都道府県別訪問率ランキング

出典：観光庁『訪日外国人消費動向調査』（https://statistics.jnto.go.jp/graph/#graph--inbound--prefecture--ranking，最終閲覧日：2023 年 8 月 16 日）

2）経済のデジタル化の加速

　ポストコロナの時代に入ったが，コロナウイルスによるパンデミック[16]がもたらす地域経済への影響は一時的なものではない。それはデジタル化の加速である。コロナ前と比べて，日本社会におけるデジタル化の浸透をしみじみ感じている。企業はパンデミック下でも，ビジネスを継続するために前例のない規模で在宅勤務にシフトした。大学も同様で講義，演習，学内の会議などが，オンラインに移行した。このほかにも，教育・医療などで対面接触を避けつつ活動を継続するための様々な動きが表面化している。日本社会におけるさまざまな制度的障壁，既得権，長年の慣行などがコロナ危機で押し流され，社会のデジタル化が一挙に進んだ。

　パンデミックがもたらした衝撃の結果，産業の姿は大きく変わることになるだろう。純粋なものづくり産業が大きな業績悪化に見舞われているのに対して，デジタル化を進め，非対面・非接触で顧客と直接結びつく術を獲得できていた産業や企業は，比較的堅調な業績を保っているという[17]。デジタル化によるサービスが強化できた企業が，競争を有利に展開できるだろう。こ

のほかには小売・流通業のデジタル化，キャッシュレス経済への移行も起きている。ある意味では，日本経済はパラダイムシフトの時期を迎えて，地域の経済発展には新たな可能性が展開されている[18]。

2　岐阜県の取り組み

　近年，政府主導でインバウンドを見込んだ観光投資が進められてきた。観光は地方の重要な核産業になりつつある。豊富な観光資源を持っている岐阜県は世界的な観光地としてさらなる成長を目指して，外国人観光客の多様なニーズを取り込みながら，効果的な魅力発信を推進し，岐阜県ならではの周遊・滞在型観光を定着させることで，観光消費のさらなる拡大，ひいては観光産業の基幹産業化を図っている[19]。

1）積極的な誘客活動

　インバウンドのV字回復を目指し，世界各地で約3年ぶりに開催されている旅行博への積極的な出展や，世界的潮流である"持続可能な観光（サステイナブル・ツーリズム）"を軸とした魅力発信をしている。2022年の10月に水際対策が大幅に緩和されたことで，インバウンドの本格再開に向けて，県は海外からの誘客活動に取り組んでいる。すでに9ヵ国（地域）に出展を果たしてきた（**表 序-2**）。

2）充実した観光ガイドブック

　日本の各地へ行って，感心するのは駅前にある観光案内所の設置である。全く知らない地域であっても，観光案内所へ行けば，いろいろと親切に教えていただくだけでなく，多言語対応のガイドブックをいただける。岐阜県も外国人観光客に配慮して，全部で10種類のガイドブックが作られている。『岐阜っぽ』は季刊誌で，季節毎の旬の観光情報を盛り込んでいる[20]。『岐阜旅STYLE』は岐阜県の総合ガイドブックであり[21]，きれいなガイドブックを手に取るとそこで紹介されたところへ行きたくなる。これらの情報誌やガイドブックは無論無料配布である。観光情報のほかに月次版の『岐阜観光レポート』が発行され，岐阜県の観光統計情報，動向などを把握することがで

表 序-2 海外旅行博への出展状況

開催国, 地域	出展期間	共同参加市村
マレーシア（クアラルンプール）	R4 年 9 月 2-4 日 R5 年 3 月 17-19 日	
台湾（台北）	R4 年 11 月 4-7 日	高山市, 飛騨市, 白川村
イギリス（ロンドン）	R4 年 11 月 7-9 日	
フランス（コルマール）	R4 年 11 月 11-13 日	
タイ（バンコク）	R5 年 1 月 27-29 日	岐阜市, 大垣市, 各務ヶ原市
インドネシア（ジャガルタ）	R5 年 2 月 3-5 日	
アメリカ（ロサンゼルス）	R5 年 2 月 18-19 日	
シンガポール	R5 年 2 月 24-26 日	関市, 中津市
香港	R5 年 7 月 19-25 日	JR 東海と共同

出典：岐阜県の総合ガイドブック『岐阜旅 STYLE』（https://www.pref.gifu.lg.jp/uploaded/attachment/336521.pdf, 最終閲覧日：2023 年 8 月 11 日）

きる[22]。

3）サステイナブル・ツーリズムに関する取り組み

インバウンドに大きく依存していた地域の観光は，コロナ禍によって収益に大きな打撃を受けた。コロナ後に向けた対応が徐々に進められている今，インバウンドの回復を待つのみならず，国内旅行客に対する魅力の掘り起こしも求められている。言い換えると，観光関係者にとって重要なのはブランドの磨き上げである。今後に向けたブランディング戦略の見直しが求められる中でキーワードになるのが「プレイス・ブランディング」である。この概念は，観光に限定されるものではなく，地域の文化，自然，歴史，産業，地域の生活等，その地域に関わるあらゆる要素が，地域のイメージを作り上げていくことを意味する[23]。ただし，ブランドイメージを作り上げる要素の中で観光の占める割合が高いことから，観光と結び付けて扱われることが多い。

岐阜県では"日本の源流に出会える旅"をコンセプトに，持続可能性（サステイナビリティ）を意識したプレイス・ブランディングを行っている。持続可能な観光を推進するオランダの NPO『Green Destinations』が選ぶ「2020 年サステイナブルな旅行先トップ 100（2020 Sustainable Top 100 Destinations）」に白

川村が選出されるなど，サステイナブル・ツーリズムに関する取組は，国際的にも高い評価を集めている[24]。

　具体的には 2009 年から飛騨・美濃じまん運動[25]『岐阜の宝もの認定プロジェクト』と銘打ち，「知ってもらおう，見つけだそう，創りだそう　ふるさとのじまん」を合い言葉に，県民一人一人が身近にある様々な観光資源に磨きをかけ，情報発信することで，地域の特性を活かした誇りを持てるふるさとづくりを目指す取組をスタートさせたのである。地域の自治体,団体,様々な産業，住民などあらゆるステークホルダーが地域のブランド力の構築に力を注いだのである。これがとても有意義な取り組みだと思われる。

3　岐阜の魅力の再発見

　第 2 節では，岐阜で生活して，惹かれている自然，文化，伝統工芸などについて紹介した。ポストコロナ時代に入って，インバウンドにとっての岐阜の魅力を再発見する必要があると思われる。外国人として感じた岐阜のオリジナルな魅力は二つあり，一つは岐阜の人的なネットワーク，もう一つは岐阜で体験できる日本の伝統文化である。

1）人的なネットワーク

　日本のいくつかの都市で生活したことがあるが，瑞穂市に帰ると何も不安がなく，落ち着いている。私が勤務していた朝日大学は「国際未来社会を切り開く社会性と創造性，そして人類普遍の人間的知性に富む人材の育成」という建学の精神に立脚して，現在 4 学部（歯学部，法学部，経営学部，保健医療学部），3 大学院研究科，留学生別科日本語研究課程，歯科衛生士専門学校，3 医療機関を擁し，約 3 千人の学生が学んでいる[26]。2020 年以来，医療現場でCOVID-19 と闘いながら診療を継続して，地域医療を支えてきた。2022 年にはウクライナから 3 名，アフガニスタンから 2 名の避難学生を受け入れるなど，大学を挙げて人道支援にも取り組んでいる。国際交流に一貫して力を入れて，北京大学口腔医学院とは幾多の困難を乗り越えて 40 年近くも学生間の人的交流を続けてきた。このような朝日大学の方々に親切に受け入れて

**図 序-14　2023 年北京大学看護学院一行が朝日大学を
訪問**

出典：筆者撮影

いただいたおかげで，岐阜で有意義な研究生活を送ったのである。帰国して
7 年間経ってからも，この人的ネットワークが途絶えることがなく，交流が
続けられたのである。インバウンドは旅先の美しい風景に感動するが，そこ
の人からの笑顔，信頼感で心が温まるだろう。

2）時を超えた日本の伝統文化

　第 2 節で紹介した美濃和紙，関の刃物，飛騨の匠と美濃焼はいずれも日本
の古くからの伝統工芸であり，しかも今も受け継がれていて生き延びている。
ユネスコ世界文化遺産に登録された美濃和紙は，正倉院に保存されている戸
籍の一部に使用されていたとの記録が残り，日本最古の紙であり，1300 年の
歴史がある。岐阜県中濃地域にある関市は，世界三大刃物の産地のひとつで
あり，徳川家御用達の刀匠である 25 代目藤原兼房氏は，26 代目となる御子
息とともに今も刀鍛冶の技術を継承している。こうして培われたモノづくり
の精神と技を礎にして新しい技術を取り入れながら発展を続け，伝統的な地
場産業に加え，輸送機械，電気機械，工作機械，金型など個性ある技術を誇
る様々な製造業が集積している。

　岐阜の伝統工芸に共通しているのは，豊かな自然の下，先人から受け継が

れてきた伝統・文化であり，観光用に作り上げられたものではないということである。そして，長い時を超えて人々の暮らしの中に息づいている。それはインバウンドにとっての大きな魅力であろう。古来，自然や里山，伝統・文化，匠の技など，1300年の時を超えて今に受け継がれてきた地域資源は岐阜の不変の魅力であろう。

むすび

　本章の第一節では，岐阜の歴史と自然環境について触れた上，外国人として実際に足を踏んだ岐阜の名所下呂温泉，恵那峡，新穂高高原，飛騨高山などを紹介した。続いて，第二節では伝統工芸産業を紹介した。岐阜県では古くからモノづくりが盛んなことが特徴であり，豊かな森と水のおかげで，良質な木材，燃料となる薪，豊富な水，良質な土などに恵まれ，家具・木工，刃物，紙，陶磁器など，匠の技と日本の美を象徴する伝統工芸を生み出し，今日まで受け継いでいる。第三節では，コロナ禍が岐阜県に及ぼした影響を検討し，インバウンドを誘致するための岐阜県の特色のある取り組みを紹介したうえ，著者自らの経験からポストコロナ時代になっても変わらぬ岐阜県の魅力，人的ネットワークと時を超えた日本の伝統文化体験を披露した。

　最後にいかにして多くの外国人に岐阜に来てもらうのかについて提言を試みる。第一，交通機関の整備。名古屋から下呂温泉まで高速バスで2時間半もかかる。走っているバスに乗りながら，山奥を通るときに，改めて岐阜の広さを認識した。飛騨高山，北アルプスなどはいずれも交通のやや不便な岐阜の北部山地に位置している。インバウンド旅行者に対して岐阜の名所により快適で効率よくたどり着くツールを提供する必要がある。現存のバス路線を観光シーズンになると増やすこと，シェアリング自動車に対する規制緩和などが方法として考えられる。第二に，デジタル技術の活用。第3節でコロナによる影響として社会デジタル化の加速化を取り上げた。タイムリーにインバウンドのニーズにこたえるために，デジタル技術が有効であろう。さら

に，観光消費拡大に向けた誘客プロモーションを展開する際，ターゲット層のニーズに合わせた魅力発信，観光事業者の生産性向上，観光資源の魅力を最大限活用した誘客プロモーションなどを実現させるためにはデジタル技術の活用が不可欠である。第三に，インバウンド戦略の実行。インバウンド戦略には「ブランド力」，「イノベーション」，「広域・周遊化」に加え，「安全・安心・安堵」の視点が不可欠である。これらを実現させるために，県および市町村の様々な部署の協力が必要である。観光担当の部署だけがやる気になっても，他部局の協力が得られなければ何もできない。さらに，地域住民や民間事業者等のステークホルダーの理解も不可欠である。インバウンド戦略を実行させるために，産業，地域の枠を超えた広い範囲にわたる連携が必要であろう。

注

1) 令和5年岐阜県人口動態統計調査結果
2) 松田之利他『岐阜県の歴史』山川出版社，2000年，4頁。
3) 地理学者の安藤万寿男の解釈によると，輪中の必須条件を囲堤（輪中堤）を持つこと，集落と農地を包括すること，水防組合を組織して水の統制を行うことの3つに集約し，単に堤防で囲まれた地域を指す言葉ではなく，組織的な水防活動を伴う構造的な要素を含む言葉であることを説明している。（安藤萬寿男「輪中に関する二，三の考察 (1)」『水利科学』第21巻第2号，日本治山治水協会，1977年6月，1-15頁。)
4) 松田之利他『岐阜県の歴史』山川出版社，2000年，8頁。
5) 岐阜県高等教育研究会地歴・公民部会，地理部会編『岐阜県の歴史散歩』山川出版社，2006年，274-276頁。
6) 岐阜県の概要（https://www.pref.gifu.lg.jp/page/109.html，最終閲覧日：2023年8月1日）。
7) 『岐阜県の自然環境の概要（https://www.pref.gifu.lg.jp/uploaded/attachment/15859.pdf，最終閲覧日：2023年8月8日）。
8) 飛騨高山観光公式サイト（https://www.hidatakayama.or.jp/watch/，最終閲覧日：2023年8月9日）。
9) 恵那市公式観光サイト（https://www.kankou-ena.jp/areaguide/enakyo.php，最終閲覧日：2023年8月10日）。
10) 『令和3年経済センサス―活動調査（速報）集計結果』（https://www.pref.gifu.lg.

jp/uploaded/attachment/305379.pdf，最終閲覧日：2024 年 1 月 4 日）。

11）寿岳文章『日本の紙』吉川弘文館，1996 年，15-16 頁。

12）美濃和紙の里会館公式サイト（https://www.city.mino.gifu.jp/minogami/docs/2411.html，最終閲覧日：2023 年 8 月 8 日）。

13）「日本遺産ポータルサイト」（ホーム https://japan-heritage.bunka.go.jp/ja/　うち「飛騨の匠」https://japan-heritage.bunka.go.jp/ja/stories/story029/　最終閲覧日：2023 年 11 月 21 日）。

14）岐阜県高等学校地理部会『岐阜県の歴史散歩』山川出版社，2006 年，141 頁。

15）刃物屋三秀関刃物ミュージアム（https://www.hamonoyasan.com/　最終閲覧日：2023 年 8 月 9 日）。

16）感染症の世界的大流行を指す。

17）日経新聞，2020 年 6 月 4 日付朝刊。

18）諸富徹「日本資本主義とグリーン・ユーティールパンデミックが促す構造転換」『世界』第 933 号，2020 年 6 月，146-155 頁。

19）『岐阜県観光振興施策』（https://www.pref.gifu.lg.jp/page/9532.html，最終閲覧日：2023 年 8 月 5 日）。

20）『岐阜っぽ』（https://www.pref.gifu.lg.jp/page/9144.html，最終閲覧日：2023 年 8 月 5 日）。

21）『岐阜旅 STYLE』（https://www.pref.gifu.lg.jp/uploaded/attachment/79357.pdf，最終閲覧日：2023 年 8 月 5 日）。

22）『岐阜県観光レポート』（https://www.kankou-gifu.jp/dmo/download/index_1_2.html，最終閲覧日：2023 年 8 月 6 日）。

23）宮崎裕二「プレイス・ブランディングと DMO」宮崎裕二・岩田賢編著『DMO のプレイス・ブランディング　観光デスティネーションの作り方』学芸出版社，2020 年，21-39 頁。

24）日本政府観光局（JNTO）ウェブサイトにおける岐阜県の事例を参考（https://www.jnto.go.jp/projects/regional-support/casestudy/2689.html，最終閲覧日：2023 年 8 月 12 日）。

25）飛騨・美濃じまん運動について岐阜県のサイトを参照（https://www.pref.gifu.lg.jp/page/9528.html，最終閲覧日：2023 年 8 月 1 日）。

26）大友克之「世界への扉を開ける」『沖縄タイムス』2023 年 6 月 17 日。

引用・参考文献

和文文献

大友克之「世界への扉を開ける」『沖縄タイムス』2023 年 6 月 17 日。

寿岳文章『日本の紙』吉川弘文館，1996 年。

岐阜県高等教育研究会地歴・公民部会，地理部会編『岐阜県の歴史散歩』山川出版社，2006 年。

日経新聞, 2020 年 6 月 4 日付朝刊。

松田之利他『岐阜県の歴史』山川出版社, 2000 年。

諸富徹「日本資本主義とグリーン・ユーティールパンデミックが促す構造転換」『世界』
　　第 933 号, 2020 年 6 月, 146-155 頁。

宮崎裕二「プレイス・ブランディングと DMO」宮崎裕二・岩田賢編著『DMO のプレ
　　イス・ブランディング　観光デスティネーションの作り方』学芸出版社, 2020 年,
　　21-39 頁。

安藤萬寿男「輪中に関する二, 三の考察 (1)」日本治山治水協会『水利科学』第 21 巻
　　第 2 号, 1977 年 6 月, 1-15 頁。

インターネット HP

令和 5 年岐阜県人口動態統計調査結果（https://www.pref.gifu.lg.jp/site/
pressrelease/294585.html）（2023 年 8 月 15 日アクセス）

岐阜県の概要（https://www.pref.gifu.lg.jp/page/109.html）（2023 年 8 月 1 日アクセ
ス）

『岐阜県の自然環境の概要』HP, 1-3 頁, 2016 年.（https://www.pref.gifu.lg.jp/
uploaded/attachment/15859.pdf）（2023 年 8 月 8 日アクセス）

飛騨高山観光公式サイト（https://www.hidatakayama.or.jp/watch/）（2023 年 8 月 9
日アクセス）

恵那市公式観光サイト（https://www.kankou-ena.jp/areaguide/enakyo.php）（2023
年 8 月 10 日アクセス）

美濃和紙の里公式サイト（https://www.city.mino.gifu.jp/minogami/docs/2411.html）
（2023 年 8 月 8 日アクセス）

日本遺産ポータルサイト（https://japan-heritage.bunka.go.jp/ja/stories/story0）（2023
年 8 月 8 日アクセス）

刃物屋三秀関刃物ミュージアム（https://www.hamonoyasan.com/）（2023 年 8 月 9
日アクセス）

岐阜県観光国際局観光企画課『令和 3 年岐阜県観光入込客統計調査』HP, 2-3 頁,
2022 年（https://www.pref.gifu.lg.jp/uploaded/attachment/327536.pdf）（2023 年 8
月 12 日アクセス）

『岐阜県観光振興施策』（https://www.pref.gifu.lg.jp/page/9532.html）（2023 年 8 月 5
日アクセス）

岐阜県の総合ガイドブック『岐阜旅 STYLE』HP, 2-8 頁, 2020 年（https://www.pref.
gifu.lg.jp/uploaded/attachment/336521.pdf）（2023 年 8 月 11 日アクセス）

『岐阜っぽ』（https://www.pref.gifu.lg.jp/page/9144.html）（2023 年 8 月 5 日アクセス）

『岐阜県観光レポート』（https://www.kankou-ifu.jp/dmo/download/index_1_2.html）
（2023 年 8 月 6 日アクセス）

『岐阜旅 STYLE』（https://www.pref.gifu.lg.jp/uploaded/attachment/79357.pdf）HP,
（2023 年 8 月 5 日アクセス）

日本政府観光局（JNTO）『岐阜県の進んだ取り組み』（https://www.jnto.go.jp/projects/regional-upport/casestudy/2689.html）（2023 年 8 月 12 日アクセス）

飛騨・美濃じまん運動（https://www.pref.gifu.lg.jp/page/9528.html）（2023 年 8 月 1 日サクセス）

『令和 3 年経済センサス―活動調査（速報）集計結果』（https://www.pref.gifu.lg.jp/uploaded/attachment/305379.pdf，（2024 年 1 月 4 日アクセス）

第1部　"魅力ある地域"の根源を探る

第1章

自然との共生を考える
〜薬草の山・伊吹と共に〜

はじめに

　「兎追ひしかの山　小鮒釣りしかの川　夢は今もめぐりて　忘れがたき故郷」［文部省，1914，14-15 頁］。これは文部省唱歌『故郷』の 1 番の歌詞である。誰もが一度は歌ったこと，あるいは聞いたことのあるこの歌詞。日本人なら誰もがイメージする"故郷"の風景には，川，山，海といった"自然"が登場し，人々はその自然を敬い，その豊かな恵みの中で生活してきた。ところが，近代化が進む中で，この自然と人間との関係が変わりつつあることに警鐘を鳴らす者は多い。

　美濃地方にすむ私たちにとって，伊吹山はまさに"故郷"である。小・中学校の校歌にも"伊吹〜"と言うフレーズをよく耳にする。西に目を向ければ遠く連なる山並みの中にどっしり横たわる伊吹山がある。なんとも心落ち着く"あたりまえ"の風景である。あまりに"あたりまえ"すぎて，我々の多くはその真の価値に気づいていない。この大切な風景がどのように形成され，今どのように変わりつつあるのかを，気にとめる者は多くない。本章を執筆するに当たり，筆者は今なお伊吹山に深くかかわり，その文化や自然を守り，次の世代に継承しようとしておられる方々とお話をする機会を得た。みなさん「まずはこの山について知って欲しい。」と言われる。それが"次ぎの行動につながる！"のだ。

　本章では，太古の昔から常に人の生活と関わり合いながらその独自性を形成してきた我らが「伊吹山」について，その歴史をたどりながら，自然との関わり方を考えていくことにする。

第1節　伊吹山の素顔

1　地勢と気候〜息吹く山〜

　伊吹山地は岐阜県と滋賀県の県境を南北に連なっている山並みで，伊吹山はその主峰（標高1377m）である。伊吹山の地層は古生代（約2億6千万年前），日本の国土がまだ海底にあった頃にすでに形成されており，そもそもは海底火山であったといわれる。その後の地球表面のプレート移動により現在の位置に到着し，日本列島が海上にその姿を現した時，伊吹山も出現している。山頂付近は石灰岩層からなり，その北側に緑色岩が分布している。伊吹山のさらに下の層は泥岩，砂岩，チャートと呼ばれる岩石で構成されている［三上，2015，6-11頁］。

　伊吹山の気候の特徴は多湿・強風といえる。山頂付近の月ごとの日平均気温は真夏でも20℃に達せず，冬期には−5℃ほどにもなる。月平均の湿度は年間とおして90%近く，平均風速も8m/sを超えている（図1-1）。それは伊吹山の立地環境，つまり北陸に広がる両白山地の南西端に位置し，また若狭湾と伊勢湾を結ぶ狭い地域であるためといえよう（図1-2）。冬は日本海から太平洋側へ吹き抜ける湿気を含んだ気流が伊吹山にぶつかり大雪となり，夏は逆に日本海へと吹き込む太平洋側の気流が，伊吹山にぶつかって雨や深い霧をもたらしている。まさに「息吹く山」［加藤，2008，127頁］である。

2　植物分布

　このような特殊な気象環境のために，伊吹山の植物分布は実に豊かなものになっている。分布が確認されたシダ植物以上の高等植物を総計すると，なんと約1300種類にも達している。図1-3は滋賀県側からみた植生相の模式

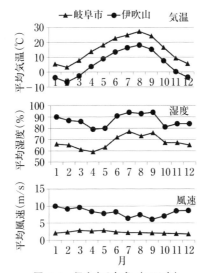

図 1-1　伊吹山の気象（1988年）
出典：気象庁データベースから1988年気象
データを参照し筆者が作成

図 1-2　伊吹山の立地環境
出典：伊吹山ネイチャーネットワーク前会長筒井杏正氏よ
り提供

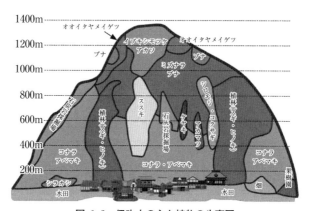

図 1-3　伊吹山の主な植物の生育図
出典：青木繁『伊吹山を知るやさしい生きもの学の本』2016 年，35 頁

図である［青木，2016，35 頁］。山麓から海抜 300 m までは潜在自然植生[1]と
してシラカシ林が広がるはずであるが，現在は面積的にはごくわずかしか
残っておらず，コナラ―アベマキ林に置き換わっている。さらにこれにミズ
ナラ―ブナ林が続いており，人々はこれらを薪炭林として利用してきた。
900〜1200 m には，石灰岩地特有のオオイタヤメイゲツ林が多く，それ以上
は冬の積雪と強い季節風にさらされているうえ，石灰岩層であるため高木が
育たず，草原が広がっている［青木，2016，34-35 頁］。またかつては，山頂
から滋賀県側山麓にかけて，田畑の肥料や家畜の飼料として盛んに採草が行
われた。これが草原形成の一つの重要な要因となっている。このように，伊
吹山の植生は人々の暮らしとのかかわりの中で形成されてきたものである
［青木，2016，31-32 頁；髙橋，2017a，74-79 頁］。

　一方，岐阜県側は伊吹山の北部や東部の斜面となるために，滋賀県側に比
較して植物の種類はそれほど多くないと考えられてきた。ところが 1995
年〜1997 年に亘り行われた岐阜県博物館学芸部による調査の結果，**表 1-1** に
示すように岐阜県側にも 1080 種の植物が確認された［岐阜県博物館学芸部
自然係編，1997，7 頁］。これは伊吹山全体の約 90 % に相当している。

表 1-1　伊吹山全体と比較した岐阜県側植物相

調査対象				岐阜県側*1		伊吹山全域*2	
調査時期				1995 年～1997 年		1980 年	
シダ植物				14 科	124 種	14 科	112 種
種子植物	裸子植物			5 科	10 種	6 科	14 種
	被子植物	双子葉植物	合弁花植物	30 科	269 種	31 科	319 種
			離弁花植物	66 科	490 種	66 科	547 種
		単子葉植物		12 科	187 種	14 科	232 種
合計				127 科	1080 種	131 科	1224 種

出典：岐阜県博物館学芸部自然係（編）『薬草のふるさと伊吹』1997 年，7 頁の表を筆者が許可を得て改変
*1 井上好章氏らの調査
*2 岩田悦行・村瀬忠義編『伊吹山の植物相とその保全』1980 年

　また麓の旧春日村には国歌「君が代」の由来となったといわれる「さざれ石」（学名：石灰質角礫岩）があり，岐阜県の天然記念物に指定されているが，この岩ひとつになんとシダ類～被子植物までおよそ79種類の多種多様な植物の生着が確認されている［岐阜県博物館学芸部自然係編，1997，23 頁］。滋賀県と同様に岐阜県側も豊かな自然に恵まれていることが明らかとなった。

3　伊吹山を彩る花々

　山頂周辺や3合目から山頂にかけての登山道沿いには約300種の草本が生育しており，春から秋にかけて色とりどりの美しいお花畑となる。伊吹山の特殊な立地環境から，伊吹山にしかみられない草木や，分布の西南限になっているものなど貴重な植物もあり（図1-4），学術的な価値が極めて高い［岐阜県博物館学芸部自然係編，1997，8-24 頁；青木，2016，36-39 頁］。そのため，伊吹山頂一帯は文化財保護法に基づき2003年に天然記念物の指定を受け「伊吹山頂草原植物群落」として保護されている［米原市教育委員会，2016］。

1）固有種（特産種）の宝庫

　伊吹山にはルリトラノオ・コバノミミナグサ・イブキレイジンソウなど9種の特産種（伊吹山周辺だけにしか自生していない種）が見られる。伊吹山が特殊

図 1-4　伊吹山に生息する植物のルーツ
出典：伊吹山ネイチャーネットワーク前会長筒井
杏正氏　筆者が許可を得て改変

な立地環境に立つ独立峰であり，その地域のなかで種の残存や，新種形成が進んだと考えられている。

　2）北方系要素の植物

　日本列島のほぼ中央に位置し，寒さに強い北方系要素の植物が南下してきている。これらの多くが石川県の白山が南限となっているが，特にハクサンフウロ・エゾフウロ・イブキソモソモ・キンバイソウなどは，伊吹山が北方からの分布の西南限となっている貴重種である。

　3）日本海要素の植物

　日本海要素の植物とは日本海側を分布の本拠とした多雪地帯の植物をいう。伊吹山ではイブキトリカブト・スミレサイシン・タムシバ・ハクサンカメバヒキオコシなどが多数生育している。

　4）大陸系の植物

　中国大陸や朝鮮半島にその起源をもち，日本列島が大陸と地続きであった時代に分布した植物で，気候変化の影響で亜高山帯に取り残されたと考えられる植物も生息している。オケラ・タムラソウ・マルバダケブキなどである。

5）好石灰岩植物

山頂付近には石灰岩地層が広がっており，これを好む好石灰岩植物の分布も他の地域（能郷白山地域は16種）と比べてかなり多く，日本特産種であるヤマトグサをはじめ，ヒメフウロ・イブキコゴメグサ・カノコソウなど26種類の生育が確認されている［岐阜県博物館学芸部自然係編，1997，24頁］。

6）南方系要素の植物

西南日本の中央構造線以南の地域に分布の本拠を置く南方系の植物であるギンバイソウ・ミカエリソウ・カキノハグサなども，北上してきており，伊吹山でも見つかっている。

このほかにも，岐阜県側の伊吹山麓では，常緑広葉樹林がみられ，草本では，北方系要素や日本海側要素などの寒地生の植物と暖地生の植物が混在して生息している［岐阜県博物館学芸部自然係編，1997，20,21頁］。

第2節　薬の歴史と伊吹山

伊吹山は古くから「薬草の宝庫」としても知られている。伊吹山系でみられる薬用植物（薬草）は280種類余りとされているが［水野，1997，127-136頁］，これは伊吹山に分布する全植物の約2割を占める。一般に，薬草の占有率は全植物の1割といわれるので，伊吹山の薬草種の多さには目を見張るものがある。それゆえ伊吹山の名は日本の薬草史の中にも度々登場する。本節ではその歴史的位置づけを考える。

1　神代〜奈良時代〜信仰の山〜

太古の昔 "病は悪魔の仕業である" と考えられていた。人々は "魔を払う" ために匂いや色の強い草を食し身に着けた。たまたま病が回復すれば次もまたその方法を用い，効果がなければ次第に用いなくなっていく。こうした経験の中から次第に "草木" で体を "楽" にする "薬" を使う習慣が生まれてきたのであろう。実際にいくつかの縄文時代の遺跡[2]から現在苦味健胃薬と

して用いられるキハダの実や種が発見されている。

　日本における薬の始まりを考える手がかりは『古事記』の中にもある。稲羽の素兎伝説である。この話の中で，サメに毛をむしられてしまった素兎は，肌の傷を癒すために「ガマの穂綿（花粉）」を肌にまぶすよう，大国主命から教えられる。この "ガマの花粉" とは，おそらく漢方で外傷などに用いられる "蒲黄" を指すと考えられ［水野監・田中編，1995, 151-153 頁］，この伝説は日本最古の薬に関する記述ではないかとされている［内藤くすり博物館企画，2017, 9 頁］。

　伊吹山もまた，『古事記』の倭建命（ヤマトタケルノミコト）伝説の中に登場する。倭建命は "荒ぶる神" を鎮めるために伊吹山に向かうが，山中で神の化身である白猪に出会い，神の放つ氷雨に打たれたのがもとで命を落としてしまう。『日本書紀』にも同様の日本武尊伝説がある。実際は，神の化身は当時日本武尊と敵対していたこの地方の豪族で［竹田，2021, 71-76 頁］，日本武尊は伊吹山に自生するトリカブトの毒を塗った毒矢にやられたのではないかと言う説もある［水野，1999, 9-17 頁］。このような，様々な自然物の中から薬となるものを探すという考え方は中国で「本草学」として体系化され，7 世紀ごろ日本に伝えられた。奈良時代にはすでに内薬司や典薬寮という医療を担当する部署がおかれ，薬の処方も行われるようになっていた。

　『日本書記』には，天武 14 年 (685)，天武天皇が美濃に百済の僧侶 2 人を派遣して「白朮」を煮させ，天皇に献上させたという記述がある。現在，白朮と呼ばれる生薬はキク科の多年草 "オケラ"（図 1-5）の根茎から作られ，煎じて服用すると，健胃整腸，抗炎症効果などが期待される［水野監・田中編，1995, 107-109 頁］。『日本書記』中に記された「白朮」がこれと同じであるかはともかくとして，「令煎白朮」（白朮を "煎しむ"）と記してあるところが注目され，製薬に関する日本最古の記述とされている。実際，平城京跡では美濃国から送られた麦門冬に付けられたとみられる荷札木簡も出土している［岐阜県博物館学芸部自然担当編，2015, 6 頁］。さらに研究が進むことで，美濃地方がまさに "製薬発祥の地" といえるようになるかも知れない。

図 1-5　オケラ（朮）
出典：水野瑞夫監・田中俊弘編『日本薬草全書』1995
年，108 頁

2　平安時代〜延喜式「諸国進年料雑薬」〜

　薬物の需要が増えてくると，大陸からの来貢品だけでは需要が満たせなく
なり，次第に漢薬の種や苗の輸入栽培や国内産の採取が盛んになった。延喜
5 年（905）醍醐天皇の勅を奉じ，藤原時平らが完成させた『延喜式』（全50巻）
第 37 巻中の「諸国進年料雑薬」には各地（畿内 7 道 54 国）から貢がれる薬物の
種類と数量の一覧が載っている。そこには近江国 73 種，美濃国 62 種が貢が
れたと記載されており，その種類や数量は他に抜きんでている。貢がれてい
る生薬には黄芩，芎藭，竜胆，枸杞，桔梗，細辛，白朮，芍薬，麦門冬など
近江国と美濃国で共通のものが多く，薬草の山・伊吹山を共有していた証で
はないかと推察される［水野，1999，9頁；京都薬科大学編，1971，3頁］。

3　安土桃山時代〜織田信長と薬草園〜

　16 世紀，織田信長がポルトガルの宣教師，フランソワー・カブラルに命じ，
伊吹山に薬草園を造らせ西洋から 3000 種の薬草を移植したという伝承があ
る。伊吹山が「薬草の山」と称されるようになったのはこの伝承によるとこ
ろが大きい。しかし，この記録は江戸時代に書かれた『切支丹宗門朝実記』
『切支丹根元記』『南蛮寺興廃記』という通俗書にみられるのみで，薬草園に

関する実録は日本並びに外国の教会側の資料にも発見されていない[海老沢, 1944, 24 頁]。そのため, 信長の薬草園に関しては諸説あり, 実は火薬の原料としてヨモギを栽培していたのではないかという説まである[伊吹町史編さん委員会, 1994, 59 頁]。この魅力的な"宣教師由来説"は, 近世になっても地域史誌に取り上げられ, 薬草販売のマーケティング戦術と深く関わっていく。その詳細については次章で語られることとなる。

　因みに, 薬草園が実在していた証拠とされてきたものは, 西洋から薬草が持ち込まれた折に共に入ってきたと推察される雑草類 (イブキノエンドウ, キバナノレンリソウ, イブキカモジグサ) が, 今もほぼ伊吹山に限られて分布しているという事実である。しかし 2023 年, 伊吹山から採取したイブキノエンドウとドイツおよびロシア産の標本について行われたゲノムワイド多型解析などの結果, 日本のイブキノエンドウは単系統の日本在来種で, 海外の系統とは分離していることが明らかとなった[Tamaki I 他, 2023]。今, また最新技術を用いて"宣教師由来説"の検証が進められている。

4　江戸時代〜採薬使〜

　江戸中期になると薬業も大いに発展し, 幕府も国産生薬の開発につとめ, 薬草園を開くと同時に各地に採薬使を派遣し始めた。古来薬草の山として知られた伊吹山には多くの本草学者や採薬使が訪れている。将軍吉宗の命を受けて諸国の薬草を採取・栽培を研究していた本草学者丹羽正伯は, 飯田道鋼らとともに享保 6 年 (1721) に伊吹山登山を行っており, その当時の村での記録が『坂田郡志』に「幕府採薬士の伊吹登山」として残っている[滋賀県坂田郡役所編, 1913, 972-973 頁]。記録によると, 一行は南面と西面の登山口から山頂までの大がかりな薬草検分を行った後, 美濃国側に下山し春日村で宿泊している。この時, 地元の村からも 50 人もの人夫が駆り出されており, 薬草検分は迎える村側にとっても大仕事のようであった。その後も多くの本草学者が伊吹山に採薬に入り, 伊吹山の薬草について記している。日本で最初の体系的な植物図鑑『草木図説』を著し, 日本の近代植物学の基礎を築い

図 1-6　オニバスを首にかけた牧野富
太郎
出典：高知県立牧野植物園提供

た飯沼慾斎も，岐阜県不破郡（現在は大垣市）に居を構え，美濃国側を中心に調
査している。『草木図説』［飯沼慾斎，1856］では，イブキ防風，イブキジャ
コウソウ，イブキトラノオなど34種を伊吹山に産すると明記している［岐阜
県博物館学芸部自然係編，1997，27頁］。

5　明治時代〜近代植物学の夜明け〜

　明治に入っても伊吹山を訪れる学者は後を絶たず，『日本産物志』を著した
伊藤圭介，『採薬手引き書』の著者田中宣之，伊吹山のミヤマコアザミとコゴ
メグサを新種として発表した矢田部良吉など，多くの学者が伊吹山で調査を
行ってきた。

　日本の「植物学の父」と言われ，日本で初めて新種「ヤマトグサ」に学名
を付けるなど，数々の業績を残した牧野富太郎（図1-6）も伊吹山に魅了され
たひとりである［米原市伊吹山文化資料館，2019］。1881年（明治14）6月，牧

野は 19 才ではじめて伊吹山に登り，山中で多くの植物を採集したが，その後も幾度も伊吹山を訪れている。牧野富太郎と伊吹山の関わりについては，伊吹山文化資料館の髙橋順之氏[3]が詳しい調査をしている ［髙橋，2011，300-305 頁；髙橋，2022，178-186 頁］。それらの資料によると，牧野は伊吹山麓の旅館「対山館長生園」（対山館）を定宿とし館主の髙橋七蔵と親交を深めている。髙橋七蔵は，牧野やその他の植物研究家の道案内として常に調査に同行し，髙橋自身もまた次第に植物についての専門知識を身につけていった。髙橋が発見した珍しいギボウシは「シチゾウギボウシ」と命名されたほどである。髙橋の営む「対山館」は旅館業だけではなく，薬草や山菜の集荷，植物標本や絵葉書の販売など，伊吹山の薬草事業にも積極的であった。坂田郡教育会も，伊吹山麓に薬草園を作り研究の資料を提供したり，薬草講習会を開催するなど，薬用植物に対する知識の普及に勤めている ［髙橋，2011，300-305 頁：髙橋，2022，182-184 頁］。現在「イブキ」と名の付く植物は 21 種類以上あり，白山 (19種)，富士山 (15種) などと比較して最も多い ［岐阜県博物館学芸部自然係編，1997，9 頁］。これは伊吹山の特殊な立地環境もさることながら，このような地元住民の植物に対する関心の深さと，牧野をはじめとした植物学者達の積極的調査・研究によるところ大きいのではないか。

第3節　薬草の山・伊吹と共に

　このように伊吹山は，長い歴史の中で常に貴重な資源・研究の対象であった。その一方で，伊吹山の麓には，自然の恵みを享受し，育み，共に生きてきた人々の確かな暮らしがあった。その暮らしぶりに関する貴重な資料は，春日森の文化博物館 (揖斐川町) と伊吹山文化資料館 (米原市) に収められている。

1　採草と植生

　第1節で述べたように，伊吹山は主として水はけの良い石灰岩からなるた

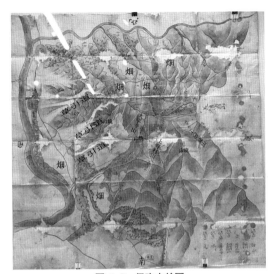

図 1-7 伊吹山絵図

出典：松井家文書（松井家所蔵）伊吹山文化資料館 第140回
企画展にて筆者撮影 2019年5月3日
絵中の文字は活字を添えた。

め稲作には向かず，畑作中心の農業であったと推察される。

　伊吹山文化資料館には江戸時代に描かれたとされる伊吹山（近江国側）の絵
図（**図1-7**）がある。近江国側には伊吹山の山頂を含み主に西南側斜面が広が
り畑が点在しており，蕎麦をはじめとする雑穀が栽培されていた。伊吹山は
日本蕎麦発祥の地とも言われている。

　また，現在山頂の花畑の続きにはススキ野原が広がっている（**図1-3**）が，
資料によると江戸時代〜昭和中期にかけてはここに牧草地が広がっており，
村人は夏のはじめからお盆にかけて毎日草刈り（採草）に精を出していた［米
原市教育委員会編，2014，24頁］。干し草にして肥料や畑を耕す家畜の飼料
として自ら用いたり，出荷したのである。伊吹山の干し草には薬草が混じっ
ており，大変評判が良かったらしい。干し草は貴重な資源であり，刈り場は
地区ごとに決められていたとのことで，絵図中（**図1-7**）にも"山境"として
記されている。刈り取った草をシュラと呼ばれる草ぞりなどを用いて麓まで

運んだ跡は江戸時代の絵図にも「引坂」（図1-7の伊吹山絵図では「草引道」）としてかき込まれ，今でもその跡が残っている［髙橋，2017a，74-79頁］。草刈りはあくまでも自らの生活のために行っていた作業である。しかし村人のこの営みが，低木の生育を抑え，結果として「伊吹山特有のお花畑」，すなわち今なお続く伊吹山の重要な"観光資源"を生み出す一要因になっていたと考えると大変感慨深い。この草刈りは，昭和中期になり農作業用の牛が耕運機にかわり，化成肥料が出回るようになると，次第に廃れていった。

　一方，伊吹山の北部や東部の斜面にあたる美濃国側には，このような大規模な採草の記録は見受けられない。植生の違いであろうか。主に花木や薬草が出荷されていた。

2　薬草採取とその利用

　薬草の宝庫・伊吹山の麓では薬草はごく身近なものである。古くから伊吹の人々は農業や林業を営む傍らに山中で薬草を採取したり，近くの畑に移して栽培して家庭薬として用いてきた。下痢止めにはゲンノショウコ[4]，腫れ物にはドクダミ[5]といった具合である。ヨモギから作られる伊吹艾も忘れてはいけない。また各家庭では「伊吹百草」と称して数種類の薬草を配合した自家製の健康茶や浴湯剤を愛用していた（岐阜県側春日地区では今でも多く愛用している）。「伊吹百草」はイブキトウキ・ドクダミ・ゲンノショウコの3種を基本としてはいたが[6]，配合する植物の種類や割合は様々で，家庭ごとや季節ごとに異なっていた。第1節でも触れたが，伊吹山の植物分布は一様ではない。例えば，岐阜県側斜面にはイブキトウキが多く，山頂を含めた滋賀県側ではヨモギがより多く自生している。そのため，滋賀県側ではヨモギの利用が多く，「伊吹百草」の配合も，ヨモギの比率が高く，そこに基本の3種類の薬草を加えたものが多い。身近な薬草を巧みに利用してきたわけである。かつて岐阜県博物館で「自然のくすり箱〜薬草とわたしたちの暮らし〜」という特別展示が開催されたことがあった［岐阜県博物館主催，2015］。病気になっても簡単には医者へ行けなかった昔の山麓の生活[7]の中で，まさに伊吹

山は大きな「薬箱」であったのではないか。

　その大切な薬箱を守るため，薬草の刈り取り時期にも決めごとがあった。春日森の文化博物館の資料によると，旧春日村の部落では資源枯渇を防ぐ目的で明治時代から「伊吹薬草保護會」を組織し，採薬の時期などを合議制で決めていた［高木他，1997a，150-158 頁］。人々は夏の土用の頃に「薬草の口があいた (薬草採取が解禁になった)」といって，薬草の刈り取りに山腹に出かけたという。滋賀県側では，牧草の刈り取り時期に一緒に薬草採取が行われていたが，大正時代に入ると，登山者による心無い植物の持ち去りや，薬草集荷のための濫採を防ぐために，滋賀県の条令で 28 種の薬草の採取が許可制となった。ヒトが適度に山に入りかかわることでこそ，里山としての伊吹山の自然は維持されていたのである。

3　商品としての薬草

　伊吹山の薬草は村の特産品としても貴重な資源であり，明治時代から昭和戦前期までは，山麓の農家の副業として薬草採取が盛んに行われていた。**表 1-2** および **1-3** に明治時代における春日村 (岐阜県側) と坂田郡 5 村 (滋賀県側) の薬草の取り扱いあるいは産生状況を示した。春日村の記録は明治後期から昭和初期にかけて薬草の仲買人として活躍した小寺甚五郎の行商記録によるもので，一仲買人の取扱量である［揖斐郡教育会編，1983，115 頁］。坂田郡 5 村の記録は『伊吹山の薬用植物』［京都薬科大学編，1971，7 頁］に掲載された村ごとの総生産量である。そのため単純に両者を比較することはできないが，春日村では甘茶の取扱量が最も多いことがわかる。加えて高木らの調査によると，甘茶は主に，近江・尾張・伊勢地方を主な取引先をえており，そのほかの薬草類はほとんどすべて近江地方へのみ出荷されていたと推察される［高木他，1997b，165-168 頁］。一方，坂田郡 5 村では，産出する薬草は村ごとに様々であるが，その種類の多さは上野村が抜きんでており，唯一関西地方を売先にしていた。また **表 1-2** には「百草」，**表 1-3** には「百草薬」という品目が記されており，春日村，坂田郡ともに，生薬の原末の他に，地元

表 1-2　春日村（現揖斐川町春日）小寺甚五郎家　薬草
取扱量　明治29年（1896年）

薬草名	地区ごとの生産量（貫）			
	笹又	中山	古屋	川合
甘　茶	175	966	359	460
川　芎	2	1		
角	4	2		
百　草	68	234		
当　帰	1	149		

出典：春日森の文化博物館展示資料『小寺甚五郎家薬草取扱
量と金額表（明治29年)[8]』を基に筆者が作成

表 1-3　坂田郡5村（現米原市伊吹）の生薬生産量
明治8〜13年（1875〜1880年）

生薬名	生産量					売　先
	上野村	伊吹村	太平寺村	小泉村	大久保村	
百草薬			2000斤			上野村
当　帰	60貫					西　京
防　風	120貫					西　京
防　風			100斤			上野村
前　胡	70貫					西　京
金銭十郎	200貫					西　京
山帰来	30貫					西　京
苅　安	640貫					大　阪
楮　皮		546貫				美濃国
石海月		9升4分				美濃国
栢　実		85石		230石 4斗7升	6500貫	開田村
艾		2斤半				

出典：京都薬科大学編『伊吹山の薬用植物』1971年，7頁を基に筆者が作成

のオリジナル商品である「伊吹百草」を出荷していたと考えられる。このオ
リジナル商品をめぐる滋賀県側（近江）と岐阜県側（美濃）の攻防（?）につい
ては，次章で詳しく考察されることになるが，いずれにしても，当時の人々
が，この伊吹山麓特有の"薬草文化"を生かし，その生計の一角を支えてい
たのは確かである。春日森の文化博物館や伊吹山文化資料館に収められた歴
史資料によると，少なくとも昭和30年代まではこのような薬草利用が続い

表 1-4　薬用作物産生状況
令和 2 年（2020 年）

県名	薬用作物名	生産量（kg）	市町村名
岐阜県	アマドコロ	2,000.0	下呂市
	イブキジャコウソウ	1.0	揖斐川町
	ウコン	500.0	下呂市
	カキドオシ	9.0	揖斐川町
	カミツレ	12,515.0	大垣市
	カワラヨモギ	382.5	岐阜市
	キキョウ	244.0	岐阜市
	ゲンノショウコ	4.0	揖斐川町
	ジオウ	50.0	岐阜市
	トウキ	11.0	揖斐川町
	ドクダミ	107.0	揖斐川町
	ナンテン（生実）	1,828.0	郡上市
	ナンテン（乾燥実）	334.0	郡上市
	ハトムギ	1,578.0	岐阜市
	ミシマサイコ	70.9	岐阜市
	ムラサキイモ	80.0	下呂市
	ヨモギ	105.0	揖斐川町
	合計	19,819.4	
滋賀県	アシタバ	1,700.0	東近江市
	クワ	12,000.0	東近江市
	キキョウ	―	甲賀市
	シャクヤク	―	甲賀市
	ドクダミ	247.0	甲賀市
	合計	13,947.0	

出典：日本特産農作物協会編『地域特産物（工芸作物, 薬用作物および和紙原料糖）に関する資料』（令和 2 年産）2022 年, 18-19 頁をもとに, 筆者が作成

ていたと考えられる。

　その後 60 年以上が経過した現在, 春日村は揖斐川町春日に, 坂田郡 5 村は米原市伊吹となっている。昭和初期の大不況, 戦時中の統制体制, 戦後急速な西洋医学の普及にともなう東洋医学や民間療法の衰退期を経て, 両地域はどのような変化を遂げたのであろうか。**表 1-4** に令和 2 年産の両地域の薬用作物の生産状況[9]を示す。岐阜県における薬用作物の生産量は 1 万 9819 kg, 全都道府県中 22 位で決して多くはない。しかし, 種類は 17 種類。その多様

さは全国4位で，このうち6種類が春日地区のある揖斐川町で生産されている。一方，滋賀県で薬用作物を生産しているのは東近江市と甲賀市のみである。伊吹山を共有するふたつの地域はこの60年間どのような道を歩んできたのだろうか。それは次の節で考察することにする。

第4節　伊吹山を守る

　「薬草の宝庫・伊吹山」を共有し，古来よりその暮らしの中に薬草文化が根付いていた両地域ではあったが，戦後の歩みは異なる方向性を持った。伊吹山の資源活用の仕方が異なっていったのである。それでもなお，両地域はそれぞれが置かれた立場から伊吹山と向き合っている。本節では，両地域の取り組みを通して，“自然の恵みとは何か”“その活用や保全に人間はどのように関わっていくか”について考える。

1　生物多様性

　最近「生物多様性」という言葉を耳にする機会が増えた。国連環境開発会議（UNCED）において採択（1992年）・発効（1993年）された「生物の多様性に関する条約」では，「生物の多様性」について「すべての生物（陸上生態系，海洋その他の水界生態系，これらが複合した生態系その他生息又は生育の場のいかんを問わない。）の間の変異性をいうものとし，種内の多様性，種間の多様性及び生態系の多様性を含む。」と定義される［環境省，2009，243頁］。「生物多様性」はそこに生息するすべての生物の活動，環境変化，歴史的背景など，多くの要因が複雑に影響しあって構築された一つの結果なのである。人間も自然の一部として生き，“食物などの資源”を得，大気や水などの“環境を保持”し，絵・音楽・宗教などの“文化”を生み出してきた。これらすべてが，“自然からの恵み”といえよう。現代が抱える「生物多様性」についての問題は，人間がこの恵みを過剰に利用し，自分たちの都合に合うように改変するなど，「共生の関係」が壊れてきたことに原因がある［横山，2016，6-9頁］。

　伊吹山は，植物の宝庫，生物多様性の高い貴重な山である。その自然は，前節までで述べたように，採草，薬草採取，炭焼きなど山麓の人の活動が適度に加わり続けたことで維持されてきた。いわゆる「持ちつ持たれつの関係」[横山, 2016, 6-9頁] がそこにあった。戦後70余年でこの関係がどのように変化していったのかに着目しながら，滋賀県側と岐阜県側，2つの地域の歩みを見てみよう。

2　伊吹地区の資源活用の現状と課題

　伊吹山の資源は"薬草"だけではない。自然保全に関する条例や，薬事法の制定はそれまで伊吹山で薬草に携わっていた人々の活動を制限するものとなっていった。むしろ第二次大戦後は，"石灰石"，"雪山"，"山頂お花畑"などが重要な資源となっている。

　1）石灰石：伊吹山の石灰岩は良質で，近江地方の石材加工業を支えてきた。特に，戦後はセメントの原料としての需要が増していった。1951年（昭和26）に採掘を開始した大阪窯業セメント（現・住友大阪セメント株式会社；現在はその子会社である滋賀鉱産（株）が採掘）伊吹工場は戦後復興再建の波に乗り，事業を拡張させ，地元に新たな雇用と多くの税収をもたらした [中山, 2015, 68-69頁]。

　しかし，半世紀以上にわたる大規模な採掘は滋賀県側の伊吹山の形を変えるほどになった。採掘が伊吹山の景観や植生に与える影響も懸念されたことから，1971年（昭和46）より，"採掘業者自身"による跡地の緑化事業が開始された。このような企業自身による緑化事業は当時としては先駆的な事例と考えられる。50年余り経過した現在，部分的にではあるが過去の植生に近づきつつある [伊吹山を守る自然再生協議会, 2021年議事録]。しかし，石灰岩の採掘は現在も続いている。伊吹山の景観や多様な植物群に配慮しながら，いかに事業を継続していくか。"緑化には，できる限り在来種（可能であれば伊吹産）を！"との地元の声も受け，試行錯誤を繰り返しながら緑化事業はこれからも継続されていく。

　2）雪山：伊吹山は西日本のスキー発祥の地で，関西スキーの功労者である中山再次郎に「全山がスキーに適している」と評された関西最古のスキー場である［髙橋，2017b，100-105頁］。1956年（昭和31）に近江鉄道により本格的な開発がすすめられると，地元も一体となってスキー場や宿泊施設の充実を図り，最盛期の上野区では集落のうち約半数もが民宿を営んでいたという。1984年（昭和59）のピーク時には約18万人がひと冬に伊吹山スキー場を訪れるほどであったが，バブルの崩壊，地球温暖化による雪不足などのためにスキー客が激減し，2005年（平成17）には近江鉄道が撤退，2008年（平成20）以降休業状態となった。現在もなお，その跡地にはホテルやリフトなどの基礎が残されたままである。

　3）「伊吹山頂草原植物群落」：伊吹山の特殊な気象環境と村人の採草という営みが生んだ「伊吹山頂草原植物群落」（いわゆる"山頂のお花畑"）は，学術的にもまた，観光資源としても非常に貴重である。昔から多くの採薬使者や植物学者たちが伊吹山登山を行ってきたが，近代になると山頂からの展望や三合目あたりから山頂へと続くお花畑の美しさにひかれた観光登山が主流となった。さらに1965年（昭和40），伊吹山ドライブウェイが開通すると，山頂へのアクセスが極めて容易になり，気軽に伊吹山の自然に親しめるようになった。コロナ禍前は年間30万人近い観光客が伊吹山を訪れていた（米原市経済環境部商工観光課調べ）。

　一方で，温暖化や急速な観光地化の弊害と推察される伊吹山の自然の劣化が顕著になってきた。第1節で伊吹山の固有種（特産種）として紹介したコバノミミナグサやイブキレイジンソウも今や滋賀県側，岐阜県側ともに絶滅危惧種である。危機感を持った滋賀県は，現在，官・民・産あげて「伊吹山を守る自然再生協議会」を結成し，保全事業を展開している。本会の一委員である環境保全団体も，長年続けてきた伊吹山の植物調査の結果を"絶滅危惧植物図鑑"として発表しているが［青木 監修，2022］，その中でも，自然環境の変化・人的影響・深刻なシカの食害の状況などが解説されている。

　4）伊吹山を守る自然再生協議会：滋賀県および米原市は2008年（平成

表 1-5　伊吹山の自然保全の現状と課題

問題点	現状	考えられる要因	対策など
草原植物群落の変化	樹林化，笹繁茂による植生の単調化	昭和 30 年代まで続いていた採草が行われなくなったため	低木林や笹等も伐採昭和初期の採草方法を参考に
山頂部分の重要植物・植生への悪影響	踏跡群落化[10]，外来植物の侵入，人為植栽，盗掘	観光客による踏み付け，持ち込み，抜き去り	重要種保全地域の設定保護策，案内板の設置
外来植物[11]の侵入	セイヨウタンポポなどが 3 合目までと山頂に集中	ドライブウェイ利用の影響	抜き取り
純群落を形成する種繁茂	アカソ，フジテンニンソウの繁茂	気候の変化や獣害による？	手作業による引き剥き刈込等
ニホンジカの採食被害	アカソ，フジテンニンソウの繁茂，裸地化	嗜好性の高い植物が採食対象となるため，不嗜好種のアカソ，フジテンニンソウ群落の拡大，さらに進行すると裸地化を招く	生息状況調査と捕獲植生防護柵の設置

伊吹山を守る自然再生協議会 HP 議事録等を参照し著者がまとめた。

20），「伊吹山全体の環境保全」を目指して，地元住民，環境保全団体，企業，学識者，行政機関関係者などからなる「伊吹山自然再生協議会」（現「伊吹山を守る自然再生協議会」）を設置し，所属団体が情報共有を図りながら様々な保全活動を実施している［滋賀県 HP 琵琶湖環境部］。筆者は，お話を伺った方々が本協議会の委員であったことから興味を持ち，ひそかにその活動を見守ってきた。**表 1-5** は，議事録や関係団体の活動報告を参考に，伊吹山の自然劣化の現状と実施されている対策の一部を著者が独自にまとめたものである。なかでもニホンジカの食害は深刻化しており，植物群の変遷や裸地化と密接に関係している［安藤，2012，190-198 頁］。**表 1-5** のように，植物群を保護するための防護柵の設置や，シカの追い出し・捕獲などの対策が講じられてはいるが，追いついていないのが現状のようである。筆者も**図 1-8** のように，伊吹山東登山道付近（防護柵の内側）で日中悠々と草をはむシカの群れを多く目撃した。

図 1-8　防護柵内で草をはむニホンシカ
シカを→で示している
出典：筆者撮影　2023 年 7 月 29 日

　お話を伺った環境保全団体の方も「実際はそれほど単純ではない。」といわれた。伊吹山の生態系はそこに生息する全ての生物の活動，環境変化など，多くの要因が複雑に影響しあっている。表に挙げた要因のみの解決では自然の回復にはつながらない可能性もある。失われた植生の復元策ひとつとっても，アカソなどを抜きとるだけで簡単に元の植生が回復するとは限らない。抜き取りや獣害防護柵の設置をつづけて自然に植生が回復するのを根気よく待つべきか。積極的に本来の植物種を移植して元の植生にもどすべきか。増えすぎたニホンジカはどこまで減らせばよいのか。立場が違えば考え方も違う。そのすり合わせこそ難しいけれども最も大切な事柄ではないか。

　「伊吹山を守る自然再生協議会」は，立場，意見，利害関係を異にする多様な人々が一同に会する場である。環境保全に関する専門家も中心メンバーとして加わっている。コロナ禍で Zoom 環境が整い，岐阜県側からも複数の関係者が参加できるようになった。本会議こそ，そのすり合わせの場として期待されるところである。

3　春日地区の資源活用の現状と課題

　滋賀県側に比較すると地理的不利は否めず，南斜面のような大規模なス

図 1-9　販売されているハーブ茶の数々
出典：かすがモリモリ村にて筆者が撮影

キー・ゲレンデもなく，笹又や北尾根からの登山道は「伊吹山ドライブウェイ」に阻まれて山頂のお花畑には到達できない。滋賀県側に吹いたレジャー旋風は，残念ながら伊吹山の東側にはあまり吹かなかった。しかし，だからこそ，昔ながらの風景と薬草文化が色濃く残されてきた。

　戦後の近代化と急速な西洋医学の普及のために，春日村でも薬草は自家用に細々と利用するだけになり，薬草採取の中心であった笹又地区の人々も山里に移り住むようになっていた。それが，1985 年から始まった「特産物朝市」がきっかけで，薬草採取や加工などを通して再び故郷を盛り上げようという気運が高まってきた。薬草を起爆剤とした地域おこしを目指して春日村の発案で始められた「伊吹山薬草サミット」は伊吹山周辺の市町村の活性化と交流を生んだ。薬草は「ふるさと教育」として保育・教育活動にも取り入れられ，「薬草利用」から「薬草の育つ環境」まで子供たちに多くの考える機会を提供してきた。一連の事業を進めるにあたり，地元岐阜薬科大学の学術的支援も大きなものであった［水野監修，2002］。

　時代は平成・令和へと移った現在，地道な努力の積み重ねの上で，揖斐川町春日地区は環境省の「生物多様性保全上重要な里地里山」にも選定され，

「薬草文化」を発信している。その中心となる施設「かすがモリモリ村」では，薬草風呂や薬膳料理が提供され，館内には薬草[12]を用いた商品（図1-9）や地元の農産物が並んでいる。商品だけではない。コロナ禍以前は，岐阜薬科大学名誉教授の水野瑞夫先生を講師として招き，20余年間継続的に「薬草教室」も開かれていた。授業は薬草観察会などの"体験学習"と水野先生の"講義"を組み合わせたもので，県内外（遠くは九州）から多くの受講者を集めた。現在は，新型コロナウィルス感染拡大のため残念ながら休止中であるが，再開を待ち望むばかりである。

　そんな折，かつての薬草教室の受講者の一人を久々に訪ねてみた。伊吹の薬草に誇りを持ち，その文化を守ろうと薬草栽培からハーブ茶の製造・販売・さらには薬草レストラン経営まで始めてしまったという経歴の持ち主である。薬草は子供のころから身近にあり，今も夏場は笹又地区まで行き薬草畑で作業をしている。先祖から受け継いできた畑にはその土壌に適した薬草が自生しており，季節ごとに様々な薬草が芽吹いてくる。彼女はそれを手間・暇かけて育てあげ，上質のハーブ茶に仕上げている。コロナ禍での健康志向の高まりやSNSの普及はある意味彼女にとっては追い風であり着実にニーズを掘り起こしてはいるが，自生種なので簡単に増産はできないという。加えて自然相手の仕事なので待ったなし。訪ねた折も，「薬草が芽吹く前に獣害対策の柵を修理しなければ（美濃地方でもシカの害は深刻である）。」とそれは忙しそうだった。夏の繁忙期には，畑近くに泊まり込むことも多いらしい。「本当に好きだからこそできることですよね」と彼女の甥御さん（実は彼もまた次の世代の薬草文化の担い手で，伊吹ハーブを配合したクラフトコーラ「ぎふコーラ」[13]の生みの親のひとりである）は微笑んでいた。

　そんな彼女に困りごとなど尋ねたところ，住民の高齢化による担い手不足とそれに関連する耕作放棄畑の問題をあげた。一度故郷を離れ定年を迎えた人，ボランティア，体験学習など，とにかく楽しんで地域とかかわる仕組みを作り，「関係人口を増やしていくこと」が，地域を守り，ひいては伊吹山を守ることにつながるのではないかと語ってくれた。

おわりに

　本章では,「自然との共生を考える」という表題にもかかわらず, 伊吹山の自然の学術的価値やそこに暮らす人々の歴史を紹介することに重きを置いた。伊吹山の"今"を考えるためにその"歴史"を知り, その上で自分にとって「好ましい伊吹山はどのような姿か」を考えていきたい。加えて"自然環境を保全しつつ"もその"価値を利用する", いわゆる「持ちつ持たれつのちょうどよい関係」を築いていくためには, 個人の思いだけで終わらせず, それらを集約・組織化し, 経済的にも安定で継承可能な形にしていく"仕組み"が必要であろう。次章以降には, そのヒントが数多くちりばめられている。

　最後になったが, 貴重なお話や資料を提供していただいた, 岐阜薬科大学名誉教授水野瑞夫先生ならびに伊吹山文化資料館, 伊吹山ネイチャーネットワーク, 伊吹山を守る自然再生協議会, 春日森の文化博物館, 岐阜県博物館, kitchen marco, 滋賀鉱産 (株), 新日本法規出版, 高知県立牧野植物園の関係各位に深く感謝いたします。

注

1) 人の影響を受けることなく本来その土地に生育していた植物の集団のこと。人の影響を強く受けるようになった今ではほとんどみられない。

2) 八千代遺跡 (北海道), 大船遺跡 (北海道), 中野 A 遺跡 (北海道), 荒屋遺跡 (新潟), 木ノ根拓美遺跡 (千葉) などで出土している。

3) 米原市教育委員会生涯学習課, 伊吹山文化資料館勤務。伊吹山と人との関わりを研究テーマとし, 本叢書にも引用した『伊吹山風土記』,『伊吹山を知るやさしい山とひと学の本』など多くの著書を出されている。

4), 5) ゲンノショウコやドクダミは日本薬局方にも記載されている生薬で, それぞれタンニン類 (ゲライニン) や精油成分 (デカノイルアセトアルデヒドなど) がそれぞれ主な薬効成分である。

6) 昭和 5 年に春日村が岐阜県に依頼して行った百草茶の成分分析で, その主要薬効成分はトウキであることが判明し, 製造販売には免許申請が必要であるとの指導があった。

7) 特に岐阜県側の旧六合・谷合・美束村には明治のはじめまで医師はおらず，人々は売薬や家庭療法にたよっていた。

8) 本展示資料『小寺甚五郎家薬草取扱量と金額表（明治 29 年）』は揖斐郡教育会編『道』，1983 年，115 頁の表および文より引用されたものである。

9) 本資料は 2021 年 4 月農林水産省生産局・地方農政局等の指導下，都道府県に依頼して工芸作物・薬用作物（生薬）・薬用人蔘・和紙原料等の栽培状況，生産体制や流通の現状等に関する調査，その他，関連資料を収録して取りまとめたものである。

10) 人の踏圧に適応できる植物だけで構成される群落

11) 過去あるいは現在の自然分布域以外に導入された植物種。これらのうち特に影響が甚大で，その導入や拡散が生物多様性を脅かすものを「侵略的外来種」という。

12) 昔から民間薬として使われてきた薬草だが，現在は薬事法による規制があり薬効は表記できない。そこで健康食品や「ハーブ茶」として商品化している。

13) 岐阜県生まれの 3 人の若者がゼロから作り出したクラフトコーラ。ヨモギ，ドクダミ，カキドオシ，ヤブニッケイを基本にした新感覚な健康薬膳ドリンクである。

引用・参考文献

a　欧文文献

Tamaki I., Mizuo M., Ohtsuki T., Shutoh K., Tabata R., Tsunamoto Y., Suyama Y., Nakajima Y., Kubo N., Ito T., Noma N. and Harada E. "Phylogenetic, population structure, and population demographic analyses reveal that *Vicia sepium* in Japan is native and not introduced" *Nature, Scientifc Reports* 132023, 20746, https://doi.org/10.1038/s41598-023-48079-4.

b　和文文献

安藤正規「シカと生息環境の関係から生物多様性を考える」小宮山章監『岐阜から生物多様性を考える』岐阜新聞社，2012 年，190-198 頁。

青木繁「牧野富太郎も通った伊吹山の豊かな植物の魅力」「伊吹山の植物はどこから来たの？」青木繁・須藤明子 監『伊吹山を知るやさしい生きもの学の本』伊吹山ネイチャーネットワーク，2016 年，28-39 頁。

青木繁監, 筒井杏正企・編『未来に残したい伊吹山の植物　伊吹山絶滅危惧植物図鑑　伊吹山レッドデータプランツ』伊吹山ネイチャーネットワーク，2022 年。

飯沼慾斎『草木図説』20 巻 1856 年。

揖斐郡教育会編『道』揖斐郡教育会，1983 年，115 頁。

伊吹町史編さん委員会 編『伊吹町史 文化民俗編』伊吹町，1994 年，59-61 頁。

岩田悦行・村瀬忠義編『伊吹山総合学術調査報告書「伊吹山の植物相とその保全」』伊吹山を守る会，1980 年。

海老沢有造『切支丹の社会活動及び南蛮医学』富山房，1944 年，24 頁。

加藤久幸『伊吹山花のガイドブック』加藤久幸，2008 年，127 頁。

岐阜県博物館学芸部自然担当　編『自然のくすり箱〜薬草とわたしたちの暮らし〜』岐阜県博物館友の会，2015 年，6 頁。

岐阜県博物館学芸部自然係　編『薬草のふるさと伊吹』岐阜県博物館友の会，1997 年 7-29 頁。

京都薬科大学生薬学教室・薬用植物学教室編『伊吹山の薬用植物』滋賀県厚生部薬務課，1971 年 2-10 頁。

滋賀県坂田郡役所　編『近江坂田郡志』中巻，1913 年，972-973 頁。

高木朋美・田中俊弘・石原英典「伊吹薬草保護會の変遷」『薬史学雑誌』第 32 巻 2 号，1997 年 a，150-158 頁。

高木朋美・田中俊弘「春日村における薬草仲買人・小寺甚五郎の記録（第 3 報）「売上帳」にみられる薬草取引量と売上高および品目」『薬史学雑誌』第 32 巻 2 号，1997 年 b，165-168 頁。

髙橋順之「伊吹山の薬草利用—昭和前期の対山館長生園の葉書から—」林博通先生退任記念論集刊行会編『琵琶湖と地域文化』サンライズ出版，2011 年，300-305 頁。

髙橋順之「伊吹山の採草」高橋順之監『伊吹山を知るやさしい山とひと学の本』伊吹山ネイチャーネットワーク，2017 年 a，74-79 頁。

髙橋順之「伊吹山のスキー場」高橋順之監『伊吹山を知るやさしい山とひと学の本』伊吹山ネイチャーネットワーク，2017 年 b，100-105 頁。

髙橋順之『伊吹山風土記』サンライズ出版，2022 年，176-196 頁。

竹田繁良『伝承地でたどる，ヤマトタケルの足跡』人間社，2021 年，71-76 頁。

内藤記念くすり博物館企『2017 年度企画展図録　進化するくすり』内藤記念くすり博物館，2017 年，6-36 頁。

中山智博「伊吹山の石炭採掘と現状」阿部勇治　監『伊吹山を知るやさしい地学の本』伊吹山ネイチャーネットワーク，2015 年，68-69 頁。

米原市伊吹山文化資料館「第 140 回企画展　神農も伊吹山には仰天し〜牧野富太郎と伊吹山近代植物学〜」2019 年，3-5 頁。

米原市教育委員会編『伊吹山—荒ぶる神の座す山の歴史—』米原市教育委員会埋蔵文化財活用用パンフレット 9，2014 年，1-6，24-26 頁。

三上禎次「伊吹山の生い立ちを探ろう！」阿部勇治　監『伊吹山を知るやさしい地学の本』伊吹山ネイチャーネットワーク，2015 年，6-11 頁。

水野瑞夫監・田中俊弘編『日本薬草全書』新日本法規出版，1995 年，107-109 頁，151-153 頁。

水野瑞夫『伊吹山の薬草：基礎と応用』春日村役場，1997 年，127-136 頁。

水野瑞夫『薬草の宝庫伊吹山』伊吹山薬草サミット実行委員会大垣市，1999 年，9-17 頁。

水野瑞夫　監『薬草の里-春日-構想〜日本一の薬草の里をめざして〜』春日村，2002 年。

文部省『尋常小学唱歌　第六学年用』国定教科書共同販売，1914 年，14-15 頁。

横山隆一「生物多様性って何だろう？」青木繁・須藤明子　監『伊吹山を知るやさしい

生きもの学の本』伊吹山ネイチャーネットワーク，2016 年，6-9 頁。

b　インターネット HP

伊吹山ネイチャーネットワーク HP　活動報告
(https://ibukiyama-nature-network.com/category/report/)（2023 年 8 月 30 日アクセス）

環境省「平成 21 年版環境・循環型社会・生物多様性白書（PDF 版）」環境省 HP，2009 年，243 頁。
(https://www.env.go.jp/policy/hakusyo/h21/pdf.html)（2023 年 8 月 22 日アクセス）

気象庁『過去の気象データ検索』HP
(http://www.data.jma.go.jp/obd/stats/etrn/index.php)（2019 年 1 月 29 日アクセス）

滋賀県 HP　琵琶湖環境部　伊吹山を守る自然再生協議会
(https://www.pref.shiga.lg.jp/kensei/kenseiunei/shingikai/326280.html)（2023 年 7 月 14 日アクセス）

滋賀鉱産株式会社伊吹鉱山緑化事業 HP
(http://www.shigakosan.jp/green/index.html)（2023 年 7 月 11 日アクセス）

日本特産農作物協会『日本特産物（工芸作物，薬用作物及び和紙原料等）に関する資料（令和 2 年産）』日本特産農作物協会 HP，18-19 頁，2022 年
(www.jsapa.or.jp/pdf/Acrop_Jpaper/nousakumotuchousar2.pdf)（2023 年 7 月 14 日アクセス）

国指定天然記念物「伊吹山頂草原植物群落」保存管理計画策定委員会編『天年記念物『伊吹山頂草原植物群落』保存管理計画』目次および概要　滋賀県米原市 HP，2016 年
(https://www.city.maibara.lg.jp/material/files/group/47/ibukiyama1.pdf)（2023 年 7 月 14 日アクセス）
(https://www.city.maibara.lg.jp/material/files/group/47/ibukiyama2.pdf)（2023 年 10 月 31 日アクセス）

第2章

“名物”伊吹山薬草の歴史
～近江と美濃それぞれの歩み～

はじめに　“名物”はどのように作られるのか

　“名物”という言葉には，文字通りの「その土地で有名なもの」という意味とともに，「他の地域にはないもの」というイメージがある。

　前章で詳述されたように，伊吹山の植物には固有種が多い。ゆえに，その地で生産される薬用植物はまさしく“名物”と呼ばれるにふさわしいといえる。だが，実際には，商品としての薬草，特に「伊吹艾（いぶきもぐさ）」は，“伊吹山の”というよりは，長らく“近江（＝滋賀県）の名物”としてその名を馳せてきた。

　伊吹山は，滋賀と岐阜の両県にまたがっている。山頂は滋賀県側に位置するが，南北に連なる伊吹山地の尾根がおおよその県境になっており，裾野は両県に緩やかに拡がっている。そして，薬効を持つと伝えられてきた植物は，近江と美濃（＝岐阜県）の両方から産出されている。さらに，薬用植物を暮らしの中に取り入れた生活文化も，両地域に根付いている。

　にもかかわらず，商品として流通する薬草は，長らく“近江の名物”だったのである。

　その背景には，江戸時代の近江商人による，伊吹薬草を「他の地域にはないもの」として権威づけるイメージ戦略活動があった。その際には歴史や由緒といったロマンも，産物に付加価値を与え，地域の“名物”に成長させる

一助となった。そして，薬用植物がすっかり"近江の名物"として定着したことは，近代に入って美濃の人々が商品化しようとした際に，見えない壁となって立ちはだかることになったのだ。

　本章では伊吹山の薬用植物をもとに，千年以上におよぶ壮大な"名物"の歴史を探ってみたい。なお，資料の引用にあたっては，人名・地名以外の漢字は新字体に改めた。

第1節　"近江の名物"伊吹山薬草の歩み

1　伊吹山の薬草とは

　伊吹山の薬草は，一般的にどのように紹介されているだろうか。現在公刊されている書籍や地域の広報，公開中のウェブサイトなどに共通して見られるのは，①伊吹山の薬草が古来からの"名物"だったことと，②伊吹山には，他には見られない薬草類が自生しているという2つの面である。

　①の根拠として挙げられるものは，

- ・平安時代中期の法律『延喜式』（延喜5年（905）編纂開始，延長5年（927）完成）「典薬寮諸国進年料雑薬条」において，全国53ヵ国から収納された薬草のうち，近江国から73種（全国1位），美濃国から62種（同2位）
- ・平安時代後期，応徳3年（1086）成立の勅撰和歌集『後拾遺和歌集』藤原実方の歌「かくとだにえやはいぶきのさしもぐささしも知らじな燃ゆる思ひを」

である。これらによって，今から千年以上も前から伊吹山の薬草が有名だったことがわかる。また，伊吹山では山岳修行が盛んで本拠地の寺院で「薬師念仏」が行われていたことも，この地に薬草が自生していたことの裏付けとされる[1]。

　次に②については，その要因として主に以下の2つが挙げられる。

　②-要因1　地形がもたらす特殊な気候

　②-要因2　織田信長が宣教師に命じてヨーロッパから薬草を持ち込ませ，

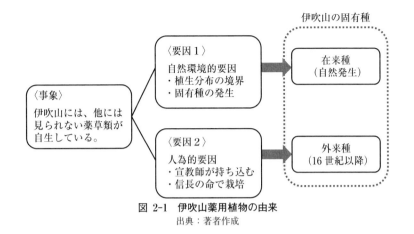

図 2-1　伊吹山薬用植物の由来

出典：著者作成

栽培させた

　これらはいずれも伊吹山の薬草が固有種であることの要因だが，要因 1 は自然環境的なもの，要因 2 は人為的なものである（**図 2-1**）。

　②-要因 2 の宣教師由来説は，自然科学の分野でも真実味を持って受け取られており，例えば，滋賀県立琵琶湖博物館が 2003 年 3 月に開催した「第 2回博物館資料展　滋賀の植物標本・写真展―村瀬忠義植物コレクション―」[2]の報告書には，次のように記されている。

　　（……略……）この展示では，県内にこれほど沢山の，そして美しい貴重な植物があることを紹介することで，自然環境の大切さを認識する機会を提供できた。
　　　また，ポルトガルの宣教師が戦国時代の武将，織田信長の許可を得て，伊吹山で薬草園を開いたとする言い伝えを裏付ける植物として，イブキノエンドウやキバナノレンリソウなど当時ヨーロッパから薬草とともに持ち込まれたと考えられ，今なお伊吹山山麓だけに自生する植物の標本も展示した。　　　[74 頁]

　ところが，宣教師由来説は同時代の一次資料（例えば信長関係の書状や日記など）には見出だせず，江戸時代後期以降に発生している可能性が高いことが，近年の研究から明らかになっている。そのことについては後ほど記すとして，まずは伊吹山の薬草が江戸時代を通して"近江の名物"に成長していく

様相を見てみよう。

2 江戸時代に築かれた"近江ブランド"

"近江の名物"としての伊吹山の薬草は，江戸時代の刊本の中から見出すことができる。江戸時代前期の正保2年（1645）刊『毛吹草』や元禄10年（1697）刊『本朝食鑑』には，商品として近江の「伊吹蓬艾」が挙げられている。

江戸時代中期に「伊吹蓬艾」は大流行を見せるが，その契機は歌舞伎の二代目市川団十郎が「艾売り」を演じたことだと言われている。天保12年（1841）刊の談州楼焉馬（立川）著『花江都歌舞伎年代記』初編巻之一には，宝永6年（1709）のこととして次のように記されている。

> 二代目團十郎。山村座にて「けいせい雲雀山」久米の八郎の役。もぐさ売のせりふ大でき。此ころハ芝居四軒ありて。立者役出端にかならずせりふ有しが。いつとなく捨りしを。團十郎艾売のせりふ大当りにて。江戸中子供まで是を真似る。浅艸門跡前に艾売見世出て。團十郎の人形を看板とす。是元祖にして今も残れり。

江戸じゅうで子供までが団十郎の艾売りを真似したというのだから，宣伝効果は抜群だっただろう。

それから15年後の享保19年（1734），膳所藩士の寒川辰清によって編まれた地誌『近江輿地志略』「巻之十九 土産第三 坂田郡」うち「伊吹蓬艾」の項には次のように記されている（本稿での引用は大正4年刊の校訂本に拠った。下線は筆者が付す）。

> 膽吹山産する所の蓬也。山の八分にあり高三四尺及六七尺甚大にしてうるはし。土人毎年五月五日之を採て干曝する事数遍臼にて之をつき蓬艾に製す。柏原駅にて之を売る。自云ふ此蓬艾一灸すれば他の百灸よりも勝れたりと。栗太郡梅木村にも之を売る。志賀郡大津の土人西川久誠といふ人多く之を売る。大凡灸治は養生の第一也。虚なる付きは之を補ひ，実なる時は之を瀉し，寒なる時は之を温む，灸法なくんばあるべからず。　　　　　　　　[1198頁]

　これによれば，土地の人々が伊吹山でヨモギを採取して「蓬艾」を製造し，柏原や梅木村で販売していたという。

　同書では伊吹蓬艾のほかに，皂莢（さいかし），蛇骨（じゃこつ），蝉脱（せんだつ），刈安（かりやす），山葵（わさび），当帰，独活（うご）の名を挙げ，「以上五種膽吹山の産する所也，此外薬草多けれどもわけて其多き物を記す」と述べ，各種の薬草が“伊吹山の名物”として著名だったことが知られる。

　江戸時代末期の 1832 年（天保 3）に始筆された，風俗に関する考証的随筆『守貞謾稿』「巻之六　生業下」には，「京坂にありて，江戸なき所の市街を巡る生業」の中に「艾売り」が見られる。

> 　近江伊吹山を艾の名産とす。同国柏原駅に艾店多し。特に亀屋左京と云ふ店を古戸とす。これを売る者，皆旅人に扮してかの売り子に矯る。詞に，「江州伊吹山のふもと柏原本家亀屋左京薬艾はよう」。けだし京坂は袋艾のみを用ふ。灸す時，大小意に随ひ捻りてこれを用ふ。江戸は専ら切り艾を用ふ。小網町に釜屋と云ふ艾店四，五戸あり，名物とす。
> 　因みに云ふ，京坂はもぐさと云ひ，江戸はきうと云ふ。しかし切り艾は，きりもぐさと云ふ。　　　　　　　　　　　　　　　　　　　　　　　　［286 頁］

　これによれば，京都や大坂の市街では近江柏原の亀屋左京の艾が売り子によって巡回販売される一方，江戸では小網町に釜屋と号す艾店のあったことが知られる。

　中山道 60 番目の宿駅である柏原は，薬店が並ぶことで著名だった。天保 6 年 (1835) ごろの歌川広重「木曽海道六拾九次之内　柏原」にも，艾を商う「亀屋」の店先が全面に描かれている（図 2-2）。

　なお『守貞謾稿』には，艾と同じく巡回販売されていた暑気払いの大衆薬「是斎」について，近江の梅木村に販売元があったと記される。じっさい，江戸や大坂に店を置き都市部で行商されていた「是斎」のほか「定斎」「和中散」と称される同種の薬には，その由来を梅木村としているものが多い［米田，2019，5-7 頁］。近江にルーツのあることが，薬の商品価値を高めていたのである。江戸時代，薬草・薬は近江の“名物”であるとともに，“近江産”が強

図 2-2　安藤広重「木曾海道六拾九次之内　柏原」
出典：国立国会図書館デジタルコレクション[3]

　いブランド力になっていたのだ。

3　マーケティング戦術に使われた宣教師由来説

　さて，先に，伊吹山に固有種が見られる要因 2 として挙げた「織田信長が宣教師に命じてヨーロッパから薬草を持ち込ませ，栽培させた」という宣教師由来説だが，実は江戸時代後期以降に発祥し，流布したものだったようだ。

　菊池庸介によれば，江戸時代 18 世紀半ば以後，全国的に流行したキリシタン実録類は 96 種が確認でき，その中で「艾」を題名にもつものは，『伊吹もぐさ』『伊吹艾因縁記』『伊吹蓬由来』『伊吹艾草記』がある［菊池，2008，531-534 頁］。キリシタン実録類は，信長・秀吉時代における宣教師の活動を若干の史実を交えつつ記した俗説書で，元来は庶民層に向けて排耶（＝反キリスト教）観を形成する目的で編まれている［海老沢，1954，152-178 頁］。そのうち18 世紀の中ごろに成立した『南蛮寺興廃記』の内容を見てみよう。ここでは東洋文庫『南蛮寺興廃記・邪教大意・妙貞問答・破提宇子』所収の海老沢有道による現代語訳を引用したい。（〈　〉内は原文にはないが，理解の便宜上，編者海老沢が挿入したもの。〔　〕内は原文の割注。下線は筆者米田が付したもの）。

やがて京都の南蛮寺へ帰ったが，また信長に申し出ていうには，天帝宗はひ
ろく病や貧困に苦しんでいる人々を救い，生活を安らかにし，また教えを伝え
て現世の幸福，後世の安楽の願いを成就するものである。それで薬園を賜って，
そこに薬草を植え，その用にあてたいと願った。信長はそれを聞きいれて，山
城に近い国のうちで適当な土地を選ぶがよいと言われたので，二人のイルマン
は，近江の伊吹山を願い，〈それが〉与えられたので，〈彼らは〉この山に登っ
て五十町四方を開拓し，薬園とし，本国から三千種の薬草の苗種を取り寄せ，
伊吹山にこれらを植えたのである。〔それで現在二百年の後までも，この根が
この山に残っていて，川芎，よもぎの類はこの山が最もすぐれている名産とさ
れている〕 ［海老沢，1964，23頁］

　引用文中，傍線部に「伊吹山」が見える。引用部分の前後の文脈からみれ
ば，この箇所で薬草について触れられる目的は，本来，宣教師が持つ不思議
な力，つまり西洋医術と薬学を紹介するためである。だが，原文における割
注，すなわち引用文では末尾の〔　〕内に記される「それで……名産とされ
ている」からはむしろ，伊吹山の宣伝色が濃く出ている。

　さらに，南郷晃子によれば，これらのキリシタン実録類は，近世中後期の
活発な商品経済活動と関係があるという［南郷，2018，28-41頁］。それは，
実録類のうち何本かに共通する前書きとしてこの書を発見した経緯が記され
るのだが，それが柏原宿とイブキモグサに関係するのだ。すなわち，「広島の
柴田吉左衛門は，帰郷の途中で近江国伊吹山柏原の里に逗留。切支丹実録と
伊吹艾が南蛮由来であると知る」というものである。南郷は，この前書きの
内容を，イブキモグサの由来譚としての演出と見ている。

　近世後期に江戸に相次いで出店された艾の専門店の中には「釜屋艾」を屋
号とする店が数店あるが，そのうち「釜屋治左衛門」の看板には「根元」と
記載され，キリシタン実録と共通の意匠が用いられる。さらに19世紀に入
ると，イブキモグサの説明そのものにキリシタン実録類が引用されるように
なっていくという。

　このように，宣教師由来説の起こりと拡がりは，近世後期における薬用植
物の商品開発や販売促進と深く関わっていることがわかる。さらに，そのこ

とが，伊吹山が裾野を拡げる近江，美濃の両地域の運命を大きく分ける背景
ともなったのだ。

第2節　地方史誌における宣教師由来説の定着

　では，近世後期の商業と密接に関わる「伊吹艾」の宣教師由来説が，近代
から現代を通じてなお生き続けてきたのはなぜだろうか。

　ここではその手がかりの一つとして，市町村や郡によって発刊された地方
史誌を挙げたい。地方史誌は公的なものだけに内容への信頼度が高いため，
各種の文献やウェブサイトの典拠となっている場合も多い。宣教師由来説の
定着に大きな役割を果たしたといえるだろう。

1　中川泉三と観光ガイド『伊吹山名勝記』

　まず，大きな鍵となる人物が，滋賀県在地の歴史学者・中川泉三である。

　中川泉三は明治2年 (1869)，近江国坂田郡大野木村 (現米原市大野木) に生ま
れた。農業のかたわら漢詩文を学び，成人後は柏原村第八区長や村会議員，
郡会議員などの公職を次々と務めた。公的機関の依頼による地誌編纂は，明
治38年 (1905) に『柏原村誌』編纂の依頼を受けて完成させたのを皮切りに，
昭和14年 (1939) に病没のため絶筆となった『彦根市史』に至るまで15編に
も及ぶ。また，『近江坂田郡志』編纂に参加していた東京専門学校 (現早稲田大
学) の久米邦武を師と仰ぎ，親交を深めた[4]。

　さて，中川泉三の著書のうち，伊吹山の薬草に最初に触れたのは明治38年
(1905) に編まれた『伊吹山名勝記』で，大正2年 (1913) に文盛堂から出版さ
れて広く流布するところとなった。その書名のとおり，伊吹山の名所，名物
を集めて紹介したものである。

　　　十二　織田信長葡萄牙の薬草を膽吹山に移植せしむ
　　　永禄十一年葡萄牙人来朝す。蓋し天主旧教の宣教師なり。織田信長之を迎

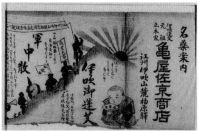

図 2-3　『伊吹山名勝記』亀屋左京商店広告
出典：国立国会図書館デジタルコレクション[5]

へ，京師に南蕃寺を建て居らしめたり，後ち葡人の来住に托し，其国の薬草を齎（もた）らさしめ，膽吹山に方五十町の地を与へ，薬園を作らしめたり，<u>一説に，当時信長は近江，丹波，両国の中にて其地を与へたりしに，葡萄牙人は，此山を採りて三十余種の薬草を移植したりと，一説に，三千余種と見ゆれど，十と千との誤ならん</u>

[中川，1913 年，16 頁]

　この記事中，下線部の内容は，前節で引用した『南蛮寺興廃記』の内容に一致する。「一説」とは，こうしたキリシタン実録物を指していると思われる。

　海老沢有道によれば，『南蛮寺興廃記』は幕末から明治中期の知識人層に享受され，国粋的排耶論の中に取り込まれていた。幕末期のキリシタン排斥論者で浄土宗管長をつとめた鵜飼徹定（杞憂道人）は，慶応 4 年（1868）に本書を印刻し同志に配布している。さらに，鵜飼徹定の印刻本は，1885 年（明治18）の『史籍集覧』をはじめ各種の叢書類に復刻されている［海老沢，1964，7 頁］。

　興味深いのは，この『伊吹山名勝記』に，「江州伊吹山麓柏原駅」の薬商「亀屋左京商店」の広告が掲載されていることである（図2-3）。

　屋号の上に「伊吹蓬艾　元祖　正本家」と冠されることや，店名に続く形で「伊吹御蓬艾」が載せられることからも，同店の他の商品（軍中散や伊吹百草湯など）に比べてモグサの重要度が高いことがうかがわれる。

　前節で見たように，「伊吹艾」の宣教師由来説は，近世後期の商品開発や販売促進と深く関わり拡がったものだった。中川泉三が『伊吹山名勝記』で上の記事を取り上げたのも，同書が商工会の協賛で発行されたことと関係があるだろう。

2　地域誌『坂田郡志』における史学的姿勢

　次に，公的な歴史書として 1913 年（大正2）に編まれた『坂田郡志』における，「伊吹艾」宣教師由来説の取り上げられ方を見たい。中巻第九篇「織田豊臣時代」の第二節として「膽吹山の薬園」が設けられている。長くなるが，本節の中核となる内容なので引用しておきたい。

　　　織田信長が天主教を信じ，会堂を建て、宣教師を遇し，学校を建て、外国語を教へしめしは前節に記せり，教徒は又癩病院救済院等を建て、病者を収容し，之に医薬を与へて療養せしむ，当時京童評して日く，天主教徒は何故に自他の差別なく究厄の者に心を尽し他宗の者の病苦を憫むや，其意解し難しと，
　　　①信長は外人に命じて，外国種の薬草を本郡膽吹山に移植せしむ，切支丹宗門本朝実記，切支丹根元記，南蛮寺興廃記等には伊吹山には方五十町の地を薬園とし，三千種の薬草を植ゑたりと記せども，以上の諸書は，百数十年後の徳川時代に就りし俗書なれば，有力なる史料と見るべからず，されど信長の時外国種の薬草を同山に移植せしは事実なるが如し，
　　　元来膽吹山は本邦固有の薬園として，珍卉異草は他山に比して甚多しと伝ふ，延喜式典薬寮の諸園より雑草料貢進の品目数を検するに，其内最も多数の薬料を貢進するを近江の七十三種，美濃の六十二種とす，其他出雲播磨の五十三種，伊勢の五十種，讃岐の四十四種，摂津の四十四種等之に亜ぎ，次第に其数を減ず，
　　　②我近江国の七十三種を以て直に之を伊吹山に負はしむべきにあらざれども，其山脈の跨がれる近江，美濃に最多数の薬料を貢進せしより推考すれば，両国の貢進品目中の多数は伊吹山によりて採取せられしやに思はる，而して其薬品を見るに，現在同山より産出するもの多きに照し，猶連想を深からしむ，
　　　③信長の時外国種の移草につきては，之を外国史料に求めんとの希望を以て，専門の学者に質しに，唯膽吹山に薬園を開けりといへる簡単なる記事は見ゆるも，精密の記事は認めずと答へられたり，又植物学者に就き同山の薬草について説を尋ねしに，外国種の薬草は今も猶山中に存すと答へらる，療病と薬草と

は離るべからざるものなれば，信長は同山を与へてその薬園となし，なるべし，④其年代を求むるに天主教の近江，美濃に伝はりて蔓延したるは，天正七年以後なれば，其年より信長の本能寺に薨ぜし十年迄の間にして，即ち八九年の頃なるは想像するに難からず，但し江北の古き守護として，久しく膽吹の山中に城館を構へし京極氏は衰退し，当時其子孫は信長の安土城中に在りて切支丹宗となりて洗礼を受けたる等より考ふれば，⑤信長が膽吹山を薬園地に定めしも或は京極氏の言を聞き，本邦固有の薬草に適する同山を利用せしにやと思はるゝなり

[『坂田郡志』中巻，689-690頁]

　まず下線部①で近世後期のキリシタン実録類の書名を挙げ，伊吹山の薬草の宣教師由来説に触れる。ただし，二重傍線部のように，これらの書物が信長時代から「百数十年後の徳川時代に就し俗書」であることを理由に，史料性に疑いを示している。

　その上で，下線部②では『延喜式』の記述をもとに，古代から近江・美濃地域が薬草産出の中心であることから，伊吹山麓が薬草の一大産地であったことを示す。

　そこで下線部③のように，宣教師由来説の裏付けを取るため各分野の専門家に問い合わせてみたところ，「植物学者」からは伊吹山には今も外国種の薬草が存在するとの回答を得た。「外国史料」の「専門の学者」の回答は微妙だが，「精密の記事は認め」ないものの，伊吹山に薬草園を開いたという「簡単なる記事」は存在したと解釈できる。

　こうしたことから中川は下線部④のように，信長が薬草園を開いた時期を，キリスト教が近江・美濃に伝わってから信長が没するまでの天正8〜9年ごろ (1581-12) と推測する。また，下線部⑤のように，信長がキリスト教と接点を持つ契機として，京極氏の影響を想定している。

　ここで注意しておきたいのは，この引用文は，『坂田郡誌』の歴史関連の章において京極氏の事跡に引き続き記されていることである。もしかすると，中川氏の目的は，薬草が宣教師によってもたらされたことを"事実"として取り上げることではなく，もしそのようなことがあったとすれば，という仮

定の上に，京極氏の事跡の一つとして評価することだったのではないだろうか。

　公的な地誌である『坂田郡誌』の編纂にあたり，中川は歴史学者としての姿勢を慎重に保ったはずである。だからこそ各分野の専門家に質問したわけだが，残念ながら確証は得られなかった。とはいうものの，宣教師由来説はエピソードとして非常に魅力的であるし，先に自らが関わった観光ガイド『伊吹山名勝記』に取り上げてもいる。そこで，いわば"落としどころ"となったのが，宣教師由来説が生まれた背景として，宣教師と親交があった京極氏の事跡に焦点を当てることだったのではないだろうか。

3　自然科学分野への拡大

　ところが，中川が『坂田郡誌』に「伊吹艾」の宣教師由来説を採録したことは，思わぬ方向に拡がることとなった。1924年（大正13）に滋賀県保勝会が編んだ『滋賀縣天然記念物調査報告』第一冊は，次の文章に続けて，前掲の『坂田郡誌』の引用部をそのまま引用，掲載している。

> 　一，伊吹山の薬草に就ては，永禄年間基督教徒に依りて外国より移植せるもの多しと伝ふれども，現存植物中これに当るものと思考せらるゝもの少きが如し。今，坂田郡志中巻第九篇第十六章第二節膽吹山の薬園の項を抄出す。
> 　織田信長が天主教を信じ，会堂を建てゝ宣教師を遇し，学校を建てゝ外国語を教へしむ。又教徒は癩病院救済院等を建てゝ　（……略……）
> 　　　　　　　　　　　　　［『滋賀縣天然記念物調査報告』第一冊，27頁］

　下線部には「抄出」とあるが，後には中川の『坂田郡誌』からの引用が，本節の2に掲げたのと同じ分量だけ続く。当然，中川が「植物学者」に問い合わせて得られた回答の，伊吹山には今も「外国種の薬草」が存在するとの内容も盛り込まれている。この「外来種の薬草」が天然記念物として扱われるようになったことで，その裏付けとしての宣教師由来説は，自然科学の方向に舵を切って進み始めたのである。

　その傾向は，年月を経てさらに強くなっていく。中川の没後，1941年（昭

和16) に編まれた『改訂 近江国坂田郡志』の第二巻第七篇「殖産志」には，第三項として「伊吹山植物群落並に植物目録」が挙げられている。

　……而して古来「伊吹百草」の著名なるは人のよく知る所なり。徳川幕府しばしば採薬使を当山に派遣し，有名なる飯沼慾齋等も当山に於て採集せり。古くは織田信長葡萄牙の宣教師に五十町の地を此の山に与へ，薬園を開かしめたり。三十種（一説に三千種とも伝ふ）の薬草を本国より移植したりしとの記事（切支丹宗門本朝記，切支丹根元記，南蛮寺興廃記）あり。（一説に同郡坂田村旧日撫村大字高溝にも信長南蛮寺を建て薬園を設けたりと）然れども，以上の諸書は百数十年後江戸時代に成りし俗書なれば，必ずしも信ずべからざれども，「キバナノレンリサウ・イブキ，ノエンドウ」最近発見の「カモジグサ」の一種等欧州に普通生育し，本邦にては此の伊吹山のみ繁茂するものあり。又，ヒメフウロ（ゲンノショウコの一種）は薬用成分普通の「ゲンノショウコ」に三倍すと称す。此の薬草はヨーロッパに自生し当山並に大和・四国地方に自生す。按ずるに，ヨーロッパより伊吹山へ移植されし薬草が，長年月の間に大和・四国地方へ伝搬されしものならん。……
　信長時代，外国種の移草につきて之を外国史料に求めんとの希望を以て，専門の学者に質せしに，唯伊吹山に薬園を開けりといへる簡単なる記事は見ゆるも，精密の記事は認め難しと答へり，と。（中川泉三談）

［『改訂 近江国坂田郡志』第二巻，638-642頁］

この記事は中川が著した旧版の『坂田郡志』を下敷きとしており，そのことは点線部の内容のほか，末尾に中川の名が記されていることからも知られる。だが，中川が前掲のように"歴史学"の立場から（それも万全の注意を払って）宣教師由来説を取り上げたのとは違い，改訂版は"植物学"の立場から取り上げている。そのことは実線部のように，具体的な植物名や，ヨーロッパをも含めた植生の状況とともに記されていることからも明かである。

このように，近世の商業活動と密接に結びついていた伊吹山薬草の宣教師由来説は，近代に入って史誌類で取り上げられるうちに，次第に学問的な真実味を帯びていったことがわかる。

第3節　"美濃の名物"に向けた取り組みと挫折

1　"美濃の名物"ではない?　伊吹山の薬草

　これまで見てきたように,伊吹山の薬草は近世から近代を通して"近江の名物"としての地位を着実に築いてきた。だが,もう一つの伊吹山麓地域である美濃は,近江とは違い表舞台にでてこない。

　そもそも江戸時代,伊吹山の薬草は美濃側からはほとんど流出されていない。そのことは美濃から他地域への主な物流経路である揖斐川の状況を見てみると明らかになる。

　近世の揖斐川は,上流域や支流・根尾川流域から年貢米等の物資を河口の桑名まで運び,さらに桑名からは海路で江戸に直結する物流の大動脈だった。ところが,近世,揖斐川を通行していた川舟の主な積荷の中には,薬草類は含まれていない［村瀬正章,2004,244-251頁］。

　もっとも,揖斐川を用いた薬草の流通がなかったわけではない。江戸時代前期以来,薬草の産地である春日地域から大垣藩主への上納品の中には,ワラビや矢竹,正月飾り用の植物,山わら(ナキリスゲ),五倍子(ふし＝ヌルデ。お歯黒に使う)などとともに,もぐさが含まれていた。これらの上納品は上野の室土場まで運び出され,そこからは揖斐川の水運で大垣まで運ばれていた［『春日村史』上巻,316-324頁］。つまり,問題は,大垣から下流には薬草が運ばれていないという点にある。

　比較のため,木曽・御岳(おんたけ)山麓の薬草について見てみよう。木曾山脈南部を水源として南流し三河湾に注ぐ矢作川では,上流から下流へ運ばれる「下り荷」の中に薬草が含まれていた。この他の積み荷は材木や竹,石,炭に加え,栗,くるみ,茸,柿といったいわゆる山の幸が多い。また,設楽郡寒狭川を水源とする豊川も近世初頭から舟運が開始され,やはり信州方面からの煙草や柿,生地椀,櫛,紙に加え,薬草が運ばれていたという。［村瀬正章,2004,254-255頁］。これらと比較しても,薬草が揖斐川水運の主要な

物資に含まれないのは不自然に見える。

　こうしたことから，薬草が美濃側から流通しなかった要因は，運輸機能の問題ではなく，販売ルートの問題と考えられる。その背景として，薬草の流通ルートが他の物品に比べ非常に厳格だったことが挙げられる。

　売薬業は，貨幣経済の発展にともない江戸時代前期には全国に広まっていたが，その原料である薬草を産地が自由に売買することはできなかった。例えば著名な「富山の薬売り」の場合，売薬の原料薬種は大坂・江戸などの薬種問屋から仕入れることになっており，行商人が旅先で生薬種を買い入れることは厳重に禁止されていた。また，他国から生薬を売り込みに来る商人に対しても，厳しく監督されていた。これらは薬効と，そこから生じる信用を維持するためで，薬種業者の規制は幕末まで続いたという［坂井，1960 年，316-347 頁］。

　他の商品に比べて薬の流通販路が制限されるのは，原料の中に海外からの輸入品が含まれるからである。明治 16 年（1883）に編まれた遠藤芳樹『大阪商業習慣録』によれば，江戸時代，輸入は長崎港で幕府が一括買い受けし，問屋に入札させるというルートに限られていた。大坂の場合，薬の輸入原料を扱う唐薬問屋が長崎で落札すると，春秋の二回，大坂に輸送され，薬種仲買によって品質や量数が審査され（＝唐薬検査），取引が行われた。薬種の仲買商はこの唐薬検査の面で権限を有するとともに，原料の買い入れから選定，製造，俵や袋詰め，さらに小売業への販売までを担っているため，多額の資金が必要だった。そうした背景から，薬種商は他の業種に比べて新規参入が少なく，仲介仲間に大きな権限があったという［遠藤，1883，585-589 頁］。

　本章の第 2 節で触れたように，江戸や大坂で著名な売薬だった「伊吹艾」や「和中散」は，産地が近江であったり，販売店の本家が近江であったり，というように "近江産" であることが商品の大きなステータスとなっていた。だが，そのように販売戦略としての "近江産" の活用以前に，大きな薬種問屋の置かれた大坂や江戸との流通ルートが開かれていたかどうかが問題だったのではないか。

　輸送の面から言えば，伊吹山から大坂までは，琵琶湖から宇治川・淀川を通じて直結しているのは言うまでもない。その際，美濃側で採取された薬草も，近江を経由する間に“近江産”としてまとめられてしまっていた可能性が高い。同時に，揖斐川から海運経由で江戸へ向かうルートがなかったために，“美濃産”の薬草は流通しなかった。このルートで江戸に運ばれた米のほうは，御用米として“美濃産”のブランドを獲得していたにもかかわらず，である。

　前掲の『大阪商業習慣録』によれば，唐薬問屋による検査はもともと堺で行われていたのだが，江戸時代中期の享保年間 (1716-36) に大坂で行われるようになったという。第2節に挙げたように，江戸で艾の流通が活発になった契機は，享保に入る直前の宝永6年 (1709)，二代目市川團十郎が艾売りを演じたことだった。また，近江の「土産」としてもぐさや「和中散」といった薬を挙げた地誌『近江国輿地誌略』が編まれたのも享保19年 (1734) である。この頃には，すでに「原料」としての流通ルートが開かれていたのに加え，大坂の薬種問屋の権限強化も相まって，「製品」としての“近江産”ブランドが確立されていったのではないだろうか。

2　“美濃産”ブランドへの挑戦と挫折
1）不況対策として始まったプロジェクト

　時代は下り，昭和のごく初期のことである。岐阜県内で最も伊吹山に近い揖斐郡春日村では，村長の主導により薬草の生産・製造・販売プロジェクトが大々的に打ち出された。資金調達や組織立ち上げも進み，順風満帆と思われたその計画は，しかしながら，わずか5年間で破綻してしまった。伊吹山の薬草を用いた“美濃産”ブランドの行く手を阻んだものは，何だったのだろうか。

　まず，時代背景を見てみよう。昭和2年 (1927) に始まった金融恐慌，さらに同5年からの昭和恐慌の影響は地方にも及んでいた。岐阜県内における救済策としては，岐阜市―大垣市間の国道改築ならびに長良大橋，揖斐大橋建

設が行われたことが知られている[6]。

　また，大正期から昭和初期にかけて農家の収入確保の手段として副業が奨励されていたことも，背景のひとつである。昭和 10 年 (1935) 刊『岐阜県副業写真帖』によれば，岐阜県での副業品は富有柿をはじめとする梨，栗，各種野菜，山葵などの農産物のほか，寒天や凍豆腐などの食品加工品，木箸，竹細工などの工芸加工品など 43 品目が挙げられている[荒幡，1999 年，4-5 頁]。

　春日村では大正年間まで養蚕と茶栽培が主な産業であった。大正 11 年 (1922) の統計により揖斐郡内 23 町村 (本郷村・池田村は合わせて一村として扱われている) と比較しても，郡内有数の産地であったことが知られる。

[収繭 (春蚕・夏秋蚕計)]

　飼育農家数　揖斐郡全体 6,657 戸：春日村 717 戸 (郡内 1 位)

　取繭量　揖斐郡全体 62,334 貫：春日村 6,880 貫 (郡内 2 位)

　価格　揖斐郡全体 605,201 円：春日村 48,259 円 (郡内 3 位)

[茶園・製茶]

　茶園面積 (見積を含む)　揖斐郡全体 2,357 反：春日村 947 反 (郡内 1 位)

　製茶戸数　揖斐郡全体 3,720 戸：春日村 485 戸 (郡内 1 位)

　製茶産額 (重量) 揖斐郡全体 74,272 貫：春日村 23,944 貫 (郡内 1 位)

　価格　揖斐郡全体 266,230 円：春日村 78,327 円 (郡内 2 位)

[参考：米]

　作付面積　揖斐郡全体 49,939 反：春日村 818 反 (郡内 21 位)

　収穫高　揖斐郡全体 105,704 石：春日村 1,067 戸 (郡内 20 位)

　価格　揖斐郡全体 2,874,421 円：春日村 30,316 円 (郡内 21 位)

　　[『揖斐郡志』，540-541 頁 (米)，546-547 頁 (製茶)，552-553 頁 (収繭)]

　参考として挙げたように春日村は米の収穫には向いておらず，その分，養蚕や製茶といった産業が重要だった。だが，昭和初期の世界恐慌により対米輸出が減退し，生糸の価格は暴落してしまった。春日村にとって，速効性のある代替産業を捻出する必要性は大きかった。

　春日村では以前から薬草の生産が行われ，冬は里 (香六・小宮神・川合) で生

活し，春から秋にかけては伊吹山腹の古屋・笹又地区で農林業や薬草栽培を営む人々がいた。明治10年（1877）の調査によれば，伊吹百草の耕作戸数は30戸，収量は100貫（約375キログラム）が記録されている［『春日村史　下巻』，82頁］。このような伝統的な生活文化を大規模化しようとしたのが，昭和5年（1930）に始まる薬草販売プロジェクトだったといえる。

　一方，滋賀県においても同時期に滋賀県経済部森林課の事業の一端として，「薬草栽培奨励規定」が発布されている［『改訂　近江国坂田郡志』，641頁］。他の地方にはない"名物"である薬草は，たいへん魅力的な収入源だったのだ。

2）次々と現れる"壁"

　昭和5年に始まる春日村のプロジェクトについては『春日村史　下巻』に詳述される。その経緯は，何かを起こそうとして"壁"にぶち当たり，それを乗り越えるとまた次の"壁"が現れる，という苦難の繰り返しであったことが知られる。以下，同書をもとに経緯を追ってみたい[7]。

　まず，村長駒月巌が試みたのは"伊吹薬草"の成分を確かめることだった。昭和5年10月，古屋地区総代の小寺甚五郎に薬草を納めさせ，岐阜県警察部長および衛生課主任技師に分析試験を申請している。2ヵ月後に岐阜県警察部長から分析結果が届き，成分の大部分は当帰で，特に婦人病に効果があり，頭痛や腹痛，皮膚病にも効くことがわかった。だが，その書面には，薬効を有するがゆえに，販売にあたっては売薬法により免許を受けなければならないことも記されていた。これが，最初の"壁"である。

　そこで駒月村長は薬草を「煎剤」または「浴用薬」として販売したいと考え，売薬法に基づく免許申請に向けて，村内の栽培者たちに協議を要請した。さらに，資金として県に補助金を申請した。ところが，補助金を受けるには明確な販売組合規約と収支予算書が明らかになった。これが，二つ目の"壁"である。

　そして春日村では「伊吹薬草販売組合」を設立し，規約と収支予算書を作成して昭和6年8月，県に報告した。規約の第三条によれば，組合で扱う"伊

吹薬草"は「伊吹百草（混合品）」「当帰」「川芎（せんきゅう）」「勺薬（しゃくやく）」など15種類だった。また，第四条によれば，組合の事業として栽培や原料の購入のほか，販売，検査，宣伝，販路の拡張，優良組合員の表彰，講習会などが挙げられる。組合の役員は組合長に駒月村長が就任し，以下，薬草の産地である古屋や笹又，小宮神の人名が並ぶ。予算は組合員一人あたり30銭を集め，100人分で30円，村費から20円，寄付金100円に，県の補助金100円も見込み，雑収入も合わせて251円だった。

　その甲斐あって，昭和7年（1932）3月，岐阜県から勧業費補助金が交付されることになったが，その額はわずか16円。当初の予算100円に比べればあまりにも少額で，これもひとつの"壁"となった。

　発案からすでに1年半が経過してしまったが，村長はプロジェクトの達成に向けて次の手を打っていた。同4月には県知事に対して「伊吹薬草保護県令」発布を申請する。その文面には，滋賀県民が岐阜県域に踏み込んで薬草を採取していることへの懸念が強く表れている。村長の語気を味わうため，あえて原文を引用したい。（下線は，筆者付す）

　　春第七二七号　　昭和七年四月十五日

　　　　　　　　　　　　　　　　　揖斐郡春日村長　　駒月　　巌

　　岐阜県知事　伊藤武彦殿
　　　伊吹薬草保護県令発布ノ件申請
　　隣接滋賀県ニ於テハ夙ニ伊吹薬草保護ノ為県令ヲ発布シ之ガ濫採ヲ防キ居リ候，然ルニ元来伊吹薬草ノ主産地ハ伊吹山ニ於テハ寧ロ岐阜県側ニ属シ，為ニ滋賀県民ノ多クハ岐阜県側地内ニ侵入シテ濫採ヲ為シ居ルノ状況ニ有之候ノミナラス，岐阜県ニ於テハ一向ニ之カ保護奨励ニ力ヲ尽サスシテ全ク放任ノ姿ニ有之候，従ッテ主要産地タル岐阜県ノ名声ハ悉ク滋賀県ニ奪ヒ去ラレ，伊吹薬草・伊吹艾ハ全ク滋賀県ノ産物タルカノ如ク宣伝セラルルノ現況ハ実ニ遺憾ノ至リニ存候
　　此ノ際是非共一応実地御踏査ノ上名産伊吹薬草保護ノ為，特ニ県令発布相成候様致度此段及申請候也

点線部では，滋賀県ではすでに薬草保護の県令が発布されているのに対し，

岐阜県では保護奨励がなされていないことを，皮肉を込めて比較している。
そして下線部には，滋賀県へのライバル心が強く打ち出されている。

> 「もともと，伊吹薬草の主産地は，伊吹山のむしろ岐阜県側に属している。だ
> から，滋賀県民の多くは，岐阜県側地内に侵入して，薬草をみだりに採ってい
> るような状況だ」。
> 「伊吹薬草や伊吹艾（もぐさ）の主要産地である岐阜県の名声は，すっかり滋
> 賀県に奪い去られてしまい，伊吹薬草・伊吹艾は，まったく滋賀県の産物であ
> るかのように宣伝されている」

　これこそ，同じ伊吹山麓で薬草を採取しながら自村の"名物"になり得て
いないことへの，憤りを込めた叫びといえよう。村長は同時に，村内の笹又
地区に薬草栽培試験場の設置を誘致する申請を出し，薬草の製造・販売に向
けて次々と策を講じた。

　ところが，またしても"壁"が立ちはだかる。しかも，それは村の内部の
問題だった。県の補助金16円を受け取るために必要な書類，すなわち請求
書や予算費目の内訳が，期限までに作成できなかったのだ。このため，昭和
６年（1931）度の補助金は交付されることなく打ち切られてしまった。

　だが，ここで足踏みすることなく，村長をはじめとする伊吹薬草販売組合
は「内服用煎薬　伊吹百草湯」「外用浴料薬　伊吹百草湯」の２種類を制作，
行商販売を行うことにした。そのため，組合の顧問医である春日村六合の国
井太三郎が「売薬営業者」に，組合長である村長が「売薬請売営業者」となっ
て，「売薬行商届」を揖斐警察署に提出した。時は昭和８年３月。村長が薬草
販売を起案してから２年半が経過していた。

　当初，行商人として８名が許可され，その後，累計114名まで増加した。
大垣から不破郡内まで販路を拡大し，順風満帆の滑り出しに見えた。

　しかし，ここに来て最大の"壁"が現れる。「伊吹薬草」の商標登録である。
行商をスタートさせた昭和８年３月以降，合計３回出願していたのだが，結
局，特許庁から許可が下りなかった。理由は「既登録商品に類似品のあるこ
と」と，「図案の不備・出願人の法的立場・規約の不備」だった。

　不況下で売れ行きも思わしくなかったため，組合は昭和9年（1934）5月，販売権を名古屋新川の浅市商店に譲渡して手を引き，もっぱら薬草の栽培と加工に専念することにした。昭和10年3月，村長駒月巌は組合長を辞職。その「事務引継書」には，今後も薬草の製造・販売が続くことを前提とした条項がある。

　　　小生辞職ト同時ニ売薬請売廃業届ヲ出シアルニ付キ，新組合長ノ名ヲ以テ直チニ揖斐警察署長ヘ売薬二種ノ請売営業届ヲ提出セラレ度候，然ラザレバ組合ニテ売薬ノ請売及ビ行商ヲ為ス能ハズ候

　要約すれば，「すぐに新組合長の名で請売営業届を出すように。さもないと組合が請売や行商を行うことができないから」ということになる。自らの代には挫折した薬草の製造・販売だったが，組合だけは今後も存続し，行商が復活してほしいとの切なる願いが滲み出ている。

　ここまで見てきたように，昭和初期の春日村長であった駒月巌は，地元の特産品である伊吹山の薬草の活用こそが「地方発展ノ為誠ニ良策」［『春日村史　下巻』，86頁］と考え，行動に移した。だが，いくつもの"壁"に行く手を阻まれ，わずか5年間で挫折した。その"壁"とは，売薬免許の取得，組織の認可登録，商標登録，行商人登録といった煩雑な行政的手続きだった。さらに，それらの"壁"を打ち破るだけの活力が，村長以外の人々には不足していたことも"壁"となった。結果として，新規参入者である美濃の春日村には厳しく，既得権益を有する近江が守られることになったのだ。

おわりに　現代に躍進する"美濃の名物"伊吹山薬草

　江戸時代前期，元禄10年（1967）に刊行された宮崎安貞『農業全書』第十巻所収「薬種類」には，当帰や地黄，川芎，大黄といったさまざまな薬草の栽培法や，大和（奈良）や山城（京都）での栽培地が示されている。この時代にはすでに，需要の多い薬草を商品作物として栽培する地域もあったことが知ら

れる。

　一方，豊富な種類と量を誇る伊吹山の薬草は，近年まで野生のものを採取するのがほとんどで，栽培が試みられることはほとんどなかったようである。昭和43年（1968）における岐阜県内の薬用植物の生産・消費量について，『岐阜県百科事典』下巻「薬用植物」の項には次のように記されている。

　　　岐阜県での薬用植物の栽培計画はキハダ，オウレン，エビスグサの三種のみで栽培は少ない。キハダは栽培面積五〇aでわが国栽培面積の七・五％であるが，まだ生産されていない。オウレンは二〇aで一八七kgの生産をあげているが全国生産量の〇・七％であり，エビスグサは一aで生産量は一〇〇kgである。むしろ栽培に比して野性品の採取量にみるべきものがあり，山野の豊富さを物語っている。

［『岐阜県百科事典』下巻，1495-1496頁］

　同資料によれば，昭和40年代前半までは岐阜県内で採取される薬草の中にはホホノキやキハダ，ハシリドコロ，エンジュ，マオウなど，製薬原料として高いシェアを有するものがあった[8]。

　特徴ある自然を保護するうえで，野生植物の乱獲がよくないのは言うまでもない。だが，採草の習慣が廃れた昭和50年代以降，むしろ山頂の植生が変化してしまったという報告もある[9]。自然の植生と，採取・利用とのバランスがうまく取れていたからこそ，千年以上にわたって伊吹山の薬草は"名物"であり続けることができた。そのバランスをいわば"肌で"知っているのは，やはり，薬草文化の中に生きてきた地元の住民だろう。

　本書第1章で取り上げたように，現代，旧春日村，現揖斐川町春日地域の住民によって，「伊吹百草」に数えられる植物を栽培し，商品を開発しようとの取り組みが盛んになってきている。その取り組みを支えているのは，インターネットを介した新しい流通形態，つまり通信販売である。生産地と消費地とが直接関わり合うこの方法なら，原料生産から宣伝，販売までの管理を地元が一手に担うことができる。地元の人々が肌で感じてきた薬草文化を，そのまま拡大することが可能になるのだ。

　昭和初期に一度は頓挫した，薬草による地域おこしの夢。こんどは滋賀県への対抗心ではなく，伊吹山の薬草文化を後代に伝えようとの，大きなビジョンが基盤になっている。千年の時を超えて，新しい時代の "名物" がいま，育ちつつある。

注

1) 『日本歴史地名大系　滋賀県の地名』903 頁「伊吹山」の項。同シリーズの『岐阜県の地名』301 頁「伊吹山」の項も，やや簡略ながらほぼ同文を載せている。
2) 『琵琶湖博物館年報』平成 15 年度（8），2004 年，74 頁
3) https://dl.ndl.go.jp/pid/1306257
4) 『史学は死学にあらず』10-31 頁および巻末著作一覧による。
5) https://dl.ndl.go.jp/pid/952903
6) 国土交通省中部地方整備局「未成線の名残を止める揖斐大橋！」http://www.cbr. mlit. go. jp/kisojyo/understand/data/ibi_02/140915_siryou. pdf　最終閲覧 2019.11.11
7) 本節の内容は，春日村史編集委員会『春日村史　下巻』81-97 頁の要約である。
8) 『岐阜県百科事典』（岐阜県百科事典制作委員会，1968 年，岐阜日日新聞社）1496 頁所収の，各種薬草の採取量と製薬原料としての消費量の表を転載する。

岐阜県の生薬資料（生産・消費）　※欄：全国生産・消費との比％
『岐阜県百科事典　下巻』S43「薬用植物」項による

植物名	生薬名	野性品		製薬原料	
		採取量（kg）	※（％）	消費量（kg）	※（％）
ホホノキ	厚朴	50,837	71.5	6,412	31.4
キバタ＊1	黄柏	39,804	3.9	599,006	43.9
ゲンノショウコ	ゲンノショウコ	8,776	5.3	2,164	3.5
オオバコ	車前草	6,798	10.5	3,018	22.7
ドクダミ	重薬	3,048	2.1	44	＊2
ハシリドコロ	ロート根	1,637	4.2	26,951	34.0
サンショウ	山椒	1,277	16.9	—	
オウレン	黄連	429	2.1	46	0.1
オトギリソウ	弟切草	428	7.9	214	37
タラノキ	タラ根皮	360	8.3	405	23.4
クチナシ	山杷子	75	17		
トチバニンジン	竹節人参	37	0.8	—	
センブリ	当薬	3	0.05		
エンジュ	槐花		—	301,482	90.9
マオウ	麻黄		—	32,505	55.6
インドジャボウ	印度蛇木		—	6,000	22.7
アロエ	アロエ		—	1,443	6.7
キキョウ	桔梗根		—	3,500	0.9
カラスビシャク	半夏		—	2,362	8.0

＊1「キハダ」か。引用資料でも他の箇所は「キハダ」になっている。
＊2 引用資料において空欄

9）滋賀県では昭和47年（1972）～53年に地元町民と民間団体などからなる「伊吹山を守る会」が結成され，植生調査が実施された。さらに，平成20年までに自然復元実験や調査が行われ，それらにもとづき利用者の踏みつけ対策や，繁茂した植物や外来植物の刈り取りなどの事業が行われている（滋賀県「伊吹山を守る自然再生協議会」第1回協議会（2008年5月29日）資料2-4「伊吹山の自然環境の保全・再生施策の現状」, https://www.pref.shiga.lg.jp/file/attachment/52425.pdf）。

引用・参考文献

b．和文文献

荒幡克己「館蔵資料紹介 No. 17『岐阜県農家副業写真資料』について」『岐阜大学附属図書館報』No. 27, 1999年, 4-5頁。

海老沢有道「切支丹宗門来朝実記考」日本宗教学会『宗教研究』139号, 1954年, 152-178頁。

海老沢有道訳・解題『南蛮寺興廃記・邪教大意・妙貞問答・破提宇子』東洋文庫14, 平凡社, 1964年, 23頁。

遠藤芳樹『大阪商業習慣録』中編「唐薬問屋」「薬種仲買」, 1883年, 『日本産業資料大系』第8巻所収, 1978年, 日本図書センター, 585-589頁。

春日村史編集委員会『春日村史』下巻, 岐阜県揖斐郡春日村, 1983年, 81-97頁。

寒川辰清『近江輿地志略』西濃印刷出版部復刻, 1915年, 1198頁。国立国会図書館デジタルコレクション https://dl.ndl.go.jp/pid/950934

菊地庸介「『キリシタン実録群』の成立」『近世実録の研究―研究と展開―』汲古書院, 2008年, 119-149頁。

喜田川守貞著・宇佐美英機校訂『近世風俗誌（一）（守貞謾稿）』岩波文庫267-1, 岩波書店, 1996年, 286頁。

岐阜県揖斐郡教育会『揖斐郡志』, 1924年, 540-541, 546-547, 552-553頁, 国立国会図書館デジタルコレクション https://dl.ndl.go.jp/pid/1019725

岐阜県百科事典制作委員会『岐阜県百科事典』, 岐阜日日新聞社, 1968年, 1495-1496頁。

坂井誠一「越中富山の薬売り」地方史研究協議会編『日本産業史大系 5 中部地方篇』東京大学出版会, 1960年, 316-347頁。

滋賀県坂田郡教育委員会「伊吹山植物群落並に植物目録」『改訂 近江国坂田郡志』第二巻第七篇第三項, 滋賀県坂田郡教育委員会, 1941年。（復刻版）名著出版, 1971年, 638-642頁。

滋賀県坂田郡役所「膽吹山の薬園」『坂田郡志』中巻第九篇第二節, 滋賀県坂田郡役所, 1913年, 689-690頁。

滋賀県保勝会「伊吹山の野性薬草」『滋賀縣天然記念物調査報告』第一冊, 1924年, 25-28頁, 国立国会図書館デジタルコレクション https://dl.ndl.go.jp/pid/984050

滋賀県立琵琶湖博物館「第2回博物館資料展 滋賀の植物標本・写真展―村瀬忠義植

物コレクション—」，『琵琶湖博物館年報』平成 15 年度 (8)，2004 年，74 頁。

柴田實編『滋賀県の地名』(日本歴史地名大系 25)，平凡社，1991，903-904 頁。

談州楼焉馬 (立川)『花江都歌舞伎年代記』初編巻之一，丁字屋忠七，天保 12 年。国立国会図書館デジタルコレクション　https://dl.ndl.go.jp/pid/2554363

所三男編『岐阜県の地名』(日本歴史地名大系 21)，平凡社，1989 年，301-302 頁。

中川泉三「織田信長葡萄牙の薬草を膽吹山に移植せしむ」『伊吹山名勝記』文盛堂，1913 年，16 頁，国立国会図書館デジタルコレクション　https://dl.ndl.go.jp/pid/952903

中川泉三没後七〇年記念展実行委員会編『史学は死学にあらず』，サンライズ出版，2009 年，10-31 頁および巻末著作一覧

南郷晃子「キリシタン実録類と江戸の商業活動—『伊吹艾』を中心に—」『国際文化研究推進センター (神戸大学) 2017 年度研究報告書』，2018 年，28-41 頁。

宮崎安貞『農業全書』第十巻「薬種類」，(『日本産業資料大系』第 2 巻所収，1978 年，日本図書センター)，280-292 頁。

村瀬正章『伊勢湾海運・流通史の研究』法政大学出版局，2004 年，244-255 頁。

米田真理「薬の由来と　秀吉と　猿楽と」『東海能楽研究会年報』第 23 号，2019 年，5-7 頁。

第3章

織田信長と貨幣

はじめに

　福岡県で生まれ育った私が，縁あって朝日大学がある岐阜の地に単身赴任をしてから既に4年以上が経過した。この3年間は全世界的な新型コロナウィルス感染拡大の猛威によって行動が制限され，岐阜に関する調査研究をまったくできずにいたが，ようやくコロナ禍も沈静化しつつあるので，地域に関する調査研究活動ができるようになってきた。岐阜県は美濃国と飛騨国から成り立ち，長良川の鵜飼いや木曽三川と輪中地帯の存在，地理的には日本の中心部に位置している程度のことは知っていたが，日本貨幣史・貨幣考古学を専門とする私にとってはこれまで研究対象として無縁であった。しかしながら，朝日大学の一員として私の専門的立場から本叢書のキーワードである「魅力ある地域の根源を探る」を考えてみた時，岐阜と縁の深い織田信長を貨幣史と関連付けて考察しようとしたのが本章である。

　今でも私がはじめて岐阜駅に降り立った時のことを，今日の事のように思い出すことができる。駅舎を出ると突然，黄金に輝く織田信長像が目に飛び込んできた（図3-1）。私の頭の中では信長は名古屋と結びついていたのだが，これによって岐阜とのつながりの強さを実感させられたので，このモニュメントは観光客にとってかなりのインパクトを与えているものと思われる。火縄銃を右手に持つ立像は長篠の合戦で鉄砲の威力を発揮して勝利した雄姿，

**図 3-1　新型コロナ感染予防のためマ
スクをする信長（筆者撮影）**
（2020 年 4 月 28 日から約 2 年半マス
クが着けられていた）

そして金色の輝きについては信長の館には金箔瓦を使用していたことが知ら
れており[1]，豊臣秀吉と同様に黄金趣味であったことをイメージしているの
であろう。2020 年 1 月からの NHK 大河ドラマは長谷川博己演ずる明智光
秀が主人公の「麒麟がくる」で，ここ美濃が舞台の中心地であった。このド
ラマでは斎藤氏や織田氏のことがかなり詳細に描かれており，私も地元ネタ
を知るために欠かさずにこのドラマを見て，少しでも岐阜の地域史を理解し
ようと努めたことを思い出す。その結果として，2020 年の朝日大学エクステ
ンションカレッジでは，地元市民に対する教育を兼ねて「信長と貨幣政策」
というタイトルで公開講義をおこなった。本章はその時 3 回にわたって話し
た講演内容の一部を，ひとつの論文調に仕立て直したものである。また，朝
日大学では「信長入試」という入試区分が設定されていることからも，当地
における信長の存在感の大きさをうかがい知ることができるのではないだろ

うか。

　私が専門とする日本貨幣史と信長との関連を考えた時に思い浮かぶこと
は，一般的によく知られていることとして，経済振興策である楽市楽座を実
施したことや，信長の旗印には「永楽通宝」という貨幣が描かれていたこと
などがあげられる。さらにやや専門的になるが，貨幣流通促進策として特徴
ある撰銭令を発したことが知られており，これらの事項を中心に岐阜におけ
る信長と貨幣史との関連について考察していくこととする。

第 1 節　織田信長の事績

　天文 3 年 (1534) に生まれた織田信長は，尾張の那古野城で育ち，清州城か
ら小牧山城，そして永禄 10 年 (1567) に美濃の斎藤龍興を倒し，小牧山から稲
葉山城に移った。中世末から近世初頭にかけて戦国大名たちは全国各地で城
下町を形成するが，信長は当時「井口」と呼ばれていた町を「岐阜」と命名
し，岐阜城がある稲葉山の麓に城下町の整備をおこなった[2]。これは信長が
京都進出を見据えた第一歩であり，延いては全国制覇へとつながる行動だと
理解される。実際岐阜に住んでみると，豊かな農産物の生産地帯である濃尾
平野の北辺に位置し，関ヶ原から近江国の琵琶湖南岸を経ると京都に近いこ
とを実感できる。信長は天正 3 年 (1575) に家督を嫡子信忠に譲って岐阜城主
とし，翌年自分は安土城に移るので，わずか 10 年足らずの居城であったにも
かかわらず，信長と岐阜は強く結びつけられているのである。浜松城が徳川
家康の関東入府前の城であったことから，出世城とよばれることと類似して
いる。岐阜と信長のつながりは，近世当時から郷土の誇りとして認識されて
いたのではないだろうか。また，この天正 3 年は信長が対朝廷対策の一環と
して徳政令を出し，公家領の回復をみたことや [下村, 1983]，この頃までの
信長は皇居の修築や誠仁親王の元服費用を用立てるなど，天皇家を支援する
姿勢であったことも知られている。岐阜の町の賑わいについては，当地を訪
問したポルトガル人宣教師ルイス・フロイスによって「人の話では，人口八

千人乃至一万人の町民があるそうです。私たちはそこで和田殿が指定した家に宿をとりました。家の中では商取引が盛んで，バビロンの混雑のように見えるほどでした。そこには方々の国から塩やその他の商品を負うた多数の馬を曳いて商人たちが集まって来たからです」［フロイス，1970，242 頁］と記されており，その繁栄には目を見張るものがあった。岐阜や安土の町で，新たな経済的な基盤を作るために楽市楽座を実施したことを記憶している人も多いのではないだろうか。「鳴かぬなら殺してしまえホトトギス」と表現されるように，信長は短気で激しい気性であった人物として語られるが，同書第 83 章には「彼は中背瘦躯で髭は少なく，声は甚だ快調で，きわめて戦を好み，武技の修業に専念し，名誉心強く，義に厳しかった。他人から加えられた侮辱に対しては，これを処罰せずにはおかなかった。或る事柄では愛想よさや慈悲を示した。眠ること少なく，甚だ早起きであった。貪欲ならず，決断を秘してあらわさず，戦略においてはきわめて狡猾で，気性激しく，癇癪もちであったが，それも，平素そうであったというわけではなかった。彼は部下の進言に左右されることはほとんどなく，全然ないと言ってもよいくらいで，皆から極度に恐れられ，尊敬されていた。彼は酒を飲まず，食事も適度で，彼の行動は何事にも拘束を受けず，その見解は尊大不遜であった。」［フロイス，1970，202 頁］と記されている。近年は信長を再評価する研究も多く見受けられるが，経済史からの立場でいえば，戦国大名たちの経済力の基盤が何であったのかについて強く認識しておく必要があると考える。その点で，織田家が熱田・津島における交易や商業によって利益を得ていたことなど，経済活動を重視する政策についてもっと研究されてよいのではないだろうか。そして，経済活動において血液のような機能を果たす貨幣についての考察は重要だと考える。

第 2 節　16 世紀の貨幣事情

　信長と貨幣との関係を考える前に，その前提となる当時の社会における貨

図 3-2　永楽通宝
出典：筆者所有

幣事情を概観してみることにする。まず，信長が活躍した16世紀後半を中心に，当時流通していた金属貨幣である円形方孔の銭貨や金貨・銀貨について考えてみよう。中世の日本では政府による銭貨は発行されておらず，基本的には大陸から輸入していた銭貨が流通していた。そして，その大半は唐の開元通宝や北宋銭や南宋銭などの中国銭で，時代が下がると明の銭貨も流入してくるようになる。室町時代の勘合貿易によって明から大量の銭貨が輸入され，とりわけ足利義満は永楽帝時代の明銭「永楽通宝」（図3-2）を日本に輸入していたことは，学校の教科書でも紹介されている。

　当時は数十種類の銭銘をもつ銭貨が混じりあって流通していたことをまず覚えておきたい。さらに流通貨幣を調整するためこの時期に発布されていた撰銭令[3]を見てみると，選んでよい（＝忌避される）銭として，明銭の洪武通宝・永楽通宝・宣徳通宝があがっている。つまり，これらの明銭は人々から嫌われていたという事実を知ることができるのである。しかしながら，これらの明銭は見た目に粗悪で状態が悪いというわけではなく，むしろ整った立派な銭容である。文献史料だけを読むと，永楽通宝は嫌われているので状態の悪い銭という認識となり，この事実は把握できない。歴史研究においても実物を観察することが重要であるということをこの例は示している。信長が活動していた当時流通していた銭貨は11世紀頃に作られた北宋銭が主体だったので，それらは経年によって角が取れ丸みを帯びており，できたての角張った明銭は容易に判別できたものと考えられる。これまで使い慣れた銭貨とは

違っていることで嫌われたというのが実情であろう。洪武通宝にいたっては小型で厚みがあるということもあり，異質なものととらえられていた可能性が高い。多数の銭貨を使用・保管する場合，銭貨の中央の孔に紐を通して緡銭を作るのだが，銭径の小さな洪武通宝や新しい永楽通宝，宣徳通宝は側面から見ても角張っているので判別できる。14世紀後半以降日本に入ってきた明銭は畿内などの経済的先進地では嫌われ，九州，関東，東北などの辺境部に押しやられていったことが，全国の出土銭貨資料集成によって明らかになっている［櫻木, 2009］。銭貨が不足したことで，悪銭と呼ばれる状態の悪い銭貨さえも使用されていたため，経済活動の混乱を鎮静化するために幕府や戦国大名たちはたびたび撰銭令を発していたのである。銭貨は金属であっても，数百年も使用していると割れたり欠けたりすることがあり，粗悪な材料で作られていればなおさらのことである。この当時はだれが銭貨を作っても違法行為ではないので，文字がまったくない無文銭と呼ばれる粗悪な銭貨も各地で作られ流通していた。

　さらに，この時期は中国の海禁政策によって中国から銭貨の供給が滞り，日本では経済活動が活発化してくるのと相まって流通銭貨が不足したため，貴金属の金や銀が貨幣として使用されるようになる時期でもある。古代の律令政府が和同開珎の銀銭（708年）や開基勝宝（760年）の金銭を発行した事実はあるが，これは例外的なものであり，近世以前は金の基本的な使用形態は砂金であった。例えば，奥州藤原氏が建てさせた中尊寺金色堂からもイメージできるように，陸奥国は砂金の産地だった。また，マルコポーロの『東方見聞録』に「黄金の国ジパング」とあるように，13世紀後半の日本は金の産地として世界的に広く知られていた。日本で金山開発と鉱石の精練による金生産が開始されるのは16世紀からである。山梨県北東部の黒川金山や南西部の湯之奥金山は遺跡の学術調査がおこなわれており，日本における初期金生産の実態が解明されている［萩原, 1994］。甲斐国の武田氏はこれらの金鉱から採れた金を使用して「甲州金」とよばれる金貨を発行し，この貨幣単位が徳川幕府に引き継がれていったことは記憶しておきたい。銀については，

古代から長崎県の対馬がその産地として知られていたが，天文 3 年 (1534) の島根県石見銀山の開発が日本史上もっとも有名である。2007 年，世界史に影響を与えたこの石見銀山が世界遺産に登録されたことは記憶に新しい。ここでは銀を精練するために灰吹法という技術が導入されたことによって，銀の大量生産が可能となったのである。この他にも，西日本には兵庫県生野銀山や多田銀山などの銀鉱山が広く分布している。銀はなまこ形の丁銀と呼ばれる形態で使用され，初期の頃はおもに中国大陸への輸出品として生産されていた。銀を貨幣経済の基軸に据えた中国からの需要によって，日本の銀山開発は進んだものと考えられる。また，16 世紀の貴族や寺社の記録類には，金や銀が各地から寄進されていたことが記されており，その貨幣的使用が進んでいく実態を文献史料からも確認できる。

第 3 節　大河ドラマ「麒麟がくる」で描かれていた貨幣

　2020 年に放映された NHK 大河ドラマ「麒麟がくる」の主役は明智光秀であるが，信長が活動した時期のドラマであり，准主役として染谷将太が演じる信長もたびたび登場する。幸いにも，NHK オンデマンドで過去の放送を見ることができるので，私は貨幣関連の場面に注目して全回を見直してみた。すると，貨幣に関連する用語が語られる場面や，貨幣そのものが映し出される場面をかなり確認できた。当時使用されていた円形方孔の銭（＝銭貨）とよばれるお金が支払われる場面に注目すると，1 文，2 文と数えながら 1 枚ずつ使われている場面や，中央の孔に紐を通して緡銭の形態で使用されている場面がしばしば映し出されている。通常，この緡銭は約 100 枚で一緡となっており，発掘された考古資料からこれらの大半は 97 枚であることがこれまでの研究によって明らかになっている。これは短佰と呼ばれている商慣行で，97 枚を 100 文と見なして使用していたのである。3 文少ない理由については，縄代 2 文，数える手間賃 1 文という記録がある[4]。ある回では漁から戻ってきた信長が，熱田で魚の切り身を 1 枚 1 文で売るシーンも描かれていた。

これは，海につながる熱田や津島の港や市の繁栄をイメージしており，織田家領内の経済的な豊かさを示していると同時に，当時の物価を表現しているものと考えられる。当時の1文は現代の100円くらいにあたる［高木, 2018, 57頁］。

　また，100貫や10貫など「貫」という単位もしばしば出てくるが，これは銀貨の重量単位であり，1000匁で1貫（3.75 kg）である。これが銭貨の単位として使用されるときは，1000文で1貫である。銭貨だけを金属貨幣として使用していた中世から，信長の時代は金や銀という貴金属が貨幣として使用されるようになっていた。また，「枚」という金貨の単位も登場してくる。例えば，足利将軍に大名間のもめごとの仲裁を頼む際に，金10枚が必要であるとか，天台座主に対して金3枚で仏の加護を祈ってもらうといった具合である。古代から金は砂金を布袋や紙に包んで使用されていたが，このころから小判型の練金の形状となる。この場合，金子1枚は10両（中世後期の場合, 40匁前後）を一単位としていた。これにあたるものとしては，蛭藻金や譲葉金と呼ばれる小判状の原始的形態の金貨が実在している。これは秤量貨幣と呼ばれる重さを計って使用する金貨で，重量調節のため切遣いされていたことが考古資料から確認できる。豊臣秀吉が発行した天正大判以降，大判は1枚10両の重さとなっており，この1両は重量単位であって，44匁（165.0 g）のことである。ただし，江戸時代になって登場する小判の1両は貨幣の計数単位であり，小判10両と大判の10両は異なっていることに注意しておきたい。

　金貨・銀貨については，信長が足利義昭を奉じて上洛した際，信長から義昭に1000貫を献上するシーンが描かれている。映像では，7つの三方の上に小粒の金貨，判状の金貨と銀貨と，金糸の豪華な小袋がいくつも載っている場面が映し出されている。この金貨は譲葉金と呼ばれているもので，銀貨は古丁銀であろう。小袋に入っているのは，ドラマの他のシーンを見る限り短い緡銭が入っているものと思われる。まさに，金・銀・銭が混合使用されていた当時の実態を描写しているのである。また，「状態の悪い銭（＝悪銭）を

集めて寄進してきた」と述べられているシーンもあり，そのときに周りの一部が欠けた銭貨が映し出される。このような悪銭が流通していたことで，悪銭の受け取りを拒否する撰銭という現象が起こり，経済活動が混乱していた実態を表現しているのである。

　さらに，堺正章演じる医師望月東庵が，戦乱が始まりそうなので京の自宅の庭にお金を埋めるために穴を掘らせるシーンは，戦乱時に人々はどのような行動をとるのかを教えている。これは学界で「一括出土銭」とよばれている資料が埋められている場面である。壺や箱などに納められて埋められた大量の銭貨が，現在の道路工事や発掘調査によって出土した際にニュースとして取り上げられることがあるので，ご記憶の方もおられるのではないだろうか。「一括出土銭」が埋められた理由については，神仏に捧げるために埋められたという考え方と，備蓄のためのものであるという解釈があり，その真相は明らかでない。緊急回避的に大切なものを埋めるという行為は，どこの国，いつの時代でも存在し，それらが何らかの理由で掘り出されなかった結果，現在発見されるという解釈を示しているシーンである。学界での研究テーマがこのシーンには投影されており，堅実な時代考証がおこなわれていると感じる。大河ドラマはあくまで物語であり，必ずしも史実ではないが，少なくとも一般の視聴者に誤った理解を与えることがあってはならないと，専門的立場からは考える。

第4節　岐阜地域における出土銭貨

　全国各地の遺跡で実施されている考古学的な発掘調査では，銭貨が出土することがしばしばある。これらの銭貨はその土地で使用されていたものが，何らかの理由で土中に埋没してしまったものである。ここでは岐阜地域におけるこの出土銭貨から，当該期に流通していた銭貨について考えてみる。遺跡から1枚や数枚程度出土する銭貨は「個別出土銭」とよばれており，使用している過程で落とされてしまったものが大半であると考えられている。ま

た，前述のように中世には甕や箱に収納され埋められた「一括出土銭」とよ
ばれる大量の銭貨も存在し，これらの出土銭貨をデータ化することによって，
当該地域で使用されていた銭貨の復元が可能となるのである。

　岐阜地域の発掘調査報告書から出土している銭貨を，ピックアップして集
成したものが**表 3-1** である。「個別出土銭」と「一括出土銭」のデータは分け
て記入し，さらに全国の一括出土銭のデータを枚数ではなくパーセンテージ
で示したものを併記している。そして，これら二種のデータを折れ線と棒グ
ラフで表したものが**図 3-3** であり，ほぼ二つの線は重なっていることを確認
できるので，岐阜県と全国データは酷似していることを示している。

　遺跡の発掘調査をおこなう場合，地表から掘り下げていくため，表土近く
の地層には近世や近現代の貨幣も含まれており，江戸時代の寛永通宝なども
出土するが，大半は北宋銭や明銭などの中国銭である。先述のように，中世
の日本では中国で発行された銭貨を中心に 40 種類ほどの銭貨が混じって使
用されていたことをこの表から確認できる。そして，銭種に注目すると皇宋
通宝，熙寧元宝，元豊通宝などの北宋銭が多く，これは概ね全国の一括出土
銭データとも類似する割合となっており，明銭の永楽通宝が特に多く出土し
ている訳ではないことが分かる。中世における使用銭貨の地域性について述
べた専門用語に「東の永楽，西のビタ」という語があるが，これに当てはめ
ると岐阜地域は京を中心とする西日本の流通圏に含まれると言える。これ
は，京以西の地域では北宋銭（ここではビタと呼ばれている[5]）を中心に，関東
では永楽通宝が広範に流通していたことを示している用語で，近世では「東の
金遣い，西の銀遣い」という言葉もあり，東西日本の貨幣流通は大きく二つ
の地域に区分できることを記憶しておきたい。

　岐阜市城ノ内遺跡の SD01 から出土している竹行李に入れられた緡銭（387
枚）は，特に重要な出土遺物なのでここで紹介する（**図 3-4**）。

　報告書によると，ここは美濃国守護大名土岐氏が天文元年（1532）に移り住
み，1535 年の洪水で大きな被害を受けた枝広館の可能性が高いとされてい
る。竹行李は洪水堆積砂層から出土していることから，この緡銭は 16 世紀

表 3-1　岐阜地域の出土銭貨一覧表

	銭貨名	初鋳年	城之内	加納城跡	岐阜城跡	鷺山遺跡	金山城跡	仙道上	その他	合計	一括出土銭	鈴木データ(%)
1	開元通寶	621	33	1	1	4			1	5	45	2298	7.26
2	乹元重寶	758	2								2	126	0.33
3	宋通元寶	960	1								1	121	0.31
4	太平通寶	976	2			1				1	4	325	0.77
5	淳化元寶	990	6		1					1	8	268	0.79
6	至道元寶	995	11		1	2				1	15	530	1.46
7	咸平元寶	998	8						1	1	10	560	1.55
8	景德元寶	1004	4			2				2	8	750	2.03
9	祥符元寶	1009	13			2				1	17	840	2.26
10	祥符通寶	1009			1				1	1	3	489	1.52
11	天禧通寶	1017	10						1	2	13	710	1.99
12	天聖元寶	1023	17		1	1				7	26	1643	4.45
13	明道元寶	1032	1							1	2	128	0.43
14	景祐元寶	1034	4			2				1	7	468	1.30
15	皇宋通寶	1038	30		1	6				15	52	4042	11.21
16	至和元寶	1054	3				1				4	375	1.02
17	至和通寶	1054								1	1	121	0.32
18	嘉祐元寶	1056	6						1		7	412	1.14
19	嘉祐通寶	1056	4		1	2				4	11	789	1.84
20	治平元寶	1064	8							3	11	624	1.53
21	治平通寶	1064								2	2	89	0.46
22	熙寧元寶	1068	41	1		9			3	10	64	3007	8.54
23	元豊通寶	1078	40	1	1	7			2	6	57	3913	10.85
24	元祐通寶	1086	31		1	5			1	12	50	3044	7.90
25	紹聖元寶	1094	14						2	4	20	1348	3.70
26	元符通寶	1098	7								7	446	1.34
27	聖宋元寶	1101	15			1				4	20	1151	3.42
28	崇寧通寶	1103								1	1	2	※
29	大觀通寶	1107	3			1				1	5	321	1.04
30	政和通寶	1111	26						4		31	1241	3.52
31	宣和通寶	1119	1							3	4	84	0.30
32	正隆元寶	1157	1								1	34	0.13
33	淳熙元寶	1174	2								2	183	0.45
34	開禧通寶	1205								1	1	25	※
35	嘉定通寶	1208	2								2	143	0.34
36	紹定通寶	1228	1								1	55	0.13
37	洪武通寶	1368	7	1						2	10	342	2.48
38	永楽通寶	1408	37	1				1	1	6	46	1996	5.98
39	朝鮮通寶	1423								1	1	15	※
40	宣徳通寶	1433	2			1					3	72	※
41	寛永通寶	1636		3	14	2				53	72		
42	天保通寶	1845								1	1		
43	文久永寶	1863					1			2	3		
	その他									5	5		
	不明		3		1	7	20	7	44	82	153		
	合計		397	8	25	59	23	23	203	738	33283	94.09

堀之内は，岐阜県教育委員会1991『城之内遺跡Ⅱ』岐阜市文化振興事業団1999『城之内遺跡』岐阜市教育委員会2000『堀之内遺跡（第2分冊）』（読めた不明箇と誤読の訂正済）より

加納城跡は，岐阜市教育委員会2010『加納城跡2』岐阜市教育委員会2013『加納城跡』より

岐阜城跡は，岐阜市教育委員会2015『岐阜城跡3』岐阜市教育委員会2016『岐阜城跡4』より

鷺山遺跡は，岐阜市鷺山・下土居土地区画整理組合2005『鷺山仙道遺跡Ⅱ』岐阜市鷺山第二土地区画整理組合2007『鷺山蝉・鷺山仙道遺跡』岐阜市鷺山・下土居土地区画整理組合2011『鷺山遺跡群』第一分冊，岐阜市鷺山・下土居土地区画整理組合2012『鷺山市場遺跡』より

金山城跡は，可児市教育委員会2013『金山城跡発掘調査報告書』岐阜県可児市2021『美濃金山城跡主郭発掘調査報告書』より

仙道上は本巣市，岐阜県文化財保護センター2019『政田仙道上遺跡』より

その他は，岐阜県文化財保護センター2000『樫ノ木洞遺跡』岐阜県教育文化団2005『柿田遺跡』岐阜県教育文化財団文化財センター2007『櫨原村平遺跡』岐阜県文化財保護センター2012『芥見町屋遺跡』岐阜県文化財保護センター2015『北方京水遺跡』

一括出土銭のデータは，小野木学2017「岐阜県の一括出土＜資料集成＞」岐阜県文化財保護センター『研究紀要』第3号より

鈴木データは，鈴木公雄1999『出土銭貨の研究』（東京大学出版会）※がある崇寧通寶・開禧通寶・朝鮮通寶・宣徳通寶は第41位以下でデータなし

※櫨原村平遺跡から出土している洪武通寶は加治木銭のためその他に含めた

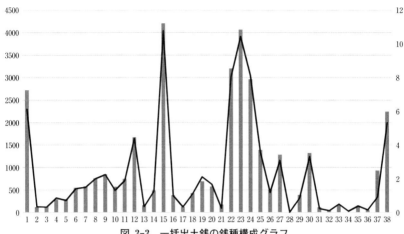

図 3-3　一括出土銭の銭種構成グラフ
下辺の番号は表 3-1 と対応している

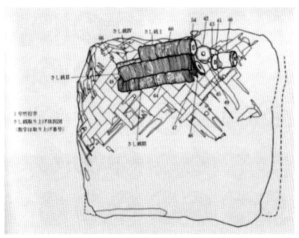

図 3-4　城ノ内遺跡出土 1 号竹行李
出典：岐阜市教育委員会，2000 年，208 頁

前中葉のものであると特定できるので，信長が生まれた頃に使用されていた
銭貨である。1 号竹行李出土銭種別グラフ（**図 3-5**）を見ると最新銭が宣徳通
宝であり，永楽通宝も 35 枚（第 3 位）含まれており，銭種構成からも見ても時

個数

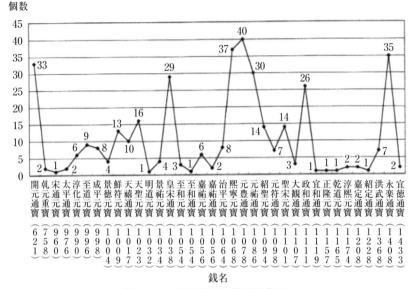

銭名

図 3-5　1 号竹行李出土銭種別グラフ
出典：岐阜市教育委員会，2000 年，197 頁

期的に矛盾はない。北宋銭の元豊通宝（第1位），熙寧通宝（第2位），元祐通宝（第5位）が多く，唐の開元通宝（第4位）も多いので，当該時期の平均的な一括出土銭の様相を呈しており，おそらく埋没した当時流通していた銭貨そのものであろう。また，この資料にも 97 枚の緡銭が 2 本確認できる。

　表 3-1 からは，岐阜城跡，加納城跡，城ノ内遺跡，鷺山遺跡群，仙道遺跡など，岐阜市内を中心にした中世の遺跡群がまとまりをもって調査されていることを把握できる。調査された遺跡数はそれほど多いとは言えないが，岐阜の中世遺跡から出土する銭貨について，岐阜だけの特異性を見いだすことはできない。たとえば，関東や東北地方では永楽通宝の出土割合が高いことから，永楽通宝が好まれていたことや，九州地方では洪武通宝が広範に流通していたことを出土銭貨は語っているが，岐阜ではそのような特徴は読み取れず，永楽通宝がやや多くなっているのは，明銭流入後の自然な様相である

図 3-6　織田家の家紋「五つ木瓜」

と考えられる。出土銭貨からは，岐阜が畿内の経済圏に属していたことを推測させる。

第5節　信長の旗印

　織田信長は複数の紋を使用しており，大河ドラマでも初期の頃には織田家の代表的な家紋である「五つ木瓜」(図3-6) が登場する。そして，足利義昭を奉じて上洛する場面で，初めて永楽通宝の旗印が登場する (図3-7)。また，合戦の場面などでは陣幕にも永楽通宝が描かれていたことを記憶している方も多いのではないだろうか。この永楽通宝は 1408 年初鋳の中国の明銭であるが，なぜ信長はこれを旗印にしたのであろうか。旗印とは戦場でその人物の居場所を示すために立てるものであり，永楽通宝の旗印こそ，信長の所在を示すものである。

　図 3-8 は長篠の合戦屏風の一部である。柵を挟んで対峙する信長の鉄砲隊と武田の騎馬武者たちがクローズアップされることが多い有名な絵画であるが，その後方を注意深く観察すると，信長の本陣に 3 本の永楽通宝を描いた旗印が立っていることを確認できる。騎馬武者が信長である。

　また，安土城址摠見寺に伝わる伝織田信長愛用鍔には，その両面に銀象嵌の永楽通宝が 6 枚と 7 枚彫り込まれている (図3-9)。これも信長が永楽通宝

図 3-7　永楽通宝の旗印
出典：筆者所有

図 3-8　長篠の合戦絵巻に絵かがれた信長の旗印
出典：高木，2018 年，159 頁

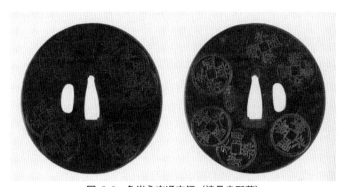

図 3-9　象嵌永楽通宝鍔（摠見寺所蔵）
出典：岐阜市歴史博物館『［特別展］信長・秀吉の城と都市』1991 年，19 頁

を愛していた証拠として取り上げられるものである。

　では，なぜ信長は永楽通宝を好んだのだろうか。永楽通宝が旗印として選ばれた理由は，どの文献を見ても管見の限りでは見当たらない。よく言われるように，信長は既成概念を打ち壊すタイプの人物であったため，新時代の銭貨として認識されていた永楽通宝を好んだと考えられなくもない。前節で彼が活躍していた時代に流通していた銭貨はどのようなものであったかを考えたが，この時代，関東では結城氏や後北条氏のように永楽通宝を域内に集めて高価値で流通させるという政策をとっていた戦国大名がいた。そのため関東では，永楽通宝が広範に流通していたが，岐阜では流通銭貨における永楽通宝の特異性は見いだせなかった。つまり，流通銭貨としての永楽通宝の存在を意識して旗印にしたとは考えられない。もっとも無難な解釈は，銭貨には縁起の良い文字などが刻まれていることが多いので，信長は永続的な繁栄を意味する吉祥語である「永楽」の文言を好んだということであろうか。

第6節　信長の撰銭令と流通銭貨

　撰銭令については多くの先行研究[6]があるが，信長の撰銭令の最大の特徴

は悪銭と呼ばれていた状態の悪い銭でも割増して使用することを認めたことである。流通銭貨が不足している状態では，多くの貨幣量を確保するためには，これまで使用を忌避されていた銭貨でも使って良いとすれば，貨幣流通量は増えることになる。これは経済学的には理にかなっている。

　信長の発した撰銭令は，永禄 12 年 (1569) 2 月 28 日付け「定精選条々」，同 12 年 3 月 1 日付け，同年 3 月 16 日付け「精選追加条々」の追加法令で，3 通残っている。詳細な内容の検討は専論に譲るが，最初の法令は足利義昭を奉じて上洛していた信長が京都の市中に発したものである。また，3 月 16 日の追加法令も京都上京に宛て発せられたものであり，3 月 1 日付けは大坂の天王寺宛である。現代の法律とは異なり，前近代の法律は全国に向けて発せられたものではないので，どこで発布されたものかを理解しておく必要がある。

　信長の撰銭令の特徴は，ただ単に悪銭を流通市場から排除するというものではなく，悪銭をいくつかのカテゴリーに分けて，割増で使用して良いと決めたことである。精銭（状態の良い銭貨）1 枚に対して，この悪銭なら 1/2, 1/5, 1/10 と定めている。「精選追加条々」では，コメの貨幣としての使用を禁じるとともに，高額商品の売買では金銀使用を命じている。これは銭貨が不足しているので，それに対応しようとする姿勢がうかがわれる。金・銀が貨幣的使用をされるようになる状況のなかで，金 10 両＝銭 15 貫文，銀 10 両＝銭 2 貫文と定めた。（金 1 両＝銀 7.5 両＝銭 1.5 貫文）これは金・銀・銭の交換レートを定めたもので，江戸時代の三貨制度と呼ばれている貨幣制度のもとになっているという点でも注目しなければならない。

　また，他の文献史料を見てみると，山科言継が残した日記である『言継卿記』には，信長の貨幣関連記事が散見される。京都では「悪銭」と呼ばれる状態の悪い銭貨が，状態の良い精銭より低価値で流通しており，信長は永禄 11 年 (1568) 10 月 8 日に朝廷に対して銭「万疋」[7]を献上したが，これには悪銭が混じっており，この銭貨を配られた貴族などは使用する時に割増で支払ったことが記されている。信長は軍事費に充てる矢銭（＝戦時徴収）などの形で集めた献金を朝廷に献上したのだろうから，擁護して言えばこれは彼の

責任ではないが，評判は良くないことになる。また，『多聞院日記』には，信長が足利義昭を奉じて上洛した時（永禄 11 年（1568））に奈良で 1000 貫目が徴収されたとの記録が残っている。また，戦国大名が発する「防御御札」というものが存在し，信長が発行した矢銭の領収書が残されている。

　丹念に史料を探していくと，貨幣関連の記事が散見でき，信長時代の貨幣流通状況を把握することができるのである。

第 7 節　信長の貨幣関連事績とその他

　信長は楽市・楽座をおこなったことが中学校の教科書にも載っている。これは荒廃した市場や新規の市場に対して，これまで存在した特権商人を排除し，だれにでも自由な商売を保証することである。特権商人と結びついた旧来の領主層たちの財力を削ぎ，自分は新興勢力として財力を持てることになる。岐阜では永禄 10 年（1567）10 月の美濃国加納の楽市が知られており，信長はここで自由な商取引を保証している。岐阜市神田町の円徳寺には，織田信長が発給した「楽市場」宛制札が伝わっている［仁木，2009］。

　中世岐阜の中心地は加納辺りであったと考えられているが，斎藤氏は稲葉山の麓に位置する井口を城下町として整備しはじめた。ここは長良川に近く，寺社門前に立地する川湊としても便利な土地なので，信長は岐阜と改称して城下町として整備していくのである。織田家の支配が終わって後に，また中山道上に位置する加納が近世の城下町となって再び栄えることになる。16 世紀中期までの岐阜の中心は加納であり，信長が城下町としての岐阜を完成させ，17 世紀に徳川の時代となり，再び加納城を中心とした地域が城下町として栄えていくという経緯を指摘しておきたい（**図 3-10**）。

　これは近世後期の事なので，信長の事績とは関係のない余談だが，貨幣関連のトピックスということで加納の傘札についても紹介する。現在の岐阜駅近くに位置する加納は，宝暦 6 年（1756）に永井直陳が 3 万 2 千石で入封以来，代々永井氏が領有していた。ここは和傘の産地として現在でも知られてい

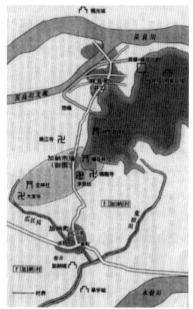

図 3-10　16 世紀後期の岐阜（井口）・加
納周辺想定復元図
出典：仁木，2009 年，22 頁

る。江戸時代に発行された札は，金属貨幣の不足を補う機能をもっており，その土地で使用されていた金属貨幣の単位が記されている場合が多い。東日本に広く流通していたのは金貨なので「両」，西日本に広く流通していたのは銀貨なので「匁」，銭貨は日本中で流通していたので「文」という具合である。しかしながら，加納で幕末に発行された札に記されている貨幣単位は傘 1 本や 2 本となっており，全国唯一の珍しい単位となっている。例えば，最初は安政 6 年 (1859) に濃州傘問屋によって傘札が発行されており，文久元年 (1861)，慶応 3 年 (1867) と続いて発行されている。**図 3-11** には，上部に「文久辛酉」下部に「濃州加納傘問屋」と発行元が書いてあり，中央に十二支の干支が描かれ「傘弐本」と読める。各藩は財政難のなかで藩札類を発行するが，その図案・単位などに各地の特色が表れているのである。

図 3-11　加納藩傘札
出典：大蔵省『大日本貨幣史』
第 4 巻，1969 年，748 頁

おわりに

　本章では，織田信長と彼の貨幣関連の業績を中心に述べてきた。近年の日本史研究が進展したことによって，織田信長像はこれまでとはずいぶん変わってきているように思われる。「天下布武」の「天下」に対する解釈が全国に対するものではなく，畿内という限定された地域に対して発せられたものであるということや，これまでの暴君的なイメージだけでなく，経済政策的にも優れた為政者であったという評価がなされてきたように思われる。楽市・楽座や撰銭令も先行して実施した戦国大名は存在しており，決して信長だけがやったことではないものの，総合的に経済政策を実施したという点では信長を高く評価できるのではないだろうか。信長の業績を豊臣秀吉が引き継ぎ，さらには徳川家康が発展継承させていくといった具合に，「戦国三英傑」

という言い方も決して的を外れてはいないように思われる。貨幣政策について見れば，信長が発した撰銭令には銭貨不足を補うために悪銭でもレートを下げて使用させることや，高額貨幣としての金貨の使用を求めることが初めて示されており，次の秀吉は天正大判を代表とした金銀貨の発行が知られており，さらに家康は正式な通貨として金銀貨を発行し，三貨制度とよばれる世界的に見ても高度な貨幣制度を確立していく。現代の高度な日本経済の仕組みの中で，江戸時代の貨幣制度や金融制度がその基礎となっているのは疑いない事実であり，その点では出発点となった織田信長の業績は重要である。

　また，大河ドラマの「麒麟がくる」を題材にして，当時の貨幣事情について述べたが，一般の人々に与えるメディアの影響力は強いので，学界の研究動向を正確に反映した時代考証をおこなっていかねばならないと考える。その点で，私にとっての「麒麟がくる」は貨幣史の専門的立場から見ても十分満足できるものであった。視聴者はこの番組によって，16 世紀後半の貨幣事情を理解できたのではないかと考えている。

　大学を中心におこなわれている専門的な研究は，歴史であればその中の一局面を深く突き止めていこうとするものであり，本章では特に第 4 節と第 5 節が筆者の研究成果を簡潔に述べた部分である。信長関係の経済史研究については多くの専論が存在し，その点で本章は研究論文と呼べるものではないが，貨幣に関連することに焦点を当てて信長像を記述しており，読者にとって何らかの啓蒙書となったのであれば幸いである。

注

1）岐阜城庭園跡（2012 年 11 月 27 日付日本経済新聞）や，安土城天主跡から出土した金箔瓦が知られている。（安土城跡出土金箔瓦　文化遺産オンライン（nii.ac.jp））
2）禅僧沢彦宗恩が中国の故事から提案した「岐山」「岐陽」「曲阜」の 3 案から，信長が「岐山」と「曲阜」を組み合わせて岐阜と命名したとされている。
3）文明 17 年（1485）に発せられた大内氏による撰銭令が，現存する最古のものであり，状態の良い銭貨と悪い銭貨が混じりあって流通していたので，発令者が使用してはいけない銭貨などを指定した法令である。
4）伊藤俊一『室町期荘園制の研究』（塙書房，2010 年，44 頁）で，この東寺百合文

　書の記載が紹介されている。
5)　現在では, ビタに対して「鐚」という漢字をあてるが, この漢字は江戸時代以降
　の用法であり, この当時のビタは決して状態の悪い銭貨を指す言葉ではない。
6)　藤井譲治「織田信長の撰銭令とその歴史的位置」『日本史研究』614 号, 2013 年。
　黒嶋敏「織田信長と銀山・撰銭令」『歴史学研究』988 号, 2019 年。平井上総「織田
　信長の撰銭令をめぐって」『アジア遊学』273, 2022 年など。
7)　「疋」は銭貨 10 枚を指す単位なので,「万疋」は 100,000 枚となる。

参考文献・引用文献

大蔵省『大日本貨幣史』第四巻, 歴史図書社, 1969 年, 748 頁。
岐阜市教育委員会『城ノ内遺跡』第 2 分冊, 2000 年。
櫻木晋一『貨幣考古学序説』慶應義塾大学出版会, 2009 年。
下村信博「天正 3 年織田信長の徳政について」『史学雑誌』92 巻 11 号, 1983 年, 1753-
　1766 頁。
高木久史『撰銭とビタ一文の戦国史』平凡社, 2018 年, 57 頁。
仁木宏「美濃加納楽市令の研究」『日本歴史』557 号, 2009 年, 1-25 頁。
萩原三雄「甲州金山における中世と近世」『山梨考古学論集Ⅲ』, 1994 年。
ルイス・フロイス著, 柳谷武夫訳『日本史 キリシタン伝来のころ 第 4』平凡社東洋文
　庫, 1970 年。

第2部　"豊かなる地域"の資源を活かす

第4章
ローカル地域における商品開発と販路開拓

はじめに

　少子高齢が急速に進行し，今後さらに65歳以上人口の増加と生産年齢人口の急激な減少が推測される中，若年層を中心に人口の流出が続く地域経済はその多くで縮小傾向が見込まれる。これまで以上に地域を活性化していくためには，その地域特有の資源を利用したものづくりやサービス開発による価値創出が必要である。本章では，大都市圏マーケットの消費者，あるいは外国人旅行者に高く評価され，購入してもらえる商品の開発に向けて，地域が有する優れた地域資源をどう活用し，どのように他地域と差別化して付加価値を高めていくかについて述べていきたい。また，昨今は日本各地で地域の担い手による熱意と創意工夫で魅力的なものづくりや地域づくりが行われており，コロナ禍においても戦略変更と行動力で危機を乗り越えてきている。その中の成功事例をいくつか取り上げ，ローカル地域における商品開発および販路開拓に向けてのヒント，そして地域の持つ強さや将来可能性を示したい。

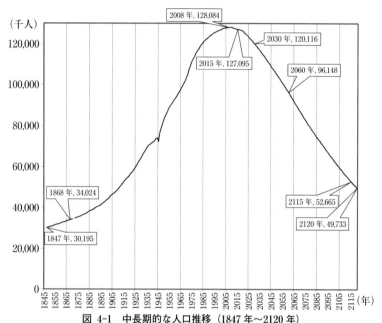

図 4-1　中長期的な人口推移（1847 年〜2120 年）
出典：国立社会保障・人口問題研究所『人口統計資料集 2023 年改訂版』
（2023 年）および国立社会保障・人口問題研究所『日本の将来推計人口
（令和 5 年推計）』をもとに筆者作成

第 1 節　今，なぜ商品開発が必要か

1　人口急減時代の到来

　近代以前の日本の人口は[1]，1600 年に 1200 万人程度であったが，江戸時代後半（1700 年代）には，おおよそ 3000 万人で推移していた。その後の中長期的な人口推移をみると，明治維新（1868 年）後に急激に人口が増加している。この"人口急増"は，2008 年をピークに大転換期を迎え，今後 2100 年代に向けて急激に人口が減少していくと推計されている（**図 4-1**）[2]。まさに今，"人口急減時代"に突入したところである。

　また，日本の将来推計人口を詳しくみると，2045 年までは年少人口（〜14

表 4-1　日本の将来推計人口（年齢 3 区分別）

（単位：万人）

	2020 年	2045 年	2065 年	2095 年	2120 年
総人口	12,615	10,880	9,159	6,651	4,973
老年人口（65 歳以上）	3,603	3,945	3,513	2,651	2,011
生産労働人口（15 歳〜64 歳）	7,509	5,832	4,809	3,409	2,517
年少人口（14 歳以下）	1,503	1,103	836	592	445

出典：国立社会保障・人口問題研究所『日本の将来推計人口（令和 5 年推計）』をもとに筆者作成

歳）および生産労働人口（15〜64 歳）の減少が大きく，老年人口（65 歳以上）は
2065 年以降，急激に減少していく（**表 4-1**）[3]。当面は，老年人口の増加と生産
労働人口の減少が日本経済にマイナスの影響を及ぼすことになる。特に，生
産労働人口の減少は，昨今のサービス産業分野を中心とする労働力不足を生
んでおり，企業にとって「採用氷河期」と言われるような大きな課題を抱え
る時代となっている。

2　労働生産性の向上とイノベーション

　公益財団法人日本生産性本部の調査によると，2021 年度の日本の 1 人当た
り名目労働生産性（就業者 1 人当たり付加価値額）は 808 万円である。名目ベー
スで推移をみると，2008 年度，リーマン・ショックを契機に大きく落ち込ん
だものの，2015 年度にはリーマン・ショック前の水準まで戻し，ほぼ横ばい
で推移していた。2020 年度，新型コロナウイルス感染症拡大の影響を受けて
再び大きく落ち込んだが，2021 年度には回復の兆しがみえている（**図 4-2**）[4]。
　一方，国際比較でみると，日本の労働生産性はいまだ低い水準といわざる
を得ない。2021 年の日本の就業者 1 人当たり労働生産性は 81,510 ドル（818
万円）と，OECD 加盟 38 ヵ国中，29 位に低迷している。先進 7 ヵ国で比較し
ても，日本は最下位で，米国（152,805 ドル/1,534 万円）と比較して半分強程度
の水準である（**図 4-3**）[5]。
　また，都道府県別の比較では，上位にある東京都，愛知県などの都市圏と
比べて，地方の多くは下位に位置している（**図 4-4**）。トップの東京（11.2 百万

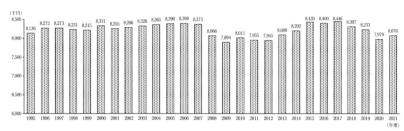

図 4-2　日本の名目労働生産性の推移
出典：公益財団法人日本生産性本部『日本の労働生産性の動向 2022』をもとに筆者作成

円/人）が突出して高く，最下位の県（6.4 百万円/人）と比較すると 2 倍近くの
開きがある。地方における労働生産性の向上を図ること，すなわちローカル
地域に生産性の高い競争力ある事業を回復することこそ，日本経済の持続的
成長にとって極めて重要である。

　前述したように，日本は中長期的に就業者数の大幅な増加を期待できる状
況にない。労働生産性の向上によって就業者数の減少をカバーできなけれ
ば，国民一人当たりの GDP（国内総生産）の上昇，経済の持続的成長は期待で
きない。いかにして労働生産性を上げるか，すなわち，いかに付加価値を高
めることができるかが鍵である。特に，飲食，小売，不動産などのサービス
産業における労働生産性の低さは依然として大きな課題であり，人出不足を
補う DX 化の推進，自動ロボット導入などが求められる。

　一方，安倍内閣以来の「働き方改革」による一人当たりの就業時間の短縮
は，企業の業務効率化や省力化・自動化投資を加速させ，生産性を大きく改
善させる可能性も秘めている。また，岸田政権下の労働市場の流動化政策は
生産性向上に寄与する可能性も高い。今後，企業の積極的な設備投資に加え，
従来の考え方や仕組みを抜本的に見直し，新しい価値を生み出すアイデア発
想や技術開発におけるイノベーションへの期待も大きい。

3　新市場創造型商品開発の必要性
　一般的に "売りモノ" がない企業は生き残っていけないと言われる。どこ

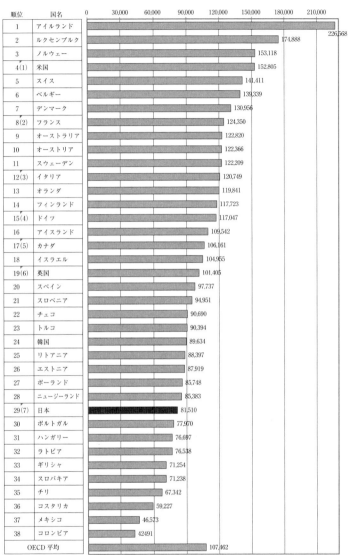

順位	国名	
1	アイルランド	226,568
2	ルクセンブルク	174,888
3	ノルウェー	153,118
4(1)	米国	152,805
5	スイス	141,411
6	ベルギー	139,339
7	デンマーク	130,956
8(2)	フランス	124,350
9	オーストラリア	122,820
10	オーストリア	122,366
11	スウェーデン	122,209
12(3)	イタリア	120,749
13	オランダ	119,841
14	フィンランド	117,723
15(4)	ドイツ	117,047
16	アイスランド	109,542
17(5)	カナダ	106,161
18	イスラエル	104,955
19(6)	英国	101,405
20	スペイン	97,737
21	スロベニア	94,951
22	チェコ	90,690
23	トルコ	90,394
24	韓国	89,634
25	リトアニア	88,397
26	エストニア	87,919
27	ポーランド	85,748
28	ニュージーランド	85,383
29(7)	日本	81,510
30	ポルトガル	77,970
31	ハンガリー	76,697
32	ラトビア	76,538
33	ギリシャ	71,254
34	スロバキア	71,238
35	チリ	67,342
36	コスタリカ	59,227
37	メキシコ	46,573
38	コロンビア	42491
	OECD 平均	107,462

（単位：購買力平価換算ＵＳドル）
注：（　）内は、主要先進 7 カ国での順位

図 4-3　OECD 加盟諸国の労働生産性（2021 年・就業者 1 人当たり/38 カ国比較）

出典：公益財団法人日本生産性本部『労働生産性の国際比較 2022』をもとに筆者作成

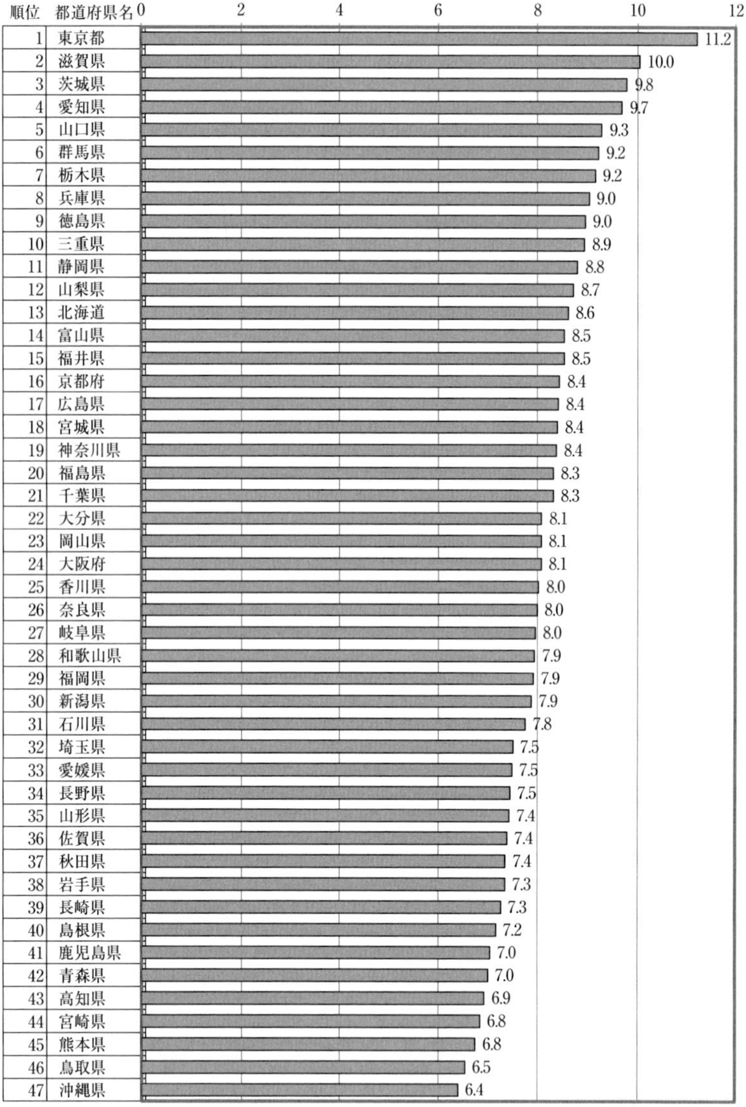

順位	都道府県名	値
1	東京都	11.2
2	滋賀県	10.0
3	茨城県	9.8
4	愛知県	9.7
5	山口県	9.3
6	群馬県	9.2
7	栃木県	9.2
8	兵庫県	9.0
9	徳島県	9.0
10	三重県	8.9
11	静岡県	8.8
12	山梨県	8.7
13	北海道	8.6
14	富山県	8.5
15	福井県	8.5
16	京都府	8.4
17	広島県	8.4
18	宮城県	8.4
19	神奈川県	8.4
20	福島県	8.3
21	千葉県	8.3
22	大分県	8.1
23	岡山県	8.1
24	大阪府	8.1
25	香川県	8.0
26	奈良県	8.0
27	岐阜県	8.0
28	和歌山県	7.9
29	福岡県	7.9
30	新潟県	7.9
31	石川県	7.8
32	埼玉県	7.5
33	愛媛県	7.5
34	長野県	7.5
35	山形県	7.4
36	佐賀県	7.4
37	秋田県	7.4
38	岩手県	7.3
39	長崎県	7.3
40	島根県	7.2
41	鹿児島県	7.0
42	青森県	7.0
43	高知県	6.9
44	宮崎県	6.8
45	熊本県	6.8
46	鳥取県	6.5
47	沖縄県	6.4

（単位：百万円／人）

図 4-4　都道府県別労働生産性の比較（2019・就業者1人当たり）
出典：内閣府『県民経済計算　令和元年度』（2019）をもとに筆者作成

にでもある商品を扱うビジネスは，価格競争を余儀なくされ，大量に販売しない限り利益が出ない。しかも，消費者の支持を得た商品には多くの企業が参入するため，シェア争いが激化し，長期に渡って企業に利益をもたらすことが難しい。そうした状況に陥らないためには，「他にはない」「見たことがない」「聞いたことがない」といわれるような「高付加価値なオリジナル商品」，すなわち"売りモノ"が必要である。

　ただ，そうした"売りモノ"を開発することは容易ではなく，手間や時間がかかる。また，"売りモノ"を長く維持することも難しく，常に新商品の開発が課題となっている。この時代，"売りモノ"作りは，まさに新市場創造であり，すなわちイノベーションである。

　梅澤は，「毎年コンスタントに利益が得られるためには，長期間シェアNO.1を保つ商品を開発することが最も近道である。」［梅澤，2009，11頁］とし，「シェアNO.1を長く続けるためには，最初からNO.1になる道を探すことである。それが市場創造である。」［梅澤，2014a，3頁］と新市場創造型商品の重要性を述べている。また，「初めに市場を創造した商品の2分の1以上は10年以上経ってもNO.1を続け，利益を生み続けている。後発してNO.1になれるのは200分の1なので圧倒的に市場を創造するほうが有利である。」［梅澤，2014a，5頁］と，長期に渡って市場シェアでナンバーワンを保つこと，すなわち，新市場創造商品の開発が企業に長期的利益をもたらすことをデータによって裏付けている。

4　サポートローカルの波

　冒頭で述べた"人口急減"は，地方の多くを衰退化させ，消滅の危機さえもたらしかねず，地方ほどより大きな影響を受けることが予想される。2022年の年齢別転入超過数をみると，若者層を中心に地方圏の転出超過，東京圏の転入超過が著しく（**図4-5**），地方における若者の減少は，地方の活力低下をもたらすものとなる。こうした課題に国は，内閣官房まち・ひと・しごと創生総合戦略において地方創生人材の流出を止める施策を展開しており，人材

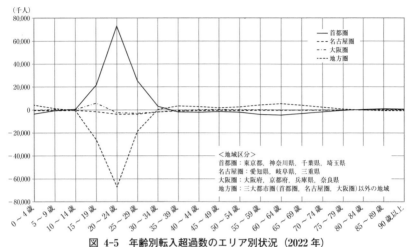

図 4-5　年齢別転入超過数のエリア別状況（2022 年）
出典：総務省「住民基本台帳人口移動報告（2022 年）」をもとに筆者作成

の地方還流事業に取り組んでいるが，いまだ道半ばである。

　一方，大都市圏生活者の地方に対する意識に変化がみられる。そのきっかけは，2008 年のリーマン・ショックであり，米国での生活者意識の変化が日本にも及んでいる。

　米国では，リーマン・ショック以降，「luxury（贅沢な，豪華な）」「exclusivity（高級な，上流な）」「high-end（最上級な）」「bubble（幻想的な）」「more and bigger（より大きな）」の言葉に象徴される潮流に変化が表れ，物質的な豊かさから精神的な豊かさを求める意識に変わってきた。例えば，ブルックリン（ニューヨーク州），ポートランド（カリフォルニア州），オークランド（オレゴン州）などを中心に，「スモールビジネス」「手作り」「少量生産」「レトロ感」「リメイク」「リサイクル」「プロセス重視」「環境重視」などのキーワードに代表されるようなビジネスコンセプトを持つ企業が登場し，消費者マインドの変化に対応してきた。

　また，インターネットで書籍を購入することが主流となり，町から本屋が消えたことで，実物を見て書籍が買えないだけでなく，住人同士のコミュニ

ケーションがなくなってしまった町があったという。その中で，より自分に近い地元のビジネスを"買い支える"という意識，すなわち「サポートローカル」の考え方が芽生えてきた。こうした米国の意識変化は，近年，日本にも及んでおり，遠くのものより身近なものを選択する意識は高まっている。「ローカル」に注目する生活者意識の波は，ローカル商品の開発の追い風になるに違いない。

第2節　新市場創造のためのアプローチ法

1　常識を打ち壊す

　全く新しいカテゴリーの新市場を創造していくためには，これまでの先入観（バイアス）を壊す必要がある。先入観は，これまでの考え方，方法を踏襲するため効率よく仕事をこなすことができ，従来商品の周辺に存在する商品価値を考えやすい。企業にとっては比較的短期的に既存商品の派生商品やバージョンアップ商品を開発しやすいメリットがある。

　しかしながら，常識の範囲での発想では現状の商品カテゴリーから脱することは難しく，新しいことへの挑戦や変革が妨げられる。その道の専門家ほど常識にとらわれてしまい，変革に目が向かない。難しい課題ではあるが，先入観を捨てることで新しいものが見えてくる。

　では，どのような方法で先入観を壊し，今までにない商品を開発していったらよいのだろうか。

2　コンセプト開発の重要性

　新商品といっても，既存カテゴリー市場では，市場で先行して売られている商品があって比較する対象，差別化する対象の商品が存在する。しかしながら，新市場創造型の商品にはそうした対象の先発商品がない。生活者にどんな商品がほしいのかインタビューしたところで何も出てこない。したがって，商品からのアプローチでは限界があるため，消費者の生活ニーズを掘り

下げていくしかない。

梅澤は，「『未充足の強い潜在ニーズ』の発掘が新市場創造商品の開発につながり，そのニーズに応えたコンセプトは消費者に魅力を与える。この生活ニーズはほとんど潜在化している。しかし，『創造』することによってその企業には既知のニーズとなりえる。」[梅澤，2014b，57 頁] と，新市場創造型商品の開発プロセスを提示し，潜在的ニーズ探索のための「キーニーズ法」を提唱している。生活者に寄り添い，生活ニーズを発見することができれば，そのニーズに応える新たな生活提案をすることができる。

今日のようなモノが充足した時代においては，生活ニーズで顕在化しているものは商品化されていることが多く，いまだ充足されていない生活ニーズは潜在化しており，消費者自身も気付いていない。潜在化したニーズを捉えていくためには，生活者に対する深い洞察が必要である。

3　デザイン思考による消費者アプローチ

昨今，新市場創造，すなわちイノベーションのための1つの方法として，「デザイン思考」が取り入れられている。アイリーニ・デザイン思考センター[6]では，デザイン思考を「社会をよりよく変えるためのイノベーション技法」[柏野，2012a，6 頁] とし，「過去のデータや経験のみに頼らず，ユーザーの声を聞くことで，人間中心に問題発見・問題解決に取り組む方法論」と定義している。また，デザイン思考の目的は，「人間主体の発想でイノベーションを起こし，社会に新たな価値を見出すこと」[柏野，2012a，8 頁] とし，自社や自分の視点ではなく，人や社会といった第三者を視点としている。

スタンフォード大学 d. school のデザイン思考プロセスは，「共感」「問題定義」「創造」「プロトタイプ」「テスト」の5つのステップから構成されている[柏野，2012b，1-5 頁]。そのステップは，ユーザーを理解するための問題発見プロセスと，ユーザーにとって最適な解決方法を創造する問題解決プロセスの2つから構成されていて，その第1ステップの「共感」と第2ステップの「問題定義」が前述した新市場創造のための「潜在的ニーズ発見」のプロ

セスに相当するものであり，イノベーションに欠かせないポイントである[7]。

　マーケティング・リサーチの観点からいえば，潜在的ニーズを発見するために1対1で実施するデプスインタビュー（ユーザー理解，インサイト発見のために深く掘り下げるインタビュー）が手がかりとなる。ただ，調査に大きな予算をかけられない事業者でも，店舗でのユーザー観察や消費シーンの行動観察など，コストをかけずに自ら取り組める方法もある。

4　イノベーションのための組織〜ダイバシティとコラボレーション

　新市場創造型商品の開発を実現できるかどうかは，その組織体制や企業姿勢によるところが大きい。既存商品を維持し，オペレーションする組織で，イノベーションを生む環境は作りにくいため，専門の別組織を作るか，既存組織の中で，プロジェクト方式で取り組むことが求められる。

　なぜなら，新市場創造活動には失敗を許容し，かつ失敗を共有できる環境が必要だからである。失敗を振り返って総括し，失敗からの学びを次の創造に活かすプロセスが重要であり，そのプロセスを実践できるチームビルディングをどう行なうかが新市場創造の鍵である。

　その中で，多様なアイデアを発想していくためには，多様な人材を積極的に活用しようという考え方がポイントとなる。多様な人材の交流は，異なった常識がぶつかり合うことから，先入観を壊し，常識にとらわれない発想を生みやすい。

　ただ，大きな組織でない場合，多様な人材の雇用が難しい。そのような場合，特色の異なる企業間でのコラボレーションが有効である。同業種でなく，異業種が交流すれば，幅広い多様な創造の可能性が高まる。

5　ローカル商品のコラボレーション開発事例

　朝日大学ではマーケティングを学ぶ経営学部の学生が株式会社セイノー商事（大垣市）と連携して地域に根ざしたさまざまな商品の開発に取り組んでいる。その一環として，2015年から2016年にかけて，岐阜にちなんだ既存商

品を組み合わせてパッケージ化し，同社が持つカタログ通販でギフト販売するプロジェクトに取り組んだ。

　オリジナルギフトの開発は，岐阜といえば，清流「長良川」，この一言から始まった。一人の学生が発想したのは，長良川にまつわる匠の技をテーマに，匠がこだわる酒，至高の鮎，香り高い大垣の枡をセットにするというものであった。このアイデアをもとに，同社の協力を得て学生が実践的，体験的に学びながら開発を進め，1 年の試行錯誤を経てメーカー 3 社のコラボ商品「清流の匠」が誕生した。

　商品の組み合わせはさまざまな試行錯誤を繰り返したが，「長良川にまつわる匠の技を身近に感じてもらいたい，そして，この商品をきっかけに岐阜に興味を持ってもらい，この地を訪れてもらいたい」という商品コンセプトは，一貫して変わることなく，多様な組み合わせを創造した。

　最終的に，小町酒造株式会社の「長良川　純米酒」(各務原市)，株式会社鵜舞屋の「鮎の一夜干し (お中元用)，小鮎のやわらか煮 (お歳暮用)」(岐阜市)，有限会社 大橋量器の「檜の五尺枡」(大垣市) の 3 社それぞれが製造販売する商品を組み合わせるギフトを完成させた (**図 4-6**)。

　本来であれば，それぞれが得意の製造技術で商品を開発することで付加価値を生んでいるが，他業態のメーカー同士が組むことによって生活者への新しい提案が生まれ，これまでにない付加価値のある商品を創出できる。

　このようなコラボレーションで"強み"を組み合わせることがイノベーション (市場創造) につながる。

第 3 節　ローカル発の新商品開発に向けて

1　ローカル発のオリジナル商品開発のポイント[8]
1)"素材 (モノ)"×"技術 (ヒト)"で際立つ特色を発想する

　では，どのようにして"高付加価値のオリジナル商品"の開発を進めたらよいのか，これまでの地元岐阜にちなんだ商品開発の取り組み事例から開発

お中元バージョン　　　　　　　　　　お歳暮バージョン

図 4-6　メーカー 3 社のコラボレーションで商品化した「清流の匠」

出典：筆者撮影

のポイントを整理してみる。

　一つ目は，商品を構成する"素材（モノ）"もしくは"技術（ヒト）"に焦点を当てて際立つ特色を出せるかどうかである。例えば，工業品と違って地域性が最大の武器となる農産物（＝素材）をどう利用し，受け継がれた製法や流儀を匠の技（＝技術）としてどう特色を出すか，"素材"×"技術"の組み合わせで独自性を考える必要がある。地方にはそれぞれの文化や環境がある。そうした文化や環境を理解し，その地域ならではの明確な特色を商品開発に活かすことが重要である。

　ただ，単純にその組み合わせを考える方法では常識は打ち破れない。"素材"と"技術"をそれぞれ可能な限り書き出し，そのすべての組み合わせから強制発想することで，先入観にとらわれない発想ができる。

2）"素材"や"技術"にまつわる"商品背景"が魅力を高める

　"素材（モノ）"×"技術（ヒト）"の組み合わせを考えるだけでは高付加価値とはなりにくい。二つ目として，"素材"や"技術"にまつわる"商品背景"が必要である。例えば，商品ができるまでのストーリーが連想できたり，作り

手の思いが伝わったりすることで，単なる"モノ"から"コト"が加わった
「オリジナル商品」となる。

　多くの商材を扱うデパートのカリスマバイヤーに魅力ある商品を企画，選
定する際に，どのような点を重視しているか尋ねたところ，一番に挙げたの
が"商品背景（ストーリー）"であった。ストーリー性は，オリジナル性を付加
するだけでなく，商品そのものの魅力を高めることになる。

　伝えたい思いやコンセプトを，それを想起させる印象的な体験談やエピ
ソードなどの"物語"を引用することによって，聞き手に強く印象付ける手
法のことをストーリーテリングと言うが，よりリアルなストーリーテリング
が商品の魅力を高めることにつながる。具体的には，その商品がどうして創
られたか，誰がどういうプロセスで創ったか，創る上でどんな苦労があった
か，そのストーリーは誰に語りかけているのかなどについて，実際の開発プ
ロセスの様子をよりリアルに強調することが必要である。商品を開発してき
た会社，人に纏わる物語，商品や材料そのものに纏わる物語，商品の消費・
利用シーンに纏わる物語などが考えられる。

3）"消費シーンのイメージング"から商品を創造

　三つ目に，その商品によってどのような人を喜ばせたいのか，どのような
人の生活を変えたいのかを考えた上で，その対象とする人がその商品をどの
ようなシーンで利用し，消費していくのかを想像しながら開発を行うことが
大切である。より具体的に，より深くイメージングできて初めて，開発や販
売に役立つヒントが生まれてくる。

　顧客が商品を購入した後,どう利用しているかについて関心を抱かないで,
商品を売っている販売者が多い。例えば，惣菜を販売したら，容器のままお
皿に移さずに食べているのか，お皿に移して食べているのか，こうした事実
を知らずして商品開発はできない。

　"消費シーンのイメージング"は,消費者の立場に立って考えることができ
るかどうかにかかっている。しかしながら，惣菜を売っている店主は，自ら
が惣菜を販売するがゆえ，惣菜を買った顧客のその後の行動を想像すること

は難しい。惣菜に似た商品で自分が完全に消費者の立場に立てるものを想定して，自分が顧客として何をして欲しいか，どんなものが欲しいかを想像するしかない。

4）“ビジュアル”で消費者を惹きつける

　そして四つ目に，“ビジュアル”で消費者の興味をひきつけることが重要である。カリスマバイヤーも商品自体の“付加価値”以上に“ビジュアル”が商品の魅力を高めるという。多くの商品が販売される中で消費者の注目を引いて手にとってもらうためには，まずは“ビジュアル”がポイントである。特に新商品は，商品の中身の評価を持たない状況で好印象を与え，購入してもらわなくてはならない。見た目で「美味しそう」「使いやすそう」「かわいい」などの印象を与え，購入してみたいという気にさせる必要がある。

　例えば，既存商品と比較される商品の場合，必ず顧客はその商品の相場の値段を頭に浮かべる。したがって，どんなに商品の名前を立派にしても，同じ形で販売すれば，顧客がイメージする同じジャンルに属する商品の中で大量に供給されている商品が競争上のスタンダードとなり，利幅はとれない。できるだけ競争相手が少ないフィールドを探して“価格以上の価値”を提案する必要がある。そのためには，“権威付け”が必要であり，「商品自体の見た目」「包装紙」「製法と薀蓄を記載したしおり」など商品以外の要素も含めて，顧客を錯覚させる“こだわり”の要素が欠かせない。

　菓子であれば，包装紙，ショーケース，売り子のコスチュームや表情，提供されるサービスあらゆるものが一体となって商品のイメージを形成している。したがって，商品は，あらゆるものの総合体として捉える必要がある。

5）商品開発段階から“話題性”を考慮する

　一方，“オリジナル商品”が完成したとしても，高付加価値な“売りモノ”になるとは限らない。いかにその商品の価値を情報発信していくかが重要である。マスメディア中心の時代には，消費者は情報の受け手として存在した。ところが，受け手も情報の主体となれるソーシャルメディア環境下では，マスメディアから多くの個人へという一元的な情報の流れではなく，個人の興

味のもとで多元的に情報が発信され，共感できる情報やネタにはコメントが集まり，それがまた情報拡散される。マスメディアの利用が難しい店でも自社商品を広く知らしめる手段が生まれた。このような時代には，商品開発段階から"話題性"を加味しておく必要がある。"素材選び"や"技術選び"も，ブームや口コミの可能性を考慮すべきである。

　また，インターネットの普及とデジタル化による記録メディアの進化により，個人が巨大な情報のアーカイブを得て，過去の動画や写真が自分の手元でいつでもきれいな形で再生できる。過去情報の遡及が可能になったことで，その商品の開発秘話から作り手の人生ストーリーまで後からでも，どこからでも入手できるようになっている。すぐにヒットしなくても商品開発段階から蓄積されたネタが話題を呼ぶ例も多々ある。

　東京のあるデパートの地方フェアで，生産者である農家の人に直接東京に来てもらい，商品の魅力を顧客に直に伝えてもらうことで成功した商品があった。それは生産者とのやりとりが都会の人には心地良かったためだという。また，前述した「清流の匠」も当初，岐阜在住者が都会の人へのギフトとして利用すると想定したが，実際には首都圏在住者が購入者の多くを占めた。大都市圏在住者にどう話題を喚起するかが，"高付加価値のオリジナル商品"作りの鍵といえる。

2　"地方"への関心

　近年，ふるさと納税が広がりをみせ，ローカル発の返礼品に関心が集まっているが，実際，大都市圏に住む人の地方への関心はどの程度なのか，ローカル商品に興味はあるのか，検証してみた。

　首都圏在住の20歳〜79歳男女，700名を対象としたアンケート調査[9]では，首都圏在住者のローカル商品への関心の高さが伺えた。ローカル商品に魅力を感じる人は6割を超え（図4-7），また，実際に全国各地の名産品・グルメ・地方ならではの商品（例えば，「お菓子・スイーツ」「魚介類・海産物」「果物」「お米」「肉類，ハム，ソーセージ」など）をお取り寄せした経験がある人も4割近くい

質問：「地方（ローカル）発」の商品（名産品・グルメ・地方ならではの商品）に魅力を感じますか。

■とても魅力を感じる ■まあ魅力を感じる □どちらともいえない ■あまり魅力を感じない ■魅力を感じない

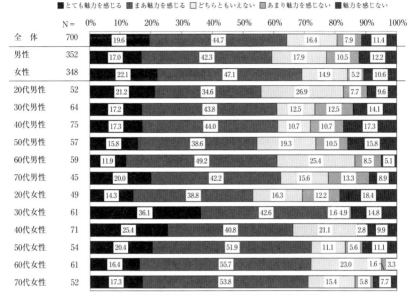

図 4-7　首都圏在住者のローカル商品への魅力評価

出典：朝日大学マーケティング研究所「ローカル商品の魅力と地方観光に関するアンケート調査」
2018 年

る（**図4-8**，**図4-9**）。そのうち2割は，旅行先で購入した商品を自宅に戻って
からもリピート購入している（**図4-10**）。

　一方，地方への観光旅行にも強い関心があることがわかった。3年以内に
地方への観光旅行を経験した人は，4割を超えた。シニア層はもちろん，す
べての層で3割を超える旅行経験がある（**図4-11**）。また，男女とも9割を超
える人が「同じ旅先にまた行きたい」と回答しており，大都市圏に住む人の
地方観光に対する欲求の高さが表われている（**図4-12**）。

　リピートしたい最も大きな理由として，「地域の料理・食材」への満足が挙
げられる（**表4-2**，**図4-13**）。「果物狩りや野菜の収穫」「ワイナリーや酒蔵巡り」
「地方の郷土料理づくりやそば打ち体験」など，単に旅先で料理を作って食べ
るというよりも，日頃，都会で経験できない農作物の収穫やそば打ちなど，

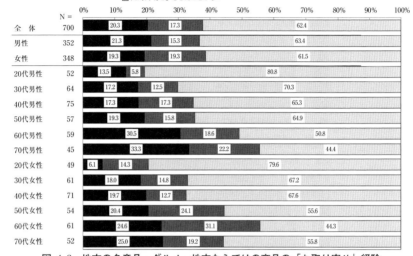

質問：最近1年以内に、地方の名産品・グルメ・地方ならではの商品を「お取り寄せ」したことがありますか。
　　　（ふるさと納税を除く）

■ 1年以内に「お取り寄せ」したことがある
■ 1年以内に「お取り寄せ」したことがないが、それ以上前に「お取り寄せ」したことがある
□ 「お取り寄せ」をしたことがない

	N =			
全　体	700	20.3	17.3	62.4
男性	352	21.3	15.3	63.4
女性	348	19.3	19.3	61.5
20代男性	52	13.5	5.8	80.8
30代男性	64	17.2	12.5	70.3
40代男性	75	17.3	17.3	65.3
50代男性	57	19.3	15.8	64.9
60代男性	59	30.5	18.6	50.8
70代男性	45	33.3	22.2	44.4
20代女性	49	6.1	14.3	79.6
30代女性	61	18.0	14.8	67.2
40代女性	71	19.7	12.7	67.6
50代女性	54	20.4	24.1	55.6
60代女性	61	24.6	31.1	44.3
70代女性	52	25.0	19.2	55.8

図 4-8　地方の名産品・グルメ・地方ならではの商品の「お取り寄せ」経験
出典：朝日大学マーケティング研究所「ローカル商品の魅力と地方観光に関するアンケート調査」
2018 年

田舎ならではの体験への関心が高いこともわかった（**図4-14**）。都会の喧騒を
忘れ，のんびりできる空間で，美味しい食事を味わってリフレッシュすると
いう大都市圏に住む旅行者の期待を充足することが重要である。地方観光へ
のニーズは，「地域の料理・食材」への関心に強く影響され，旅先での"食"
への期待に左右される。

　コロナ禍を経た昨今でも，都会の"密"を避けて地方を訪れ，その地域な
らではの魅力を堪能する傾向は変わらない。今後ますます地方観光に強い意
向を示す層も多く，地方への"食"に関心が高まる可能性が高い。そうした
中で，地域ならではの食事や土産品に磨きがかけられるかどうかが地域の賑
わい創出にとって重要となろう。

質問：地方の名産品・グルメ・地方ならではの商品で「お取り寄せ」した経験がある商品は何ですか。

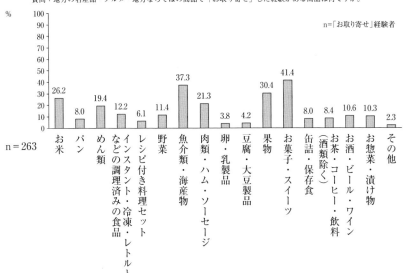

図 4-9　地方の名産品・グルメ・地方ならではの商品の「お取り寄せ」
出典：朝日大学マーケティング研究所「ローカル商品の魅力と地方観光に関するアンケート調査」
2018年

3　"地方"のウリ～高知県馬路村「ゆずの村」

　ここで，ローカル商品に関心を寄せる大都市圏在住者をターゲットに地元の特産品で加工品を製造販売し，成功している事例を考察する。

　高知県馬路村は，総面積の96％が山林で，人口817名，424世帯の"村"である[10]。農地が少なく段々畑（45 ha）でゆずを栽培している。35年前，主な収入源だった林業の衰退に危機感を感じ，馬路村農業協同組合がゆずを全国に広める活動を始めたが，物産展での販売では収入が安定しなかった。その後，加工品の商品開発に着手し，現在では，ゆず搾汁工場，ゆず化粧品工場など5つの工場を運営し，ゆず加工品，化粧品など60種類近くの商品製造を行なっている。主力商品である「ごっくん馬路村」（ゆずドリンク）は年間600万本を売り上げ，店舗販売，インターネット通販で年商30億超と，特産ゆずを使った地域ブランド化に成功した。

質問：旅行先（地方）で見つけた名産品・グルメ・地方ならではの商品を後になって「お取り寄せ」した経験はありますか。

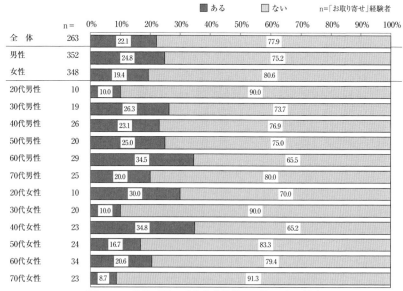

図 4-10　旅先で見つけた名産品等のお取り寄せ経験

出典：朝日大学マーケティング研究所「ローカル商品の魅力と地方観光に関するアンケート調査」2018 年

　近年は，新型コロナウイルス感染症拡大に伴う移動制限等により，コロナ初年度は高知県ならびに馬路村を訪れる人が減り，土産品購入などが落ち込んだが，「with コロナ」とともに回復してきている。コロナ禍でも変わらなかったのは「馬路温泉」を訪れる宿泊客で，都会の"密"を避けて過疎であるこの地が選択された。2023 年のゴールデンウイークには家族連れも増えてきており，元の姿に戻りつつあるという[11]。また，コロナ禍でも堅調であったのは通販で，外出できない時期を中心に売上が伸びた。幅広い収入源が危機を乗り越える力となった。

　ゆずぽん酢「ゆずの村」は，首都圏の大手スーパーのほとんどで取り扱いがあり，広く知られた商品である。名前も知られていなかった"村"の商品が，大都市圏の消費者に支持された背景には，いくつかの理由がある。

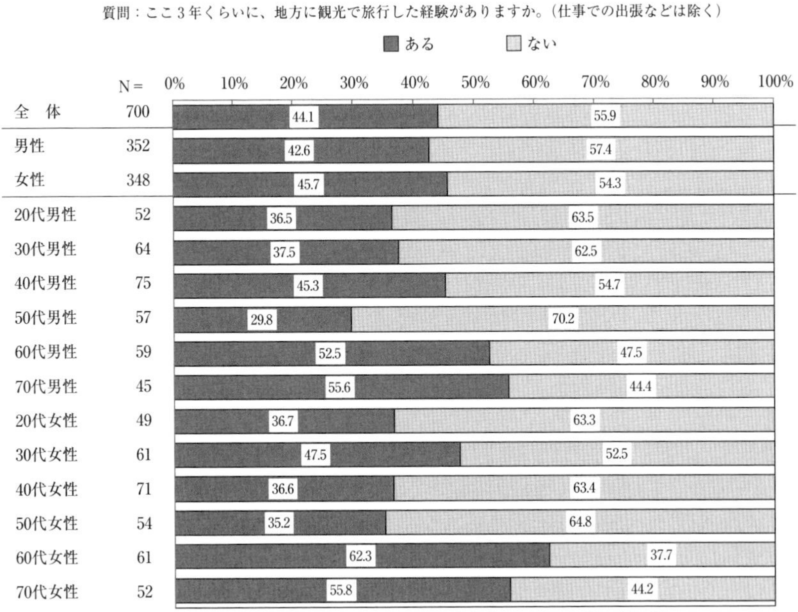

質問：ここ3年くらいに、地方に観光で旅行した経験がありますか。(仕事での出張などは除く)

■ ある　　□ ない

	N =	ある	ない
全 体	700	44.1	55.9
男性	352	42.6	57.4
女性	348	45.7	54.3
20代男性	52	36.5	63.5
30代男性	64	37.5	62.5
40代男性	75	45.3	54.7
50代男性	57	29.8	70.2
60代男性	59	52.5	47.5
70代男性	45	55.6	44.4
20代女性	49	36.7	63.3
30代女性	61	47.5	52.5
40代女性	71	36.6	63.4
50代女性	54	35.2	64.8
60代女性	61	62.3	37.7
70代女性	52	55.8	44.2

図 4-11　地方への観光旅行の経験（仕事の出張などは除く）

出典：朝日大学マーケティング研究所「ローカル商品の魅力と地方観光に関するアンケート調査」2018年

　一つ目は，"村"，"人口1000人に満たない田舎"を徹底的にアピールしたことである。馬路村の素朴な村人たちや元気いっぱいの子供たち，のどかな村の風景が登場するCMやパンフレットなど，"村そのもの"を売り込む戦略が，村の認知とイメージアップに寄与した。都会の人にとっては普段味わえない大自然を感じ，また，収穫を祝う祭への参加体験を通じて"村"への愛着が生まれ，商品購入につながっている。「誰が作っているか」「どんなところで作られているか」という"商品背景（ストーリー性）"が大手競合メーカーとの差別化のポイントになった。"売りモノ"は，商品ではなく，"村そのもの"であり，「ゆずはじまる祭」には多い年で5000人が村に足を運ぶ[12]。

　二つ目は，女性視点の絵や文字で描かれた商品パッケージが馬路村ブランドのシンボルとなっており，女性に好感されている点である。親しみのある

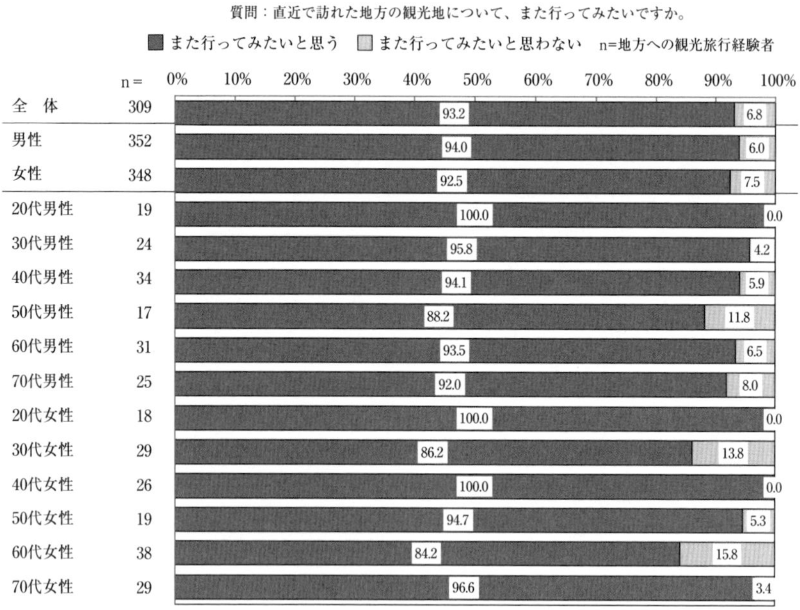

質問：直近で訪れた地方の観光地について、また行ってみたいですか。

■また行ってみたいと思う　□また行ってみたいと思わない　n=地方への観光旅行経験者

	n =	また行ってみたいと思う	また行ってみたいと思わない
全 体	309	93.2	6.8
男性	352	94.0	6.0
女性	348	92.5	7.5
20代男性	19	100.0	0.0
30代男性	24	95.8	4.2
40代男性	34	94.1	5.9
50代男性	17	88.2	11.8
60代男性	31	93.5	6.5
70代男性	25	92.0	8.0
20代女性	18	100.0	0.0
30代女性	29	86.2	13.8
40代女性	26	100.0	0.0
50代女性	19	94.7	5.3
60代女性	38	84.2	15.8
70代女性	29	96.6	3.4

図 4-12　直近の地方への観光旅行のリピート意向

出典：朝日大学マーケティング研究所「ローカル商品の魅力と地方観光に関するアンケート調査」2018年

"ビジュアル"が印象に残り，店頭で手にとってもらいやすい。また，この"ビジュアル"は，村そのもののPRデザインにも応用され，都会の人にインパクトを与えた。

　そして三つ目は，顧客との強固な関係作りができている点である。商品を購入したことをきっかけに観光に訪れる人も多い。「ゆずの森 加工場」は誰もが見学できて楽しい工場で，一度来場した人はさらに馬路村のファンになって帰っていく。工場見学者としての対応でなく，馬路村を満喫してもらいたいというおもてなしが，来場者の心を打っている。

　この事例では，"高付加価値なオリジナル商品"開発のポイントで示した"商品背景"，"ビジュアル"が商品の魅力を高めており，加えて，"顧客とのエンゲージメント"がファン形成に寄与している。加工場建設などのリスクを乗

表 4-2　直近の地方への観光旅行のリピート意向の理由

順位	回答（自由回答をコーディングした項目）	全体 (n＝288)	男性 (n＝141)	女性 (n＝147)
1	食べ物が美味しかった	21.2	17.7	24.5
2	自然が豊か，景観が綺麗，街並みがよい，空気がきれいなど	17.7	14.2	21.1
3	楽しかった，充実した時間が過ごせた	17.0	16.3	17.7
4	行けていないところがある，他に経験したいことがある，他の季節に行きたいなど	16.3	12.8	19.7
5	のんびりできた，癒された，リラックスできた，リフレッシュできたなど	12.2	12.8	11.6
6	街の雰囲気がよかった，気持ちのいい街だった，好きな街だから	7.3	6.4	8.2
7	温泉がよかった	5.9	4.3	7.5
8	観光地として魅力的，観光名所が多い，そこにしかないもんがあるなど	4.9	2.8	6.8
9	近い，交通の便がよい	2.8	3.5	2.0
10	宿泊施設がよい，宿泊先が満足	2.8	3.5	2.0
11	人が親切，土地の人とふれあえる	1.4	2.8	0.0
12	地場産品がよい，土産品に興味がある	1.4	2.1	0.7
13	なんとなく，特になし	1.4	2.8	0.0
14	その他	5.9	11.3	0.7

注：自由回答方式で記入してもらった回答をマルチアンサーとしてコーディング分類した結果を表にまとめたもの。n＝地方への観光旅行経験者（未回答除く）
出典：朝日大学マーケティング研究所「ローカル商品の魅力と地方観光に関するアンケート調査」2018年

り越え，農業で地域性を打ち出して差別化を図った，六次産業化の成功事例である。

第4節　販路開拓へのヒント

1　共感してくれる人を地道に増やす

地域の特色を活かした商品が開発できたとしても，販路開拓がなかなか進まないケースが多い。地方の中小メーカーや個人商店では，大手メーカーと

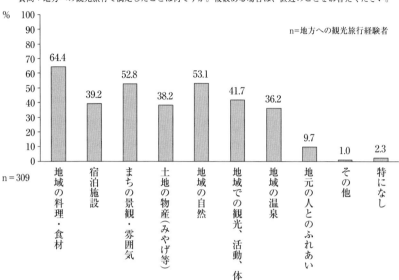

質問：地方への観光旅行で満足したことは何ですか。複数ある場合は、直近のことをお答えください。

n=地方への観光旅行経験者

図 4-13　地方への観光旅行で満足したこと

出典：朝日大学マーケティング研究所「ローカル商品の魅力と地方観光に関するアンケート調査」
2018 年

異なり，流通ルートの確保が難しいため，開発した商品が日の目を見ないま
ま埋もれてしまう。最近では国などが販路開拓の支援を行なっているが，安
定的な販路の確立には時間もかかる。

　馬路村の事例で消費者に支持されてきた背景を述べたが，そこに至るまで
には，何年もかけて営業活動を行ってきた苦労の歴史がある。一朝一夕に販
路が築かれるわけではなく，物産展，アンテナショップをはじめ，多くの消
費者へのコンタクトを通じて商品を紹介し，共感してくれる人を増やしてき
たのである。まずは，営業活動，PR 活動を継続して行なっていくことで，地
域として地道にブランドを浸透させていく必要がある。

　また，これまでの成功事例が示すように，地道な営業活動を通じて，都会
の人が何を求めているか，生活ニーズを掴んだことも大きい。都会の人に接

質問：旅先（地方）での食に関わる体験や交流でこれからやってみたいことは何ですか。

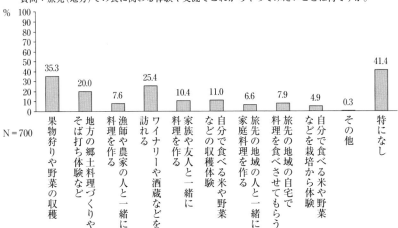

図 4-14　旅先（地方）の食に関わる体験や交流でこれからやってみたいこと

出典：朝日大学マーケティング研究所「ローカル商品の魅力と地方観光に関するアンケート調査」
2018 年

し，「都会の人は田舎に憧れている」というマーケットの状況を把握し，「徹底して田舎をアピールする」という戦略に転換した。そして，共感してくれる仲間を発見し，そこに向けて商品を開発して行った。営業活動を通じて，自然と売り先の消費者を理解していたのである。

　地方の中小メーカーや個人商店には，単独で販路開拓できるほど時間と資金に余裕はない。単独で営業活動をしてもブランドの浸透を図ることは難しい。地域全体としてその地域の特色を明確に打ち出し，その特色を活かした商品群を地域ブランドとして構築すること，そしてそのブランドを街ぐるみで，地域一体となって PR していくことが必要である。

2　大手流通の販路を探るより，来てもらう

　販路開拓というと，大手メーカーが狙うような全国展開する流通に何とか扱ってもらおうと必死に工作をする傾向があるが，大手のナショナルブランド商品で凌ぎを削っている流通ステージで戦うことは，資金面でも，人材面

でも，極めて不利である。

　地方に興味を抱いてくれている都会の人が田舎に憧れているというのであれば，自分たちの地域に来てもらい，そこで商売をしたほうが，地元の良さを最大限に発揮できる。農作物，水産物を旬の時期に，もっとも新鮮なタイミングで食することができるのは地元であり，そこでしか味わうことができない場所（販路）が構築できれば，強力な売り先となる。

　いち早くこうした取り組みを行なったとして知られているのが，大分県日田市大山町にある大山町農業協同組合である。農協を通じた系列流通に加えて，もう1つの流通チャネルを確立すべく，地域農産物を販売する直売所と地域食材を使った農家レストラン「木の花ガルテン」を展開している。主に，少量多品種の農作物を高付加価値で販売する手段として構築したものである。こうしたチャネルの構築により，農家は農作物の生産だけでなく，加工品の製造から販売・サービスまで一貫して行なうなど，ビジネスの範囲を拡大している。また，農家レストランには地元の有機栽培の農産物を使った料理が並び，バイキング形式で提供されている。これらの流通ルートへの出荷を通じて，農家は収入を増やすなど，地域の経済力は高まっている。

　農協という大きな事業体であったからこそ実現した販路ともいえるが，ローカル商品を販売する上での大きなヒントとなろう。地元に足を運んでもらうことで，地域の特色を最大限に活かした商品提供が可能であり，都会の人にとっての魅力も増大する機会となる。

3　食と農のテーマパークで成功

　農産物を直売所で販売し，地元に来てもらうことに成功した事例として，JAおちいまばりの「さいさいきて屋」を考察する。ここは，高齢化による離農者が増えてきたことや，市場出荷できない規格外品の販路開拓をしたいこと，また，農家女性の活躍ができる場を作りたかったことから，一戸あたりの敷地面積が小さい農家でも，高齢者や女性が農作物を育て少量でも販売することができるようにと作られた直売所で，2000年当初は30坪，出荷農家

92 名[13]という小規模からのスタートだった。コロナ前には会員 1274 名 (2018 年 3 月末現在)，年商 31 億円規模[14]にまで成長した日本最大級の農産物直売所であり，地元愛媛はもちろん，車で 1 時間半圏内の兵庫，広島，香川，高知など隣県から年間 90〜100 万人[15]を集客していた。2022 年，会員数は 1350 名ほどを維持しているが，コロナの影響により集客は 6 割程度，売上は 28 億円にとどまっている[16]。コロナ禍で人の移動が制限され，広範囲のエリアからの集客が止まり，「県外客が 4 割減った[16]」という。その後も生活パターンの変化によりこれまで来ていた客が戻ってきていない。岡山などには近隣に大型スーパーやドラッグストアが開店し競合が増えたことも来店客減少の一因である。

　こうした状況に，東京，大阪などの飲食店向けの外販を強化したり，ふるさと納税返礼品などネットでの販売を強化したりすることで来店客の減少をカバーしてきている。それゆえに，売上減少幅が小さい。客の購入ルートに変化はあったが，これまでの今治産食材の安全性に対する信頼をベースに，魅力ある食材を求めるニーズは変わっていない。

　今治の食材へのニーズに対応し，地元以外から多くの客を集めてきた背景にはいくつかのポイントがある。農産物直売所を企画した元 JA おちいまばりの西坂氏[17]は，「生鮮三品，各種加工品など店内すべてを今治産 100％に近づけることで，大手スーパーとの差別化が可能となりオンリーワンになることができる。加工業者も今治の業者を最優先し，ナショナルブランドの一般食品の仕入も地元今治の業者に委託するという徹底ぶりは地域経済の活性化を考えたからだ」[西坂，2014，28 頁] という。地元産へのこだわりがひとつのポイントである。

　また，2007 年から「さいさいきて屋」は飲食部門を加えた複合型直売所となり，「SAISAICAFE」でいちごタルトなど旬の果物を載せたスイーツを売っている。このスイーツを求めて広島，島根，鳥取など遠方から来る客も多い。旬の時期に旬の果物を完熟で食べられることが人気の理由である。「ここではスイーツを売っているのではなく，直売所に出荷されたフルーツをたくさ

ん売るためにスイーツという形にして売っている」［西坂，2014，27-31 頁］。このカフェで売っているのは旬のフルーツであり，地元でしか味わえない鮮度へのこだわりがもうひとつのポイントである。

　飲食部門を併設したことで直売所の売れ残り対策に成功し，さらに加工品製造を立ち上げることで，さらなる売れ残り対策もとられている。

　加えて，コロナ禍という困難にあっても，外販強化など，スピード感もって変化に対応できたことも経営の継続性にとっては大きい。危機を乗り越えるために組織の柔軟性と強靭さが必要である。

　また，地域活性という観点からいえば，パート・アルバイトを含めて 170 名（平成 28 年 5 月現在）[14]の従業員を雇用しており，地域経済に与える影響も大きい。

4　体験に訪れるファン

　地元農産物をブランド化して，その加工品を製造販売し，地元農家と連携したレストランや体験型メニューで多くの客を呼んでいるのが三重県伊賀市にある「株式会社伊賀の里モクモク手作りファーム」である。

　35 年前，農家は生産物を買ってもらったら終わり，価格にも無関心な状況で，豚肉はバイヤーの言い値であった。当時，三重県経済農業協同組合連合会（現 JA）に勤務する木村修氏（元会長）と吉田修氏（元専務，獣医）は，食肉自由化を控え，このままではいけないと 15 軒ほどの養豚農家を集めて勉強会を開いた。このファームは，養豚農家の生産する豚肉のブランド化を目指した。スーパーに売りに行っても安く叩かれてしまう豚肉の付加価値を何とかして上げたいとの思いから，豚の餌や飼育方法を変えながら試行錯誤して「伊賀豚」というブランドで売り出した。当初は直接消費者に販売する方法が支持され，好評であったが，付加価値を高めることができず，赤字が続いた。そこで，より高い付加価値を求めてハム，ウインナーなどの加工品の製造に取り組んだが，全く商品が売れなかった。

　自らの商品の良さを売り込もうとあらゆるところに営業に出かけ，チラシ

も作って宣伝した。そんなときに，地元のお母さんたちからのリクエストでウインナーの手作り体験教室を行なった。これが口コミで多くの客を呼ぶきっかけとなり，人気のコンテンツになった。

　この体験教室が多くの客を集める背景には，いくつかのポイントがある。ひとつは，客にとって作り方がわかるだけでなく，手づくり体験の楽しさがある。運営する側にとっても，来て自分たちの工場を見てもらって，試食してもらって，話を聞いてもらうといった交流の場がもてる。こうした客と運営側の感動的な経験は，顧客との関係性を深め，ファンを増やす。その過程で消費者に伝えたかった「安心・安全」や「本物の味わい」という商品コンセプトを伝えることができ，商品のリピート購入や他者推奨につながる。

　もうひとつは，客を飽きさせない様々な体験コンテンツの投入である。これまで新しい商品を数多く開発し，多くの体験教室を立ち上げることで様々な客を楽しませる仕掛けを作ってきている。客のリクエストでバーベキューも行なうようになった。バーベキューのおにぎりのために米を作ることにした。食育に力を入れていて，いちごの食べ方や見分け方を教えながら行なういちご摘み体験教室も，小さいいちごを使ったいちご大福づくりも人気である。地元で完熟のものを美味しく食べられ，お土産ももらえるこうした体験は客の満足度も高い。様々な体験コンテンツは，来てくれる客のニーズをもとに企画されており，ものづくりにおけるマーケティングプロセスが機能している。客のニーズに応え，試行錯誤しているうちに，体験重視型ファームが出来上がったのかもしれない。

　コロナ前の 2018 年には，車で 1 時間半圏内の愛知，岐阜，三重，大阪，京都，滋賀など隣県から年間 50 万人[18]を集客し，年商 50 億円規模[19]にまで成長していたが，2020 年 5 月，コロナによる一斉休校を受けて人の動きが止まり，集客，売上ともに減少していたが，2023 年には学校や企業の団体客が以前のように戻ってきている。都会で過ごす人にとって，日々の喧騒を忘れて癒されたいという農業体験へのニーズはコロナを経ても変わらない。

　雇用も，コロナ前にはアルバイトを含めて 1000 名[19]を創出していたが，都

市部のレストラン閉店でやや雇用が減ったものの，地元での雇用は維持しており，地域経済への影響は以前同様にかなり大きい。

第5節　魅力あるローカル商品開発に向けて

1　よそ者が魅力を発見する

　ローカル商品を開発し，販路開拓するといっても地元の人材だけでは，その地域特有の資源があたり前の存在のためにその価値を見出しにくい。また，商品開発や販路開拓のノウハウを持った人材がローカル地域には乏しいという事情もある。そのような状況においては，その地域に魅力を感じ，その地域との関係性を深めたいというよそ者の存在を活かすべきである。特に，若者で，ビジネスに対してチャレンジングな人材であれば，自分のリスクでさまざまなトライアルをしてもらえる。そうした人材に刺激されて地元の意欲ある人材も動き出す。

　また，大都市圏の主要マーケットの消費者や外国人旅行者を見据えて，そのターゲットが何を求めているのかを掴み，地域資源と潜在的ニーズをどう組み合わせて"売りモノ"を作っていくかを考える必要がある。そうしたことに対応できるマーケティング戦略に長けた専任のプロジェクトマネージャーが求められる。「よそ者マーケター」がキーパーソンとなって地域を大きく変えているケースも多く，そうした人材を活用することで魅力ある事業，魅力ある商品の開発が進展する。コロナ禍におけるテレワークや二地域居住などの経験から都会で勤務する有能人材が副業で地域のマーケティング人材となるケースも出てきており，よそ者マーケターの活躍も期待される。

2　メディアとの地域内連携とデザイン人材確保

　単に美味しいもの，機能の優れたものを開発できたとしても，話題性，ストーリー性がない商品はその魅力が伝わらず，大きなビジネスにはなりにくい。商品開発の段階から話題性を組み込むことの重要性については前述した

が，その話題を盛り上げていくには，PR（パブリシティ）が重要である。WEBやソーシャルメディアネットワーク（SNS）などを駆使してメッセージを発信できる時代ではあるが，PRによるメディア露出がなければ情報の拡散力は小さい。いかにして狙うマーケットの認知を高め，興味喚起できるか，パブリシティを担う地元メディアとの連携を強化することで，ソーシャルメディアとの相乗効果を高めたい。

　また，成功事例の考察でも明らかになったように，消費者に訴求するデザインの重要性も忘れてはならない。ローカル地域にはデザイン人材が乏しい地域もあるが，消費者目線を持った優秀なデザイン人材を確保し，活用することも重要である。デザインの伝わる力で，“売りモノ”にもなるし，“価格”も上がる。そして，“働くヒト”も同じ方向を向いてまとまる。昨今では，デザイン人材がネットワークされ，世界中の人材を活用できる仕組みも登場しており，そうした仕組みも有効に活用すべきである。

3　来てもらう仕掛け

　新鮮な果物を使ったスイーツでも日持ちのする焼き菓子にした時点で，その地域特有の果物の美味しさが消えてしまい，魅力の創出が難しいことが多い。大都市圏マーケットに販売することを考えるとどうしても賞味期限を長くする必要があるためだ。JAおちいまばりの例にみたように，地元のものを地元で消費してもらうことで，一番の味わいを伝え，魅力を発信することができる。旬のものを旬の時期に味わうため大都市圏消費者はローカル地域に足を運ぶことは厭わない。工業製品にしても同様である。大手流通やネット通販で単に商品をみて購入することはできても，地元で作り手と交流しながら作る体験ができるといった仕掛けがあれば，その商品の魅力ははるかに伝わりやすい。魅力ある商品を求めてきてもらう仕掛けが重要である。

4　顧客との絆づくり

　成功事例として紹介した「株式会社伊賀の里モクモク手作りファーム」も

これまで順調に成長してきたが、ここ数年、同様のテーマパークも登場し、競争も生まれ、売上も横ばいである。しかしながら、これまで伸ばしてきたファン組織である「モクモクネイチャークラブ」の会員は5万人に達し、約20億の通販売上[20]の大半はこの会員によるものである。売上への貢献にとどまらず、こうした会員はクチコミの核となる役割を果たし、ブランディングにも寄与している。"地域の人に応援してもらえるブランド"を求めて、客の声を事業展開の参考とし、客とのコミュニケーションを大切にしている姿勢は今後も安定した収益を生む源泉となるに違いない。

先に示した馬路村の例においても2003年に始まった「特別村民制度」による「特別村民」は村の人口をはるかに超える約1万1000人の登録[21]があり、全国にファンを作っている。また、コロナ禍をきっかけに馬路村を認知してくれた人にリピートしてもらうといった「ファンづくり」にも力を入れている。こうした展開は、より地域の経済的な基盤を強め、地域活性に寄与していくと考えられる。

顧客との絆を強め、ファン作りをしていくマーケティング展開が、強い地域づくりにとって重要である。

5 地元文化を核とした地域密着

馬路村農協のビジネスモデルにおいても競合他社の増加により、さらなる差別化が求められてきており、顧客の世代交代やギフト市場の変化への対応も必要となってきている。「さいさいきて屋」も周辺に同様の農産物直売所が数多く登場し、他業態の店舗出店もあって顧客獲得競争が激しくなり、踊り場を迎えている。複合施設として展開するカフェや食堂も継続して人気を保つためには、新しい商品の開発や仕掛けが必要となる。そうした展開がなければ顧客は飽きてしまう。ただ、こうしたローカル地域にある拠点は、地域の文化や伝統を背景に成り立っている。ローカルな食文化を生かして地域に密着してこそ継続できる。ターゲットは大都市圏を含む隣県の顧客であるが、ビジネスの源泉はあくまでも地元ローカルの拠点である。

6　変化への柔軟な対応と地域資源を生かした新しいチャレンジが鍵

　都会で働く人が地域に滞在しテレワークするなど新しい働き方もみられ，また，"都会の喧騒を忘れて田舎で癒されたい"と思う都会の人のニーズも高まってきており，コロナ禍に新しい収入源を確保すべく対応した地域では，収入の多様化によるリスク分散で地域がより強くなっている。

　インバウンドも含めて人を引き寄せる地域の魅力は，そこでしか味わえない体験であり，地域住民とのふれあいでもある。こうした魅力はコロナ前もコロナ後も変わりはない。今後も，遊び体験，食体験，農業体験など地域資源を生かした"体験"の開発が地域の魅力づくりには重要となろう。

　コロナ禍を乗り越えてきた"社会変化に対応する組織の柔軟性"と"新しい『体験』開発に取り組むチャレンジングな姿勢"がその地域をますます強くし，50年後，100年後に向けてのサスティナビリティにつながるといえよう。

注

1) 国立社会保障・人口問題研究所『人口統計資料集2023年改訂版』掲載の鬼頭宏『人口から読む日本の歴史』講談社，2000年による。
2) 1847〜1870年は森田優三『人口増加の分析』日本評論社，1944年による。1871年はデータなし。1872〜1919年は内閣統計局『明治五年以降我国の人口』（調査資料第三集，1930年）による。1920〜2020年は総務省統計局『国勢調査報告』『日本の推計人口』（人口推計資料No.36）および『人口推計　国勢調査結果による補間補正人口』による。2021〜2120年は国立社会保障・人口問題研究所『日本の将来推計人口（令和5年推計）』の出生中位（死亡中位）の推計による。
3) 国立社会保障・人口問題研究所『日本の将来推計人口（令和5年推計）』の出生中位（死亡中位）の推計による。2095年，2120年は生残率，出生率，出生性比，国際人口移動率について2071年以降2071年のまま一定として長期推計したもの。
4) 公益財団法人日本生産性本部『日本の労働生産性の動向2022』による。
5) 公益財団法人日本生産性本部『労働生産性の国際比較2022』による。
6) 旧一般社団法人デザイン思考研究所である。
7) スタンフォード大学　ハッソ・プラットナー・デザイン研究所では，「共感」は，ユーザーが抱える問題を解決するために深くユーザーに共感する段階で，ユーザー観察，ユーザーへのインタビュー（交流），ユーザーと同じ体験を通じてユーザーを

理解するフェイズ。「問題定義」は，ユーザー理解に基づいて実践可能な着眼点＝問題定義をみつける段階で，ユーザーのインサイトやニーズに焦点を合わせて，着眼点を導くフェイズと定義している。

8) 十六銀行総合研究所「経済月報 4 月号」(2019 年) 筆者を加筆して構成している。

9) 朝日大学マーケティング研究所「ローカル商品の魅力と地方観光に関するアンケート調査」(2018 年) による。

10) 馬路村役場ホームページ (https://vill.umaji.lg.jp/ 2023 年 6 月 23 日アクセス)による。

11) 馬路村農協へのヒアリング調査 (2023.6.20) による。

12) 馬路村農協ホームページ (http://www.yuzu.or.jp/user_data/umajimura.php 2023 年 6 月 23 日アクセス) による。

13) さいさいきて屋資料『JA おちいまばり農産物直売所の概要』1 頁による。

14) さいさいきて屋資料『JA おちいまばり農産物直売所の概要』4 頁による。

15) さいさいきて屋へのヒアリング調査 (2018.11.4) による。

16) さいさいきて屋へのヒアリング調査 (2023.6.8) による。

17) 2017 年 4 月から群馬県利根郡みなかみ町にて群馬県地域おこし協力隊として活動されている。

18) 株式会社伊賀の里モクモク手作りファームへのヒアリング調査 (2018.11.3) による。グループ全体の売上は 70 億円 (平成 29 年度)。

19) 株式会社伊賀の里モクモク手作りファームへのヒアリング調査 (2018.11.3) による。有料入場者は年間 33 万人。

20) 株式会社伊賀の里モクモク手作りファーム資料『伊賀の里モクモク手づくりファーム　視察資料』による。

21) 馬路村ふるさとセンター　ホームページ (https://umajimura.jp/special/ 2023 年 6 月 23 日アクセス) による。

引用・参考文献

a．和文文献

岩崎達也, 小川孔輔『メディアの循環　伝えるメカニズム (法政大学イノベーション・マネジメント研究センター叢書 14)』生産性出版, 2017 年。

梅澤伸嘉『ヒット商品開発—MIP パワーの秘密　第 2 版』同文舘出版, 2009 年。

梅澤伸嘉「長期間 NO.1 の新商品開発戦略」『市場創造研究』一般社団法人日本市場創造研究会 2013 年度研究論文集　第 3 巻, 2014 年 a。

梅澤伸嘉「新市場創造型商品(MIP)の企業成長効果—ロングセラーの売上累積効果—」一般社団法人日本市場創造研究会　第 4 回研究発表会, 2014 年 b。

梅澤伸嘉『戦わずロングセラーにする「強い売りモノ＜MIP＞」の創り方』同文舘出版, 2016 年。

金丸弘美『田舎力　ヒト・夢・カネが集まる 5 つの法則』NHK 出版, 2009 年。

高橋正明「ファームパークの展開と経営戦略　三重モクモク手づくりファームの場合」
　　『大手前大学人文科学部論集』，2014 年，37-54 頁。

中畑千弘「消費者起点による商品開発の考え方〜魅了ある個店づくりに向けて」『経済
　　月報』十六銀行法人営業部，2010 NO. 661，2010 年，37-54 頁。

中畑千弘『ローカル商品の魅力と地方観光に関するアンケート調査』朝日大学マーケ
　　ティング研究所，2018 年。

中畑千弘，鈴木博道『儲かる商店を目指して〜一宮あきんど塾研究報告書』朝日大学
　　マーケティング研究所，2004 年。

西坂文秀「地域の食と農の循環と農業振興を目指した取り組み〜JA おちいまばりに
　　おけるさいさいきて屋の挑戦〜」『ECPR（公益財団法人えひめ地域政策研究セン
　　ター　調査研究情報誌）』2014 NO. 1，2014 年，27-31 頁。

株式会社伊賀の里モクモク手作りファーム『伊賀の里モクモク手づくりファーム　視
　　察資料』

馬路村農業協同組合『工場見学者向け資料　WELCOME UMAJIMURA』

さいさいきて屋『JA おちいまばり農産物直売所の概要』

松﨑了三『稼ぐ社長からのメッセージ 起業家に贈るマーケティングの詩 50 選』リー
　　ブル出版，2019 年

「立ち上がる農山漁村」有識者会議『成功へのメッセージ〜活力ある農山漁村から学ぶ
　　べきこと〜』農林水産省，2004 年，73-81 頁。

b．インターネット HP

アイリーニ・デザイン思考センター HP
（https://designthinking.eireneuniversity.org/index.php?about_designthinking）（2023
　　年 6 月 9 日アクセス）

柏野尊徳著「Pocket Guide of Design Thinking―デザイン思考のポケット・ガイド―」
　　アイリーニ・デザイン思考センター HP，2012 年 a，6-13 頁。
（https://designthinking.eireneuniversity.org/swfu/d/pocket.pdf）（2023 年 6 月 9 日
　　アクセス）

柏野尊徳監訳「スタンフォード大学 ハッソ・プラットナー・デザイン研究所デザイン
　　思考家が知っておくべき 39 のメソッド」アイリーニ・デザイン思考センター HP，
　　2012 年 b，1-5 頁。
（https://designthinking.eireneuniversity.org/swfu/d/bootleg2.0.pdf）（2023 年 6 月 9
　　日アクセス）

馬路村役場 行政 HP。
（https://vill.umaji.lg.jp/）（2023 年 6 月 9 日アクセス）

馬路村農協 HP。
（http://www.yuzu.or.jp/user_data/umajimura.php）（2023 年 6 月 9 日アクセス）

JA おちいまばり　さいさいきて屋 HP。
（https://www.ja-ochiima.or.jp/business/saisaikiteya/saisaikiteya/）（2023 年 6 月 9

日）

「木の花ガルテン」大分大山町農業協同組合 HP。

（https://oyama-nk.jp/konohana-garten/）（2023 年 6 月 9 日アクセス）

第5章

「地域」を活かすための税システム

はじめに

　地方財政の厳しい状況の中，各自治体では財源である税収入の確保が重要であることは言うまでもない。その税収を確保するためには，税を徴収するための様々な仕組みが存在する。例えば，税をどれだけ徴収したのかという徴収率や，徴収する際のコスト（徴税費）などが挙げられる。ここで重要なことは，最終的に税収を確保する上で，コスト削減とともに徴収率をいかに高めるのかという考え方である。

　また，地域や地方自治体がその資源を活かしていくためのもう1つ重要なテーマとして，昨今，世間で有名なふるさと納税の取り組みも指摘される。各自治体では，新たな財源としてふるさと納税に期待し，多くの努力を捧げて必死に取り組んでいる状況である。このふるさと納税においても，返礼品競争や地域住民への説明責任など課題を多く抱えている状況である。

　こうした着眼点を踏まえると，共通して取り沙汰されるのは，いわゆる地域間格差の問題点である。地域による様々な特徴や性質は多く存在し，こうした問題点は従来から取り上げられているものの，依然として根強く存在しているように感じられてならない。そこで，本章では地方税に焦点を当てて現状と課題を整理し，地域の長所や魅力を活かしながら運用していく政策について検討していく。

　本章の構成は，第 1 節で近年の地方税の現状について紹介する。第 2 節では，地域間格差の実情について紹介する。第 3 節では，市町村財源で重要な固定資産税の制度的内容を紹介し，事例として岐阜県内の市町村の実情について分析する。第 4 節では，徴収率や徴税費の実情について，先行研究を紹介しながら分析する。第 5 節では，ふるさと納税の現状と課題について，先行研究を紹介しながら今後の政策について言及していく。最後に，本稿のまとめを述べて幕を閉じる。

第 1 節　近年の地方税収の現況

　我が国の税制は，大きく分けて国税と地方税の 2 種類から成り立っている。前者は，所得税，法人税，消費税，相続税などの税目を中心とし，後者は，道府県民税・市町村民税，事業税，固定資産税などの税目を中心とする。地方税は，地方自治体が徴収権を持ち，行政運営の資金源として重要な役割を果たしている。特に，道府県においては住民税と事業税の 2 税目で道府県税収の約 6 割を占め，市町村においては住民税と固定資産税の 2 税目で市町村税収の約 8 割を占めている。なお，私たちに身近な消費税のうち一部は，地方消費税として道府県に割り当てられるため，道府県税収の約 2 割を占める主要税源となっている。

　直近 15 年間（2007~21 年度）の税収推移については**図 5-1** に示す通りである。全体的に言えることであるが，税収は景気変動に左右されやすく，特に不景気の場合には所得税や法人税は大きく落ち込む傾向にある。まず，税収全体としては 2008~09 年のリーマン・ショックで落ち込んでいた時期を経て，2010 年度以降は比較的増収または横ばい傾向にあったことが分かる。ただし，近年の 2019 年度は，後半で新型コロナウイルス感染拡大の影響を受けて減収となっているが，2020 年度以降は再び増加傾向となっている。

　次に，内訳別に見ていくと，国税は税収合計と似たような形を描いているが，地方税は比較的横ばい傾向にある様子がうかがえる。また，2021 年度は，

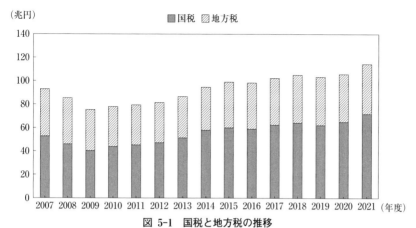

図 5-1　国税と地方税の推移
出典：総務省編『地方財政白書（令和5年版）』2023年，32頁等を基に作成

　国税が過去15年の中で最大の税収となり，リーマン・ショック前の水準を回復したのに対し，地方税は緩やかな右肩上がりを維持しながら，ようやくリーマン・ショック前の水準に追い付いた程度である。

　次に，道府県税収入の税目別内訳にみたものが**図 5-2** である[1]。これによると，都道府県の税収で基幹となっているのは道府県民税，事業税，地方消費税の3つであることが分かる（合計で約84%）。

　また，市町村税収入の税目別内訳にみたものが**図 5-3** である[2]。これによると，市町村の税収で基幹となっているのは市町村民税[3]，固定資産税の2つであることが分かる（合計で約87%）。なお，都市計画税については後述する通り，固定資産税と合わせて徴収しているため，実際には3つの税目で約9割のウエイトを占めることになる。

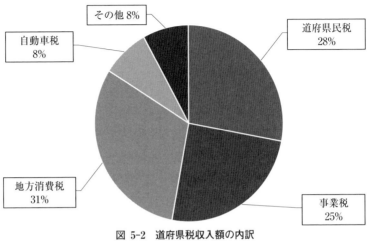

図 5-2 道府県税収入額の内訳
出典：前掲書, 35頁を基に作成

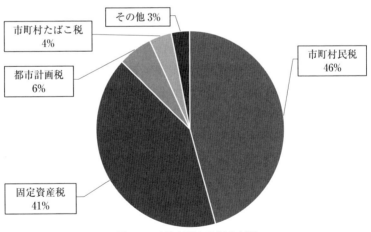

図 5-3 市町村税収入額の内訳
出典：前掲書, 36頁を基に作成

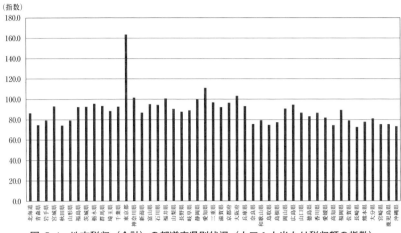

図 5-4　地方税収（合計）の都道府県別状況（人口 1 人当たり税収額の指数）
出典：前掲書，34 頁を基に作成

第 2 節　地域間格差に関する現況

1　地域間格差に関する現状と課題

　税収の地域間格差は，従来指摘されている課題の 1 つである。その際，指標として頻繁に用いられるのが「人口 1 人当たり税収額」である。そこで，地方税収（合計）の全国平均を 100 として，都道府県別に人口 1 人当たり税収額で比較したものが**図 5-4** である[4]。値が高い順に，東京都（163.6），愛知県（111.1），大阪府（103.3），神奈川県（101.5），福井県（100.7）の 5 団体が平均値の 100 を超えている。一方で，値が低い順に，長崎県（72.7），沖縄県（73.5），秋田県（74.3）などが平均値から大きく離れている。

　この**図 5-4** によって，いくつかの状況が読み取れる。まず，値が高い地域は比較的都市部の自治体が多く，一方で値の低い地域は人口減少や過疎化などで悩んでいる地方部の自治体がその傾向としてうかがえる。この傾向は長年続いている。また，最大の東京都と最小の長崎県を比較すると，約 2.3 倍

の格差があることが分かる。ただし，税目によっては最大と最小の格差にさらに開きがあるのも実情である（個人住民税 2.5 倍，地方法人二税 5.9 倍など）。このような結果は，日常，私たちが TV のニュースや新聞等で耳にするもので，比較的イメージしやすい状況であろう。すなわち，都市部にヒトやモノ・カネが集中し，地方部はその煽りを受ける傾向そのものと言えよう。税収においても明らかに，地域間格差は依然として大きく存在している[5]。

第 3 節　固定資産税制度の内容とその現況

1　固定資産税制度の内容

　本節で取り上げる固定資産税制度につき，関係性のある内容について抜粋してみていく。固定資産税は，固定資産（土地・家屋・償却資産）の所有者等[6]に対して課税される市町村税である。市町村の税収全体においては，約 40％のウエイトを占めており，市町村民税と並ぶ基幹的な税である（第 1 節・図 5-3 参照）。この 3 資産の税収比率は 4：4：2 で，自治体規模でみると市（大都市部を含む）は土地のウエイトが比較的高く，町村は償却資産のウエイトが比較的高い傾向にある。

　自治体が固定資産税を徴収する方法は，徴収担当職員が納税通知書を納税者に交付（通常は郵送）することによる普通徴収で，市町村が都市計画税を課税している場合には固定資産税と合わせて徴収することができる[7]。

　固定資産税の税率は 1.4％とされ，標準税率と呼ばれるものである。これは，各自治体が通常よるべき税率であって，もしも各自治体がその財政上その他の必要があるときにはこれと異なる税率を定めることができる。つまり，税率を自由に増減設定することができるのである[8]。一方，都市計画税の税率は 0.3％とされ，これは制限税率と呼ばれるものである。固定資産税と異なり，都市計画税は各自治体がこの税率を超えて課税することはできず，上限としてのルールになっている。

　固定資産税には国，都道府県，市町村などが保有する固定資産には課税で

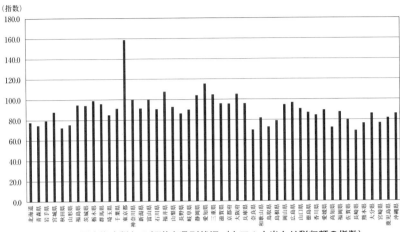

図 5-5　固定資産税収の都道府県別状況（人口 1 人当たり税収額の指数）
出典：前掲書，34 頁を基に作成

きないといった非課税制度が設けられている[9]。また，固定資産税には免税点制度が設定されている[10]。

　固定資産税の課税標準額は，原則として固定資産の価格であり，市町村が決定することになる。なお，固定資産の価格は毎年度の評価では事務コスト等の観点から厳しい事情があるため，原則として 3 年間据え置くことになっている。この他，住宅用地や新築家屋等に対しては，一定の減額措置や特例制度が設けられており，所有者への負担緩和が図られている[11]。なお，都市計画税にも類似の特例制度が設けられている[12]。

　次に，固定資産税収の現状について，都道府県別に集計して表したものが**図5-5**である。**図5-4**同様に，固定資産税収の全国平均を 100 として，都道府県別に人口 1 人当たり税収額で比較している。

　これによると，値が高い順に，東京都（158.7），愛知県（115.4），福井県（107.7）など 7 団体が平均値の 100 を超えている。一方で，値が低い順に，長崎県（69.0），奈良県（70.1），高知県（72.4）などは，平均値から大きく離れている。なお，最大の東京都と最小の長崎県を比較すると，約 2.3 倍の格差があるこ

とが分かる。固定資産税は，特に人口だけでなく企業の進出状況によっても税収が大きく左右される特色があり，各自治体によっては税制優遇措置を設けるなどの企業誘致事例も多く存在している。

2 実証分析：岐阜県内市町村の税収格差

では，直近の固定資産税収の現状について，実際の公表データを用いて簡単な実証分析を行うことにする。**表5-1**は，岐阜県内の42市町村について，固定資産税の課税標準額を資産別にみたものである。前節までの通り，人口1人当たりで算出し，さらには最大と最小の格差についても触れていく。

これによると，岐阜県では岐阜市や大垣市などの都市部とその他の地域との格差の様子がうかがえる。まず，土地については最大（岐南町）と最小（白川村）では約3倍の差が開いている。同様に，家屋については最大（白川村）と最小（東白川村）では約2倍の差がある。岐阜県の特徴は，家屋よりも土地の方が税収格差は大きいと言える。

一方で，償却資産については最大（白川村）と最小（笠松町）では約28倍もの差が生じている。この点については，一般的に償却資産は企業の工場設備等によるものが多く，大企業の工場や支店・支社等は都市部よりも地方部や郊外への設置といった立地事情が背景にあると推測できる。

また，固定資産税の特徴点として，必ずしも人口の多い自治体ほど人口1人当たり税収が多いとは限らない事情がある。例えば，土地や建物について，高速道路のインターチェンジやサービスエリアなどの拠点や，スーパーマーケット等の大型商業施設も比較的郊外にある場合が見受けられる。こうした場合には，人口の少ない自治体でも1人当たり税収は多くなる。

なお，この実証分析で使用したデータは，総務省のホームページで毎年度公表されているデータを使用したもので，各都道府県の市町村別に公表されているのは課税標準額のみである。課税標準額は，税を計算する前段階にあたり，実際の税収額での分析結果とは異なるため，参考としてこの点を含みおきたい[13]。

表 5-1　岐阜県内市町村の人口 1 人当たり課税標準額（2022 年度決算値）

| 市町村名 | 人口（人） | 人口 1 人当たり課税標準額（千円） | | |
		土地	家屋	償却資産
岐阜市	397,432	1,897	2,417	474
大垣市	156,741	2,085	2,552	1,535
高山市	81,897	1,922	2,498	2,065
多治見市	104,305	1,421	2,002	749
関市	83,488	1,578	2,305	1,516
中津川市	74,465	1,255	2,160	1,567
美濃市	18,493	1,627	2,247	1,838
瑞浪市	36,227	1,335	2,165	1,408
羽島市	65,156	1,707	2,114	648
恵那市	46,069	1,531	2,214	1,871
美濃加茂市	56,587	1,454	2,408	1,066
土岐市	53,695	1,527	2,224	1,208
各務原市	142,915	1,761	2,286	1,113
可児市	98,857	1,287	2,312	1,219
山県市	24,277	1,212	1,880	1,040
瑞穂市	57,153	1,760	1,978	551
飛騨市	21,559	1,013	1,848	3,056
本巣市	32,223	1,770	2,493	2,522
郡上市	37,458	1,361	2,158	1,530
下呂市	29,078	1,276	2,333	1,748
海津市	31,603	1,710	2,002	953
岐南町	26,065	2,644	2,459	555
笠松町	21,868	1,911	1,858	445
養老町	25,591	1,832	2,078	1,080
垂井町	25,706	1,809	2,288	1,502
関ケ原町	6,187	2,138	2,366	4,639
神戸町	18,224	1,583	2,162	1,814
輪之内町	9,330	2,316	3,418	1,749
安八町	14,080	2,051	2,599	1,404
揖斐川町	18,502	1,348	1,938	6,781
大野町	21,402	1,456	1,906	608
池田町	22,768	1,427	2,114	1,553
北方町	18,364	1,685	2,123	699
坂祝町	7,981	1,558	2,397	826
富加町	5,637	1,902	2,628	1,717
川辺町	9,692	1,301	2,097	1,500
七宗町	3,143	1,126	1,839	4,472
八百津町	9,796	1,166	2,078	3,313
白川町	6,983	1,104	2,004	2,203
東白川村	1,936	989	1,568	661
御嵩町	17,086	1,253	2,432	1,674
白川村	1,444	845	3,744	19,534
最大/最小（倍）	—	3.1	2.4	28.0

※人口については，R5 年 1 月 1 日時点の岐阜県人口動態統計調査結果を使用。
※家屋の課税標準額については，決定価格のみを公表のため当該価格を使用。
※網掛け箇所は，値が最大または最小を示している。
出典：総務省「固定資産の価格等の概要調書」および岐阜県 HP を基に作成

第4節　地方税徴収率の現況と課題

1　徴収率の現況

　地方自治体が税を徴収する状況をみていく。本来，1年間に納付すべき金額（調定額という）に対し，実際に納付された金額（収入額という）の割合のことを徴収率という。この徴収率が自治体間でどのように推移しているのかを表したのが**表5-2**である。

　近年の比率（合計欄）をみていくと，道府県は約96〜98％，市町村は95〜98％近辺を推移していることが分かる[14]。いずれも高い水準であると考えやすいが，本来の調定額に対して100％納付されるべき税金が納められないことは法律上，道徳上，あらゆる観点で問題である。しかも，この徴収率の算出にあたっては，表5-2に記載されている現年課税分と滞納繰越分の2区分を比較・整理する必要がある。前者は当該年度限りの税金であり，後者は過去に納付されなかった分の税金である。現年課税分は道府県・市町村いずれも99％前後で100％に近い状態であるが，滞納繰越分は低いときは20％台，高いときでも50％台という極端な開きがある状態となっている。

　次に，地方自治体が税を徴収する際にかかる様々なコストはどのくらいなのかをみていく。**図5-6**は，国税と地方税の税金100円当たりのコスト推移である。

　これによると，国税は1.30円〜1.60円前後に対して，地方税は2.20円〜2.70円前後となっており，国税の約2倍近くコストがかかっていることが分かる。ただし，1996年度から2006年度に向けて，国と地方の差が徐々に縮小している点も特徴的である。なお，このデータは2006年度以前であり，現在よりも少々前になるため，国と地方の税務行政の実態を知る上での参考程度である点に留意する。

表 5-2　地方税徴収率の推移（2013〜21 年度）

<道府県税>　　　　　　　　　　　　　　　　　　　　（単位：%）

区分	現年課税分	滞納繰越分	合計
2013 年度	98.9	28.2	96.3
2014 年度	99.0	30.5	96.8
2015 年度	99.2	32.7	97.4
2016 年度	99.3	33.7	97.8
2017 年度	99.4	35.5	98.1
2018 年度	99.4	37.3	98.3
2019 年度	99.3	37.7	98.4
2020 年度	98.8	38.4	97.9
2021 年度	99.5	52.1	98.6

<市町村税>　　　　　　　　　　　　　　　　　　　　（単位：%）

区分	現年課税分	滞納繰越分	合計
2013 年度	98.8	24.0	94.9
2014 年度	98.9	24.4	95.5
2015 年度	99.0	25.8	96.0
2016 年度	99.1	26.5	96.6
2017 年度	99.2	27.5	97.0
2018 年度	99.3	28.2	97.5
2019 年度	99.3	28.8	97.7
2020 年度	98.7	29.8	97.2
2021 年度	99.4	44.1	98.0

※道府県税は地方消費税を控除して算出。
出典：総務省編『地方財政白書（令和 3 年版）』2021 年等を基に作成

2　徴収率改善に向けた先行研究紹介

　近年，地方税の徴収率に関する研究が増えつつある。伊藤は，市町村税収入について徴税費の追加による収入額の増加について分析している［伊藤，2013，41-51 頁］。その結果，市町村は徴税構造（徴税費と徴収額・未収額の関係）が異なるため，各自治体はその構造をふまえた上で税収獲得努力を図っていく必要があると説明している。西川は，徴収率 100% を目指す政策について分析し，徴税費を追加しても収入額はほとんど変化しない限界点について説

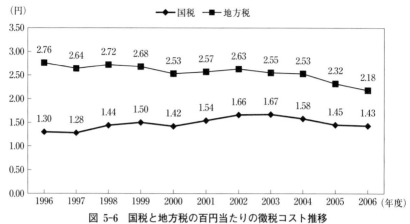

図 5-6　国税と地方税の百円当たりの徴税コスト推移
出典：国税庁編『国税庁統計年報書（平成 18 年度版）』2006 年，43 頁を基に作成

明している［西川，2011］。伊多波と壁谷は，徴収率改善のために取り組みが
期待されてきた共同徴収機構[15]について触れながら，滞納と脱税に着目して
分析している［伊多波・壁谷，2011，29-63 頁］。その結果，自治体は共同徴
収機構などを活用しながら滞納中心の取り組みを行い，脱税対策については
国（税務署を含む）に依存せざるをえない実情を説明している。

3　現状と課題

　表 5-1 のデータから分かることは，地方自治体はまずは徴収率を上げるこ
とが安定した税収確保に必須であり，そのためには現年分はもとより過去の
滞納分をいかにして回収すべきかに成否が関係していることである。この
点，国税と異なって地方税では，国税専門官のようなスペシャリストが存在
しづらいため，自治体職員が自ら法知識やマニュアルを参考に業務遂行しな
ければならない。通常，自治体職員は役所内を 3〜5 年辺りで転勤や配置替
えとなるため，国税専門官よりも税金の専門的スキル等が定着しにくいなど
の問題点が指摘されている。こうした問題点については，近年，自治体同士
が協力して業務に当たる地域連合形態や国・都道府県・市町村による三税協

力などが取り上げられている。実際に取り組みの成果などに注目していく必要がある。

　なお，地方自治体は地方税法で標準税率が定められている税目について，財政上その他の必要がある場合に，その税率を超える税率を定める超過課税を実施することができる。また，地方自治体は，地方税法で規定されている税目の他に，法定外普通税や法定外目的税を設定することができる。これらの裁量権は，自治体固有の諸事情を勘案して実施することができるため，実現可能な取り組みとして期待されるものである。しかしながら，現状は一部の自治体に留まっている。歳出削減などの取り組みの他，住民への説明責任といった課題を抱えていることが背景に考えられる。

第 5 節　ふるさと納税の現況と課題

1　制度概要と現況

　ふるさと納税制度は，2008 年，当時の安倍内閣（第一次）において，寄附制度として導入された。以来，15 年が経過し，この間，飛躍的に増加傾向にあることは周知の通りである（図 5-7 参照）。

　ふるさと納税は，寄附額のうち下限額を超える部分について，所得税と住民税から税額控除されるという寄付金控除を発展させた制度である。図 5-7 によると，受入額および受入件数が急増しているのは 2014 年辺り以降である。その要因として，2011 年には税額控除の下限額が従来の 5,000 円から現行の 2,000 円に引き下げられ，さらに 2015 年には確定申告が不要となるワンストップ特例制度が導入されたことなどが挙げられる。コロナ禍に入り，2019 年度は受入額が前年を下回ったものの，2020 年度以降は再び増加傾向となっている（受入件数は一貫して右肩上がり）。

　ふるさと納税の知名度を高めたのは，寄附額に応じて入手することができる返礼品の存在である。これは，受入側の自治体が地元の各種名産品などを発案・改良して返礼品として提供し，独自の財源の調達手段に用いている。

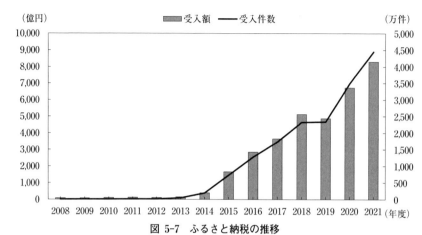

図 5-7　ふるさと納税の推移
出典：自治税務局市町村税課「ふるさと納税に関する現況調査結果」を基に作成

　こうした取り組みは，自治体間の競争にもつながって，寄附額を増やすことに貢献する形を生み出している。また，寄附者は"ふるさと（＝出身地）"にこだわることなく実施できるため，全国的に返礼品入手を求めてカタログやポータルサイトなどを通じて多くの関心を寄せることとなった。

　自治体がふるさと納税を募集する際に，資金の使い道について検討する分野・内容について示したのが**表 5-3**である。

　表 5-3によると，多くの自治体は健康・医療・福祉や教育，子育てなどの地域で抱えている共通の課題に対して，資金活用を考慮している様子がうかがえる。また，近年では毎年各地で災害が発生しており，これらへの防災面や災害支援などにも充てていくといった実情も見受けられる。

2　ふるさと納税の先行研究紹介

　ふるさと納税に関する研究は，近年，飛躍的に増加している。このため，全体的に網羅することは難しく，本稿ではその一例を紹介する。武者は，ふるさと納税の経緯や発展と，返礼品を中心とした観光施策について論じている［武者，2023，39-46 頁］。特に，ふるさと納税を取り扱う四大ポータルサ

表 5-3　ふるさと納税募集時の使途内容（2021 年度）

内容	団体数	割合
健康・医療・福祉	1,443	80.7%
教育・人づくり	1,419	79.4%
子ども・子育て	1,383	77.3%
地域・産業振興	1,314	73.5%
環境・衛生	1,233	69.0%
スポーツ・文化振興	1,169	65.4%
まちづくり・市民活動	1,144	64.0%
観光・交流・定住促進	1,088	60.9%
安心・安全・防災	859	48.0%
災害支援・復興	300	16.8%

※複数回答。
※割合は全団体（1,788 団体）に占める比率である。
出典：前掲資料を基に作成

イトのカテゴリー別の返礼品件数を利用して，地域による傾向を分析している。その結果，観光という代替困難なサービスを返礼品に設定することで，一部の地方都市に偏っているふるさと納税の寄付金が，都市部近郊の自治体にも支出されており，地方の一部の小規模自治体に寄付金が偏る傾向が緩和されると説明している。

　橋本と鈴木は，2019 年当時のふるさと納税に関する制度改正[16]を受けて，新制度の移行がもたらしたマクロ的な影響と個別自治体への影響を調査・分析している［橋本・鈴木，2021，557-571 頁］。その結果，マクロ的には自治体の受け入れた寄附額から，返礼品等への支出した費用総額を差し引いた実質的な寄附受入額は，新制度移行前（2018 年度）よりも増加していることが判明している。つまり，新制度移行自体は，ポジティブに評価できるものであると説明している。

　伊藤は，ふるさと納税による寄付金がもたらす市区町村間の歳入格差への影響度合いについて分析している［伊藤，2023，27-36 頁］。この中で，市区町村の歳入に占めるふるさと納税の割合は，わずか 1～2％程度に過ぎないも

のの,自治体全般に歳入が伸び悩む状況でふるさと納税は増大しているため,歳入の増加分に対する寄与率は年度によって非常に高くなると論じている。さらに,人口 1 人当たり歳入とその構成要素について分析した結果,ふるさと納税は市区町村間の歳入格差の押し上げ要因になっていることが判明している。さらに,コロナ禍の 2020 年度は例外としても,ふるさと納税の額が大きくなればなるほど,市区町村間の歳入格差の拡大につながる恐れがあることを説明している。

3　現状と課題

　第 5 節でみてきたように,ふるさと納税は近年,飛躍的な拡大傾向にあることが分かった。その一方で,ふるさと納税は,先行研究などからも様々な課題を抱えている様子もうかがえる。そこで,ここでは問題点をいくつか整理することにする。

　第 1 に,自治体間の格差に関する問題点である。第 4 節でもみてきたように,現状,自治体の税収には様々な格差が生じている。これらは単に都市と地方の人口格差といったものではなく,自治体側にとっても納税者側（個人・法人）にとっても望ましい状態とは言えない。これを是正することは容易ではなく,以前より税制改革や自治体の取り組みなどを通じて行われてきている。ふるさと納税の存在が,地域の活性化などの目的だけではなく,自治体間の税収格差是正に貢献できるのであれば理想的である。しかしながら,伊藤［伊藤,2023,27-36 頁］などが指摘しているように,ふるさと納税自体が格差拡大の要因にもなりかねないため,非常に厄介な問題を抱えていることを認識すべきであると考えている。

　なお,参考までに 2021 年度のふるさと納税受入額の多い自治体について,**表 5-4** に示していく。現状,上位に名を連ねている自治体は,必ずしも人口の多い市ばかりではなく,中には人口が 1 万人にも満たない町村も含まれていることが特徴的である。

　第 2 に,返礼品の競争激化とその影響についてである。既に,全国的にふ

表 5-4　ふるさと納税受入額の多い 20 団体（2021 年度）

順位	団体名			人口（人）	受入額 （百万円）	受入件数 （件）
1	北海道	紋別市	もんべつし	20,928	15,297	1,105,051
2	宮崎県	都城市	みやこのじょうし	162,572	14,616	695,351
3	北海道	根室市	ねむろし	24,231	14,605	774,308
4	北海道	白糠町	しらぬかちょう	7,391	12,522	827,301
5	大阪府	泉佐野市	いずみさのし	98,840	11,347	894,137
6	宮崎県	都農町	つのちょう	10,333	10,945	562,727
7	兵庫県	洲本市	すもとし	42,307	7,842	583,982
8	福井県	敦賀市	つるがし	64,333	7,722	445,917
9	山梨県	富士吉田市	ふじよしだし	47,744	7,214	266,946
10	福岡県	飯塚市	いいづかし	126,555	6,564	574,043
11	静岡県	焼津市	やいづし	137,722	6,485	394,060
12	兵庫県	加西市	かさいし	42,721	6,456	157,040
13	京都府	京都市	きょうとし	1,388,807	6,239	111,469
14	北海道	弟子屈町	てしかがちょう	6,840	5,861	300,490
15	鹿児島県	志布志市	しぶしし	30,179	5,298	237,917
16	佐賀県	唐津市	からつし	118,400	5,030	306,525
17	茨城県	境町	さかいまち	24,927	4,886	289,464
18	和歌山県	有田市	ありだし	26,713	4,872	404,711
19	滋賀県	近江八幡市	おうみはちまんし	82,101	4,786	131,550
20	佐賀県	上峰町	かみみねちょう	9,713	4,558	286,989

出典：前掲資料を基に作成
　　　人口は『全国市町村要覧（令和 04 年版）』より 2022 年 1 月 1 日時点

るさと納税の受入額・件数増加を目指して各自治体では，様々な取り組みが行われてきている。その中で，過度な返礼品競争が目立つようになり，総務省からも度々通知が行われてきた。そのため，総務省通知の効力は，抑制や自粛から強制へとエスカレートし，特定の自治体に対して適正ではないと認定されるなど波紋が広がったのである[17]。ふるさと納税の導入目的は，自治体の新たな財源確保や地域活性化などであり，民間企業のように営利目的や競争ではないことは明らかである。運営する立場の自治体も，返礼品を楽し

表 5-5　ふるさと納税の受入額実績や活用状況の公表等

公表の状況	2021 年度		2020 年度	
	団体数	割合	団体数	割合
受入額実績・活用状況（事業内容等）の両方を公表している	1,429	79.9%	1,391	77.8%
受入額実績のみ公表している	263	14.7%	283	15.8%
活用状況（事業内容等）のみ公表している	30	1.7%	32	1.8%
受入額実績・活用状況（事業内容等）のいずれも公表していない	66	3.7%	81	4.5%

寄附者への報告等の状況	2021 年度		2020 年度	
	団体数	割合	団体数	割合
寄附者に対して，寄付金を充当する事業の進捗状況・成果について報告している	798	44.6%	757	42.3%
寄附者と継続的なつながりを持つための取組を行っている	733	41.0%	679	38.0%

※割合は全団体（1,788 団体）に占める比率である。
出典：前掲資料を基に作成

みにする納税者も，適正な推進の下に実施されることが重要だと思われる。

　第 3 に，ふるさと納税の実績や活用などの説明責任についてである。ふるさと納税が導入されて既に 15 年が経過し，各自治体では様々な取り組みが行われてきている。こうした状況の報告・公表については，**表 5-5** に示す通りである。

　現状，約 8 割の自治体が受入額実績と活用状況の両方について公表している。また，寄附者への報告や継続的なつながりについても，約 4 割の自治体が実施していることが分かる。しかしながら，説明責任とは果たしてこのくらいの水準で十分と言えるのかどうかは，当事者だけでなく世間の目から見ても検討の余地はあるように感じられる。繰り返しになるが，ふるさと納税の導入目的を鑑みると，自治体の新たな財源確保や地域活性化を実現することは重要であるが，これらを十分に報告・公表することによって最後まで責任を果たしたと言えるため，今後の自治体の取り組みに期待したい。

おわりに

　2022 年，政府（財務省）より「令和 5 年度税制改正の大綱」が公表された。本文は 111 頁に渡るボリュームがあり，例年通り本文とは別に「大綱の概要」も同時公表されている。ここを見る限り，2023 年度の中心テーマは，NISA の抜本的拡充・恒久化やスタートアップ・エコシステムの創設など，家計の資産を貯蓄から投資へと積極的に振り向けた改革が中心となっている。地方税についての内容は，既存税制の拡充や延長など複数掲載されている。かつて，安倍内閣時代には，発足当初より「地方創生」をスローガンの 1 つに掲げるなど，地域経済の活性化や都市・地方の格差是正等の重点課題に取り組んできた経緯があった。2020 年より始まったコロナ禍により，国だけでなく地方も大きなダメージを受けて，近年の地方自治体は非常に苦しい財政を強いられることになったと推測できる。こうした中，本章では近年の地方税収の現況と，地域間格差に関する内容としてふるさと納税に焦点を当てて，現状と課題を整理し，今後の制度のあり方について概観してきた。

　例年，地方の歳入規模は約 100 兆円レベルであり，そのうち税収が約 3 割，国からの補助金が約 4 割，地方債が約 1 割などである[18]。少子高齢化に伴う社会保障費の増大などを背景に，地方の歳出水準は増加傾向にあり，地方税収の落ち込みや伸び悩みは結果的に国への依存からの脱却に足かせともなりえることから，地方税制改革を含めた対応は喫緊の課題となっている。

　今回，本章で取り上げた内容は，地方税の現状と課題のほんのわずかな部分に過ぎない。問題点の解決には，もっと深掘りして調査・検討する必要があるのは言うまでもないことである。こうした点に留意しながら，地方自治体が安定した税源を確保できるような税制の確立を目指すことが肝要であるため，今後の取り組みに注視していく必要性があるものと考えている。

注

1) 「その他」の主な税目として，軽油引取税（4.7％），不動産取得税（2.0％），道府県たばこ税（0.7％），等がある。
2) 「その他」の主な税目として，市町村たばこ税（3.9％），事業所税（1.8％），軽自動車税（1.3％）等がある。
3) 一般的に，道府県民税と市町村民税を合わせて住民税と呼ばれる。
4) 税収データは令和 3 年度，人口は令和 4 年 1 月 1 日現在の住民基本台帳人口による。税収額には特別法人事業譲与税の額を含まず，超過課税および法定外税等を除いている。
5) 地方税の地域間格差に関する他研究例には，高林（2005）や齊藤（2010）などがある。
6) 納税者は原則として所有者であるが，例外として土地に質権や地上権が設定されているときは，その質権者や地上権者に対して課税される。この他，災害等によって所有者の存在が不明な場合には，その使用者を所有者とみなして課税される。詳細は固定資産税務研究会編『要説固定資産税（令和 3 年度版）』38-50 頁参照。
7) 都市計画税は土地および家屋に対して課税され，固定資産税のように償却資産は課税対象となっていない。なお，都市計画税は固定資産税の課税標準額をベースに課税されるため，納税の便宜上，同じ納税通知書を使用して徴収している。
8) ただし，現状，標準税率を超えて課税している自治体は少ない。全国約 1,700 団体のうち，151 団体のみ実施（2022 年 4 月 1 日時点）。詳細は総務省 HP「超過課税の状況」参照。
9) この他，宗教法人，学校法人，医療法人などの施設等に対しても課税の観点から非課税制度が設けられている。詳細は前掲書，61-74 頁参照。
10) 簡潔に整理すると，同一の者が所有する固定資産のうち，土地 30 万円，家屋 20 万円，償却資産 150 万円未満の場合には課税されない。詳細は前掲書，145-149 頁参照。
11) 固定資産税の特例のうち，住宅用地については，課税標準は価格の 3 分の 1（200 m² までの小規模住宅用地については 6 分の 1）とされている。新築住宅については，2024 年 3 月 31 日までに新築された住宅で，新たに固定資産税が課されることとなった年度から 3 年度分（マンションの場合には 5 年度分）に限り，固定資産税額が 2 分の 1 に減額される（一定の面積要件あり）。この他，認定長期優良住宅，耐震改修やバリアフリー改修工事を行った住宅などについても減額措置がある。詳細は前掲書，122-130，299-331 頁参照。
12) 都市計画税の特例のうち，住宅用地については，課税標準は価格の 3 分の 2（小規模住宅用地については 3 分の 1）とされている。なお，住宅についての特例は設けられていない。詳細は各自治体 HP 等を参照。
13) 表 5-1 の実証分析については，同様に 5 年前（2017 年度）のデータと比較する。土地は最大（岐南町）/最小（白川村）が 4.1 倍，家屋は最大（輪之内町）/最小（東

　　白川村）が 2.1 倍，償却資産は最大（白川村）/最小（岐阜市）が 33.5 倍であった。

14) 総務省編「地方財政の状況（平成 31 年版）」によると，2007 年以前の徴収率を都市規模別にみていくと，政令指定都市は 93〜95％台で最も高く，それ以外の市町村は 90〜93％台などで推移していることが分かる。

15) 共同徴収機構は，茨城県，三重県，京都府などで実績がある。

16) 2019 年のふるさと納税に関する制度改正とは，2019 年度税制改正に伴い，寄附の募集を適正に行っている，返礼品の割合を 3 割以下にする，返礼品を地場産品にするという基準を守らない自治体には税制上の優遇措置を適用しないという新制度内容を指す。

17) 総務省の通知経緯や特定の自治体への波及効果等は，橋本・鈴木（2021）などを参照。

18) 主な補助金の内訳は，地方交付税が約 15％，国庫支出金が約 25％，地方譲与税が約 2％である。

引用・参考文献

a．和文文献

・伊多波良雄・壁谷順之「滞納と脱税を考慮する時の地方税滞納対策に関する研究」『経済学論叢（同志社大学）』63 巻 1 号，2011 年，29-63 頁。

・伊藤敏安「徴税費の追加による市町村税収入の増加可能性に関する考え方」『地域経済研究』24 号，2013 年，41-51 頁。

・伊藤敏安「ふるさと納税は市区町村間の歳入格差をもたらしているか？」『修道法学（広島修道大学）』45 巻 2 号，2023 年，27-36 頁。

・国税庁編『国税庁統計年報書（平成 18 年度版）』2006 年。

・固定資産税務研究会編『要説固定資産税（令和 3 年度版）』2021 年。

・齊藤由里恵『自治体間格差の経済分析』関西学院大学出版会，2010 年。

・市町村要覧編集委員会編『全国市町村要覧（令和 04 年版）』2022 年。

・税務経理協会「全国市町村税率一覧（平成 28 年度）」『税経通信（2016 年 11 月号）』。

・総務省編『地方財政白書（各年度版）』。

・高林喜久生『地域間格差の財政分析』有斐閣，2005 年。

・地方財務協会『地方財政統計年報（平成 21 年版）』，2009 年。

・西川雅史『財政調整制度下の地方財政—健全化への挑戦—』勁草書房，2011 年。

・橋本恭之・鈴木善充「ふるさと納税制度の見直しの影響について」『経済論集（関西大学）』70 巻 4 号，2021 年，557-571 頁。

・武者加苗「ふるさと納税の返礼品と観光施策」『札幌大学研究紀要』学系統合号 4 巻，2023 年，39-46 頁。

b．インターネット HP

・財務省 HP。　https://www.mof.go.jp/　（2023 年 8 月 31 日アクセス）

・総務省 HP。　https://www.soumu.go.jp/　（2023 年 8 月 31 日アクセス）

第6章
クラウドファンディングを活用した地域活性化

第1節　日本におけるクラウドファンディングの概況

クラウドファンディングはインターネットを利用して不特定多数の人から資金を調達する方法である。このような手法は以前からイベントなどの資金集めに使われてきたが，2000年にアメリカで専業のサイトが作られ，2010年以降全世界で多くの資金調達に利用されるようになった。

日本では2011年3月にREADY FOR（レディフォー）が実施したのが，クラウドファンディングの最初と言われている。同じ2011年に現在の最大手業者となっているCAMPFIRE（キャンプファイヤー）もクラウドファンディングのサービスを始め，徐々に市場が拡大していった。

東日本大震災の復興支援では，一般の人から広く寄付を募ったり，投資したりする仕組みとして，クラウドファンディングが非常に有効だった。READY FOR，CAMPFIREを始め多くの運営業者が積極的にプロジェクトの発掘を行い，復興庁も運営業者の協力を得て2018年からクラウドファンディング支援事業などを行った[1]。金融機関からの融資では不十分な資金をクラウドファンディングで集め，再生を果たした企業も現れ，東日本大震災の復興にクラウドファンディングが大きく寄与した。

映画「この世界の片隅に」の成功もクラウドファンディングが注目されるきっかけになった。「この世界の片隅に」は2015年に制作資金の一部をMa-

表 6-1　クラウドファンディング運営業者が必要な手続き

貸付型	第二種金融商品取引業の電子申込型電子募集事業の事業者登録
不動産型	不動産特定共同事業法による小規模不動産特定共同事業者の登録
投資型	第二種金融商品取引業の電子申込型電子募集事業の事業者登録
株式型	第一種金融商品取引業または小規模第一種金融商品取業登録 日本証券業協会による自主規制

出典：筆者作成

kuake（マクアケ）を通じたクラウドファンディングで調達した。エンドロールに出資者の名前をクレジットするというリターンが注目を集め，目標の2,160万円に対し，3374人から3,912万円の資金が集まった[2]。

　クラウドファンディングはインターネット上で公募して資金を集めるため情報を入手しやすく，また今までにない多様な資金調達手段として注目を集め，多くの運営業者が参入した。借入以外の新たな資金調達手段として，新商品開発や設備投資などに利用する中小企業が増えた。地域金融機関も取引先の事業支援や地域振興への協力として積極的に取り組むようになった。現在の国内のクラウドファンディング市場は2,000億円近くに拡大している。

　クラウドファンディングは，寄付型，購入型，貸付型（融資型），不動産型，投資型（ファンド型），株式型（株式投資型）の6つに大きく分類される。貸付型，不動産型，投資型，株式型については法律的な許可，登録手続きが必要である（表6-1）。これは一般の金融商品との類似性が強く，資金提供者である投資家を保護する必要があるためである。

　本稿では，主に購入型クラウドファンディングについて説明し，寄付型，貸付型，不動産型，株式型の4つについてはふれないこととする。寄付型は地域活性化にとって重要であるが，対象のほとんどが非営利活動であり，今回は十分な調査ができなかったため，本稿の対象にしないこととした。

　貸付型はソーシャルレンディングともいわれ，クラウドファンディングとは別の金融形態として分類されることもある。貸付型，不動産型は預金や債券などの金利がほぼゼロという低金利のなかで，高い利回りで運用されてお

表 6-2　大手クラウドファンディング業者 3 社の概要

	READY FOR	CAMPFIRE	Makuake
累計プロジェクト数	約 20,000 件 (2021 年 4 月)	79,000 件 (2023 年 3 月)	27,700 件 (2022 年 9 月)
累計調達金額	280 億円	750 億円	350 億円
手数料(決済手数料を含む)	17%，12%の 2 種類	17%	20%
目標達成率	約 75%	約 40%	不明

出典：各社ウエブサイトなどから筆者作成

り，投資家の人気を集めている。貸付型については，最終的な貸出先の多くは中小企業であるが，その企業の情報が一般的には公開されないため，本稿では取り上げないこととする。また，株式型や不動産型は近時急速に拡大しているが，東京など大都市圏の企業や物件がほとんどで，岐阜県の企業や物件での実施事例は見られないため，対象としないこととする。

なお，購入型クラウドファンディングの中には，資金調達という要素がほとんどなく実質的に EC 取引に近い形態を応援購入と言うことがある。本稿では応援購入も購入型クラウドファンディングに含めて説明する。

READY FOR, CAMPFIRE, Makuake の 3 つが購入型クラウドファンディングの大手業者である。3 社とも幅広いプロジェクトを取り上げているが，3 社それぞれに特色がある。3 社の概要を比較すると**表 6-2** のようになる。

READY FOR は社会的に必要な事業やサービスのために資金を提供するという点に力点があり，寄付型のプロジェクトにも力を入れている。また，目標額に達したときのみプロジェクトが成立する All Or Nothing 型を原則としており，目標額に達していなくてもプロジェクトが成立する All In 型は公共団体か上場企業のみ可能としている。All In 型は，資金が十分に集まらなくてもプロジェクトが実施でき，リターンも提供できる場合に限定し，プロジェクトの信頼性を高めている。実際，READY FOR の目標達成率は75%程度といわれ，高い達成度を実現している。

CAMPFIRE は日本で最も取扱高が多く，幅広い案件を対象としているこ

とが特色である。これは多くの人が自分の想いを実現するために必要なお金を調達する仕組みを作りたいという考えに基づく。また，個別のプロジェクトでなく，毎月事業者がサービスを届けてメンバーから毎月お金を受け取るという CAMPFIRE コミュニティというファンクラブ的な仕組みがある。

　Makuake は大手インターネット広告代理店サイバーエージェントの子会社で 2019 年に株式を上場した。Makuake はものづくりやガジェットなどの新商品開発に強く，現在ではクラウドファンディングと言わず応援購入としている。また，金融機関など多くの企業と積極的に提携を進めるとともに，親会社の関係でプロモーション戦略に優れているという特色がある。

第2節　クラウドファンディングの最近の動き

1　クラウドファンディングの市場規模

　株式会社矢野経済研究所の調査によれば，2021 年度の国内クラウドファンディングの新規プロジェクト支援額は年間の新規プロジェクト支援額ベースで約 1,642 億円であり，2017 年度〜2021 年度の間で最高値を記録した 2020 年度の約 1,847 億円よりおよそ 11％減少した。[（株）矢野経済研究所，2022]

　類型別にみると寄付型，購入型は 2020 年度に新型コロナウイルス関連プロジェクトで一時的に支援額が増加したことの反動によってやや減少した。また，貸付型も 2017 年，2018 年頃に相次いだ行政処分の影響で，撤退した企業や新規募集停止した企業があり，減少して以降低迷が続く。2022 年度は不動産型，株式型で増加が見込まれるほか，購入型も堅調に推移する見込みであり，2021 年度から増加するとみられている。[（株）矢野経済研究所，2022]

　市場が拡大するにつれて，多様なプロジェクトの資金調達がクラウドファンディングによって行われるようになった。社会的に話題となるようなプロジェクトであれば寄付を募って資金を集められるが，小規模なプロジェクトでは知り合いのつてを頼るなど，今までは資金調達が難しかった。クラウドファンディングはプロジェクトの内容を公開することによって不特定多数の

単位：億円

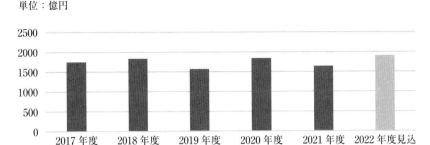

注 1. 年間の新規プロジェクト支援額ベース
注 2. 2022 年度は見込値
注 3.「事業投資型」「不動産型」「寄付型」「購入型」「貸付型（ソーシャルレンディング）」
　　「株式型」の 6 類型を対象とした。但しふるさと納税サイトは対象としていない。
　図 6-1　国内クラウドファンディングの新規プロジェクト支援額（市場規模）推移
出典：株式会社矢野経済研究所『国内クラウドファンディング市場の調査（2022 年）』（2022 年 8 月
3 日発表）

人から資金を集めることができ，資金調達の幅が大きく広がったと言える。

　まずふるさと納税の多くがクラウドファンディングのサイトを経由して行
われるようになった。ふるさと納税は寄付型にあたるが，寄付を行う個人は
さまざまな自治体のふるさと納税の目的や返礼品を比較して，より自分の希
望に合った地方自治体に寄付を行うことができる。ふるさと納税の場合，返
礼品目的の寄付が多く，クラウドファンディングの運営サイトで希望する返
礼品を選びやすくなったことで大きく増加した。また，ふるさと納税ではガ
バメントクラウドファンディングも行われ，クラウドファンディングサイト
で全国のプロジェクトの状況を簡単に知ることができる[3]ことも寄付型クラ
ウドファンディングの拡大に貢献している。

　次に類型別の動向を一般社団法人日本クラウドファンディング協会のクラ
ウドファンディング市場調査報告書によって見てみる[4]。本稿の中心となる
購入型については，EC 市場の拡大に伴って市場が拡大してきた。2020 年の
購入型クラウドファンディングの市場は 501 億円であり，新型コロナウイル
スに伴い，プロジェクト，資金提供者とも 2019 年の 169 億円から急増した（図

単位：億円

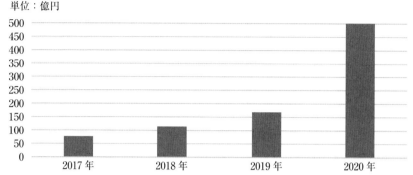

注．Makuake, READYFOR, CAMPFIRE（FAAVO 含む）, GREEN FUNDING, Motion Gallery, Kibidango, A-port の各サイトに掲載されている全案件の募集金額（実際に起案者が集めた金額）を集計。暦年ベース

図 6-2　購入型クラウドファンディング国内市場の推移

出典：一般社団法人クラウドファンディング協会『クラウドファンディング市場調査報告書』（2021 年 7 月 9 日）

6-2）。2021 年は 2020 年に急激に増加した反動でやや減少したと推測される。

　購入型クラウドファンディングが大きく増加した背景には，コロナ禍でクラウドファンディングがより一般的になったことが挙げられる。Makuake が 2019 年に東証マザーズ（現：東証グロース）市場に上場し，2020 年から TV で CM を行い，認知度が向上した。CAMPFIRE が新型コロナウイルス関連のプロジェクトについて 4 回にわたり手数料の減免を行った[5]ことでクラウドファンディングを実施する企業が大きく増加した。一方，消費者も外出が難しく，インターネットで新たな魅力ある商品を見つけることが楽しみになり，クラウドファンディングに興味を持ち，資金提供する人が増えた。

2　購入型クラウドファンディングの変化

　購入型クラウドファンディングは，EC 市場が拡大するにつれて，リターンの入手を目的として資金提供する場合が増え，プロジェクトの目的が資金調達から新商品の販売に変わってきている。これに伴い目標金額は開発費と別個に設定されるようになり，比較的目標額を少額にして，達成率を高くし

宣伝に使うという方法がとられるようになった。

　Makuake では自社事業を応援購入としており，2019 年の上場以降クラウドファンディングということばを使っていない。Makuake はまだ市場に出ていない新しい商品やサービスを企業がいち早く提供し，消費者が入手できる機会を作ることを目的としている[6]。このためリターンがより重要になる。

　応援購入を行っている運営業者には，Green Funding や Kibidango などがある。Green Funding はレンタルビデオ店 TSUTAYA を展開するカルチャーコンビニエンスクラブ（CCC）が運営している。クラウドファンディングということばを使っているが，実質的にはインターネット販売に近い。

　両社は目標達成率が約 80％と非常に高く，商品の目利きに優れている。すでに海外で販売されヒットした商品を，クラウドファンディングを使って日本で販売する場合も多い。製品だけでなく，出版・映像，エンターテイメントなどについてもクラウドファンディングでしか入手できないリターンを用意して応募者の意欲を高める仕組みが作られている。Makuake 同様に大企業の新商品のプロジェクトも多く扱っている。

　クラウドファンディング後の一般販売がCAMPFIRE，Makuake を中心に広がっている。CAMPFIRE ではマツモトキヨシと連携した matsukiyo-FIRE，ビックカメラと連携したビック FIRE などによって，プロジェクトの商品を実際の店舗で買える仕組みを作っている[7]。これによって一過性の販売だけでなく，クラウドファンディング後の販売拡大につなげられるようになっている。また，リターンは先行販売として，プロジェクト後の一般販売より割安にして資金を集めやすくする工夫も行われている。クラウドファンディングで資金集めに苦労した案件であれば中止するという判断も可能で，クラウドファンディングがテストマーケティングの場として活用されている。

　CAMPFIRE はネットショップの BASE 株式会社と連携し，BASE Apps の連携アプリを利用してクラウドファンディングのプロジェクトを立ち上げ

られるプログラムを提供している。BASE のネットショップは少人数で運営している個人業者が多く，人的時間的余裕がないため，この仕組みを使えばネットショップのプロモーションをクラウドファンディングのプロジェクトに活用できる。逆に CAMPFIRE でプロジェクトを実行した事業者が商品をそのまま BASE のオンラインショップで販売する仕組みもある[8]。

　Makuake はプロジェクトの商品をプロジェクト終了後もインターネットで販売する Makuake ストアという仕組みを有している[9]。これによってクラウドファンディングに参加しなかった人もリターンの商品を買うことができる。また，リアル販売イベントを開催し，消費者が実際に商品を見て買うことができる機会を提供している。

　一方，クラウドファンディング業者は資金提供者のリピーター化に力を入れている。クラウドファンディングに資金提供を行った人は，引き続きそのウエブサイトを閲覧し，興味あるプロジェクトにさらなる資金提供する傾向がある。特に Makuake では資金提供者の70％以上がリピート応援となっており，固定客の増強に成功している[10]。

第3節　クラウドファンディングに対する金融機関の取り組みと地域活性化

1　金融機関のクラウドファンディングへの取り組み

　岐阜県で早くからクラウドファンディングに取り組んでいる金融機関が高山市に本店を置く飛騨信用組合である。この背景には，飛騨地区では人口が減少し，産業振興が重要な課題になっていることがある。高山市は有名な観光地で多くの特産品があり，飛騨・高山観光コンベンション協会も地域資源を生かした新商品の開発や新規販売ルートの開拓に力を入れてきた。また，飛騨信用組合は，さるぼぼコインという地域通貨の取り扱いを行い，消費者が地元の観光業者や小売業者，飲食店を利用することを促進してきた。

　飛騨信用組合は2014年に地域活性型に特化した FAAVO（ファーボ）と提

携し，飛騨地区のクラウドファンディングを支援するようになった。取引先のニーズに合った事業支援を行う中で，新たな事業支援の仕組みとしてクラウドファンディングに注目し，地域特化型クラウドファンディングであるFAAVOの運営会社と連携することになった。FAAVOと提携したのは，地域特化型でニーズに合っていたこと，仲介手数料が比較的安いこと，All In型を取り扱っていたことによる。

　FAAVOは2012年6月に誕生し，地方の事業者や行政，金融機関などと連携し，FAAVOの運営を委託するエリアオーナー制度を設けていて，飛騨信用組合は飛騨地区におけるエリアオーナーになっていた。その後，FAAVOは2018年にCAMPFIREに事業譲渡し，CAMPFIREが展開するCAMPFIRE Localと統合され，地域専門のクラウドファンディングサイトFAAVO by CAMPFIREとして運営され[11]，飛騨信用組合との業務提携もCAMPFIREに引き継がれた。

　2021年にエリアパートナー制の廃止によってFAAVO by CAMPFIREはCAMPFIRE内の一般のクラウドファンディングとなり，現在はクラウドファンディング飛騨・高山として運営されている[12]。支援の累計額は2億円を超え，多様なプロジェクトの資金調達が行われてきた。なお，飛騨信用組合は現在Makuakeとも提携を行い，より多様なプロジェクトを支援できるようになっている。

　目標額に達していないプロジェクトもあるが，多くのプロジェクトは目標額以上の資金調達を行うことができている。プロジェクトは地元企業の案件が多いが，スポーツチームやイベントへの支援など必ずしも企業の案件に限られない。飛騨地区では観光地としてのイベントも多く，クラウドファンディングの実施は宣伝効果もあるため，現在でも積極的に利用されている。

　他の金融機関もクラウドファンディングを事業支援の一つのメニューとしている。CAMPFIREは大垣共立銀行や高山信用金庫なども業務提携を行っている。また，Makuakeは金融機関との業務提携に力を入れており，岐阜県では岐阜信用金庫や東濃信用金庫，十六銀行，高山信用金庫，飛騨信用組合

などと提携している。最近では，2023年5月に大垣共立銀行もMakuakeと提携を行った。大垣共立銀行はFundinnoとも提携しており，株式型クラウドファンディングにも対応している。

　信用組合や信用金庫は営業地域が限られており，地域経済の活性化を行うことは金融機関自身の基盤を守るためにも必要である［古里，2020，58-60頁］。クラウドファンディングの結果が良好な企業は，それを企業の力として評価し，貸出などの取引にあたって考慮されることもある。

　金融機関がプロジェクトにどこまで関わるかはケースバイケースであるが，金融機関は目標設定についてアドバイスを行うほか，プロジェクトサイトの見せ方や作り方についても助言することが多い。金融機関は必ずしもマーケティング的な視点に優れているわけではないが，幅広い業界と取引がありそこで得られた目利きの力がこのような第三者的な視点でアドバイスを行うのに役立っている。

2　行政や企業支援団体の取り組みと地域活性化

　岐阜県では，2016年から2018年にかけて商工会議所や商工会，金融機関などが盛んにクラウドファンディングのセミナーを開催し，企業に対する新しい支援策としてクラウドファンディングが推進されてきた。金融機関と商工会議所や商工会などの企業支援団体によって岐阜県クラウドファンディング普及促進連絡会議も開催された。

　個別のプロジェクトに対し，行政や商工会議所などの団体が積極的に協力する例もある。たとえば，2020年のCAMPFIREによる飛騨市のオンライン物産展のプロジェクトは飛騨市役所や飛騨市観光協会の支援のもと行われた[13]。同じような取り組みはMakuakeでも飛騨高山オンライン物産展が行われ，こちらは高山市産業振興協会が実施し，高山市役所や高山信用金庫が協力している[14]。

　岐阜県内の他地区のプロジェクトにおいても行政や商工会議所，商工会などが協力する例がみられる。美濃市の飲食店を応援する「まめなかな！　美

濃チケ！　みらい飯！」プロジェクトは美濃商工会議所が主催し，READY
FOR で実施された[15]。地元産品のクラウドファンディングは共感を得やす
く広告宣伝効果があり，地元企業の発展に有効だと考えられていると思われ
る。

3　クラウドファンディングによる地域活性化の課題

　現在，クラウドファンディングに対する支援は金融機関によって温度差が
あるように思われる。金融機関は取引先マッチングや商談会，事業承継対策
などさまざまな支援を取引先企業に行っており，クラウドファンディングも
その1つである。現在では，金融機関が企業の経営課題を解決し，事業を支
援するノウハウが向上する一方，クラウドファンディングの支援実績も増え
る中で，プロジェクトによってはクラウドファンディングでない支援策がよ
り有効だとして提案される場合もある。クラウドファンディングは資金調達
の一種であり，金融機関にとっては貸出業務と競合する面もあり，支援にあ
たってはその調整が必要になる場合もある。

　クラウドファンディングはプロジェクトが多岐にわたるため，金融機関は
プロジェクトごとにオーダーメイドで対応する必要があり，手間がかかる。
また，1プロジェクトの金額が小さいため，仮にプロジェクトが成功しても
手数料などの直接的なメリットが少ない。金融機関はストック型のビジネス
で効率性を重視するため，個別，少額という性質は金融機関に不向きである。
クラウドファンディングの支援には，マーケティング的な要素も求められる
が，金融機関では人事異動が多く，専門的な知識をもつ人材を育てにくいと
いう問題もある。

　行政による支援においても同様な課題がある。新型コロナウイルス禍では
クラウドファンディングによる地域企業の支援は重要であったが，現在は事
業承継の支援や起業支援，DX 化の支援により重点が移っているように思わ
れる。また，行政においては予算の制約やバランスのとれた政策が求められ
るといった問題や，人事異動が多く専門的知識を高めることが難しいという

金融機関と共通の課題もある。

　クラウドファンディングはプロジェクトを実施する企業にとっては，短期間の勝負であるため仮に失敗しても，それに伴う損失が少なくてすむ。運営会社に支払う費用も資金調達できた金額に比例する金額のみである。また，リターンに開発した商品以外のものも提供でき，企業の自由度が高いというメリットもある。企業がテストマーケティングを行うのに使いやすい仕組みである。逆にこのような機動的な仕組みは金融機関や行政は対応が難しい。

　一方，プロジェクトがインターネット上に残り続けるため，資金集めが不調に終わった記録が残り，今後の商品の販売に悪影響が出る可能性がある。このため，成功率の高いプロジェクトをなるべく取り上げ，目標額も低めに設定し，確実に目標を達成できるようにアドバイスが行われる場合もある。なお，飛騨信用組合では，プロジェクトに必要な金額をベースに，ターゲットの範囲，実施者の状況，開発する商品の予定数量などから，支援が得られそうな金額を見積もって，実施者と相談の上，目標額を設定している。

4　ローカルクラウドファンディングの取り組み

　十六銀行では，子会社の「カンダまちおこし」がローカルクラウドファンディングである OCOS の運営を 2022 年 7 月に開始した。事業計画の練り上げに銀行の担当者も協力し，十六銀行の店舗ネットワークを支援者募集に役立てていて，法人や年配者からの資金提供が多い。プロジェクトはほぼ岐阜県の案件で，2023 年 8 月現在で 22 のプロジェクトの募集が終了し，9 プロジェクトが募集中となっている。目標金額に達したものは 8 プロジェクトとやや少ないが，ほとんどのプロジェクトが 100 万円以上と高い目標額を設定しているためであると思われる。OCOS では寄付型や投資型のクラウドファンディングも取り扱っているが，現在までのプロジェクトはほぼすべてが購入型となっている。また，2023 年 8 月から原稿作成，写真撮影，SNS による情報発信などのプロジェクト作成全体をサポートするプランを提供開始している。

第4節　岐阜県のクラウドファンディングの事例と地域活性化

1　セキュリテによる投資型クラウドファンディング

　岐阜県でもクラウドファンディングのプロジェクトはコンスタントに実施されている。プロジェクトの内容も多岐にわたっている点は全国と同じで，クラウドファンディングによって多様な資金調達が可能になっている。

　初期はセキュリテが行う投資型クラウドファンディングが多かった。地ビール飛騨ファンド，特別純米酒深山菊ファンド，小林生麺による低糖質麺ファンドなどがその例である（表6-3）。低糖質麺は小林生麺の主力商品の1つとして，深山菊は舩坂酒造店における人気商品として現在も販売が続けられている。

　現在もセキュリテでは投資型クラウドファンディングを継続しているが，匿名組合を作り収益を分配するなど仕組みが複雑であるため，岐阜県では現在，購入型クラウドファンディングの利用が大半を占めている。

表 6-3　岐阜県における投資型クラウドファンディングの事例

商品	地ビール飛騨	低糖質麺	特別純米酒深山菊
募集会社	株式会社地ビール飛騨	小林生麺株式会社	有限会社舩坂酒造店
募集総額	399万円	420万円	525万円
会計期間	2014年7月〜 2019年6月	2015年3月〜 2018年3月	2015年3月〜 2018年3月
償還率	90%	107%	115%

出典：セキュリテのウエブサイトから筆者作成[16]

2　新型コロナウイルス禍と購入型クラウドファンディングの拡大

　新型コロナウイルス関連プロジェクトについてCAMPFIREが手数料無料を実施したため，2020年から2021年に多くのプロジェクトが行われている。

図 6-3　ヨーグルトリキュール
出典：筆者撮影

　たとえば，有限会社蒲酒造場はヨーグルトリキュールのプロジェクトを
CAMPFIRE で実施し，50 万円の目標額に対し，160 万円の資金を集めた[17]。
当社では乳製品を使ったリキュールを考えていたところ，地元の乳製品会社
である牧成舎が，新型コロナウイルスで給食用の牛乳が出荷できなくなった
ことを知った。そこで，牧成舎にヨーグルトリキュールを作ることを持ち掛
け，具体的な商品開発が始まった。観光協会元職員からクラウドファンディ
ングのへの取り組みを紹介され，その協力や飛騨信用組合の支援を得て，プ
ロジェクトを実施した。新製品はクラウドファンディング実施の2ヵ月後に
完成したが，観光客にも好評で現在も販売を行っている。さらに資金提供し
た人をフォローすることで全国に新しい顧客を作ることができた（**図6-3**）。
　また，鉄製品を製造している有限会社山口鐡工所はほぼ BtoB のビジネス
に特化していたが，知り合いにアウトドア製品を製作したのをきっかけに一
般消費者向けに焚火台 Kurogane を製作し，Makuake でクラウドファンディ
ングを行い，目標額 30 万円のところ 440 万円の資金を集めた[18]。現在は
AZUMOA ブランドでネット販売しており，飛騨市のふるさと納税の返礼品
にもなっている。

3　おうちで飛騨牛プロジェクトと株式会社ヒダカラ

　岐阜県の購入型クラウドファンディングで特に有名なのは，1 億円を集めた「おうちで飛騨牛」プロジェクトである。「おうちで飛騨牛」は CAMP-FIRE によって 2020 年 4 月から 5 月にかけて募集が行われたクラウドファンディングのプロジェクトである。

　2020 年 3 月に飛騨地区を訪れる観光客が減少したため，牛肉の在庫が市場や精肉店で増加し，飛騨牛の価格が下落していた。現状をつかんでいた JA ひだが十六銀行に相談したところ，クラウドファンディングの利用が検討された。この検討のメンバーに株式会社ヒダカラの舩坂社長や飛騨信用組合も加わり，4 月 14 日に株式会社ヒダカラが JA ひだに提案書を提出し，その後数日間でプロジェクトが決定し，肉の日に合わせて 4 月 29 日に募集を開始した。募集期間は 2 週間だったにもかかわらず 1 万人から計 1 億 1,400 万円の資金を集めることに成功した[19]。株式会社ヒダカラの舩坂社長は，前月の飛騨市のオンライン物産展のクラウドファンディングでも中心としてプロジェクトに携わっており，この経験が生かされたと考えられる。また社長が前職の大手 EC サイトで働いた経験も役に立ったと思われる。

　CAMPFIRE ではこのプロジェクトの成功要因を次のようにとらえている。オール飛騨の強みを生かす協力体制がすばやくでき，美味しい飛騨牛を食べてほしいというメッセージも消費者の支持を得た。プロジェクトの企画の中心である株式会社ヒダカラが適切なリターン品を設定し，ウエブページも肉質の魅力が伝わるように製作した。また，参加機関がそれぞれの強みを生かし，関係している地元メディアを中心にプレスリリースを計 16 回配信し，マスコミで報道されたこともこのプロジェクトの PR に有効だった。おうちで飛騨牛プロジェクトは 2021 年 7 月に第 2 弾が行われ，2,000 万円を集めることに成功している[20]。

　その後，株式会社ヒダカラは白川村の石豆腐（**図 6-4**）を製造販売している深山豆腐店の事業承継にも CAMPFIRE でクラウドファンディングを行い，251 人から 126 万円を集めている[21]。このプロジェクトは第三者へ事業承継

図 6-4　石豆腐
出典：ヒダカラ提供

を行う新しい試みとしてテレビでも報道され，承継した店舗で製造販売している石豆腐は人気商品となっている。

　現在，ヒダカラは飛騨の名産品を楽天のEC サイトで販売したり，イベントを行ったりしている。また，他の業者のEC サイトでの販売支援やクラウドファンディングのプロジェクト制作支援も行っている。当社が支援したつむぎ果樹園の桃アイスのプロジェクトは現在 CAMPFIRE で募集中であるが，2023 年 8 月 15 日現在で目標額の約 8 倍である 156 万円の資金調達に成功している[22]。

4　飛騨高山ウイスキー蒸溜所

　最近では，廃校になった小学校の跡地を利用して，有限会社舩坂酒造店が飛騨高山に地ウイスキーの蒸溜所（**図 6-5**）を建設するプロジェクトが注目を集めた。日本の地ウイスキーは海外で評価が高く，その輸出額は急速に増加している。2022 年には地ウイスキーの輸出額は 560 億円となり，日本酒の輸出額 475 億円を上回っている[23]。この中で大手メーカーとともに地ウイスキーを生産するクラフト蒸溜所が続々と各地に設立されている。

　舩坂酒造店では蒸溜所の建築に必要な資金を社債や補助金で調達するとともに，クラウドファンディングも利用した。クラウドファンディングは 2023 年 5 月に Makuake で行い，200 万円の目標額に対し，3,700 万円が集まっ

図 6-5　蒸溜装置
出典：舩坂酒造店提供

た[24]。2023年4月にウイスキー製造の免許を取得し，蒸溜を開始しており，中部電力のダムの構内に貯蔵して3年以上熟成する。きっかけは富山の酒造会社である若鶴酒造を訪問したとき，地ウイスキーの製造現場である三郎丸蒸留所を見学したことである。また，高山地区であれば蒸溜所の見学に観光客が呼べると考えたことも大きな要因だった。

　原酒の提供や蒸溜所の設計，製造は三郎丸蒸留所の支援を受けており，ブレンディングノウハウも外部のブレンダーの指導を受けてプロジェクトのウエブサイトでも説明されている。さらに，数多くの協力者や小学校の元校長の応援メッセージなどを効果的に利用し，応援したいというストーリー性を高めている。リターンは一口樽オーナーの権利で，1口250万円のカスクオーナーとなる権利は限定3口とも買い手がついた。地ウイスキーは熟成によって価値が上昇するため，先行して権利を入手するメリットがあり，クラウドファンディングに適しているといえる。

5　まとめ

　以上の事例から，岐阜県でもクラウドファンディングには多種多様な取り組みが行われ，その背景もプロジェクトごとにかなり異なっていることがわかった。地域活性化に役立つ決まったクラウドファンディングの形はない

が，地域性をうまくアピールすることが成功につながりやすい。クラウドファンディングは多様な資金調達シーン，特に新商品開発にとって有効であると考えられる。新商品開発の背景をストーリーとしてプロジェクトで提供でき，これに対する応援の気持ちが資金提供につながる。そのため，小規模企業や地方の企業のほうがストーリー性を打ち出しやすい面があると思われる。また，山口鐵工所のようにBtoBの事業を行っている企業がBtoCの事業に進出する場合は，クラウドファンディングはテストマーケティングとして機能し，新たな事業展開を行う際のリスクを低くしたり，ブランド化したりすることに有効だと考えられる。福田刃物工業株式会社のKISEKI:プロジェクトはその成功例であり，節を改めて記述する。

第5節　福田刃物工業株式会社のKISEKI:プロジェクト

1　福田刃物工業株式会社の概要と特色

　福田刃物工業株式会社は1896年創業，1949年会社設立。関市で工業用機械刃物の製造販売を行っている老舗企業である。

　製造の特色としては，材料の調達から完成まですべて一貫生産で行っているところにある。切削，研磨，熱処理，ろう付けなど約40工程をすべて自社で行っている。刃物製造業者ではこれらの技術は職人的な熟練が要求されるが，当社では単なる熟練労働者の勘に頼るのではなく，機械を使い数値によって裏付けられた加工技術によっている。

　また営業を自社で行っていることも大きな特色である。2000年以前は半分以上を代理店経由で販売していたが，大胆な営業改革を行い，すべて直販に切り替えていった[25]。このことによって，当社の営業が顧客の声を直接聞くことができ，顧客のニーズを深掘りできるとともに迅速な対応が可能になっている。営業所が本社，東京，福岡に限られる中で，営業担当社員は売上目標やノルマがなく全国各地で自由に営業ができるため，積極的に新規開拓を行うとともに，自分たちの考えに基づいて顧客の要望に応えられる営業

を行い，売上を増やしている。製品のほとんどはオーダーメイドであり，30人の営業部員が顧客からの情報を入手し，ニーズに合った製品を提供できるようにしている。

　この背景には社長の方針によって，現場の社員に任せることが当たり前で，社員が自主的に活動できる企業文化が醸成されていたことがある。現場に権限を委譲する経営は製造部門でも生かされている。社員が自主的に改善活動や多能工化に取り組むようになり，生産現場で行われた改善努力によって生産の効率化が図られ，業績に表れるようになった。特に改善提案を経営者が実施するか判断する改善提案方式から，実施した改善を事後に報告する改善実施報告方式に変更したことによって，新しい発想に基づいた改善が次々と行われ，現場のやる気を高められている[26]。

　こうして年間約1万5000個の多種多様なすべての製品を自社一貫生産体制で受注生産することで競争力が高まり，増収増益と成長が続いている[27]。現在は第5工場まで増設しており，増加する受注に対応できるように生産能力を拡充している。工場の建設にあたっても製造現場の要望をできるだけかなえ，社員が働きやすいようにしている。リサイクル用粉砕刃物は用途に合わせて異なる材質の刃を使用しており，ヒット商品となっている。

2　KISEKI：プロジェクトの始まりと経過

　当社では積極的な営業により他社より顧客ニーズに合った商品を提供し，売上を伸ばしていたが，工業用刃物は市場が縮小しており，今後，会社を発展させるには，異なる分野に進出する必要があった。新型コロナウイルス禍で工業用刃物の売上が減少する中，当社の売上はむしろ増加し，業績は好調に推移しており，新しい分野に進出するチャンスだととらえた。当社では工業用刃物を中心にBtoBに特化して事業を行ってきたが，社長は米国でマーケティングを学んだ経験があり，新しい分野としてBtoC事業への参入を検討していた。当社では工業用刃物というBtoB事業においても営業が顧客のニーズをくみ上げて売上を増やしており，BtoC事業に参入する準備は十分

図 6-6　超硬合金包丁
出典：福田刃物工業提供

できていたといえる。

　KISEKI:プロジェクトは実現におよそ2年費やした。超硬合金は加工が難しく，価格も高くなるため，包丁として使われてこなかった。日本国内では超硬合金の包丁は生産されておらず，わずかにイタリアで少量作られていたが，量産品は世界で例を見なかった。超硬合金はダイヤモンドに次ぐ硬さであり，従来とは異なる切れ味の包丁ができると当社では考えた。今までの技術的な蓄積により，チャレンジングな面はあるが開発の可能性は十分あると考え，開発に着手した。

　開発は容易ではなかった。超硬合金で包丁の刃を作るときに切りにくかったり，欠けたりしないように刃の形や刃先の厚さなどを何百回と実験し，現在の刃を編み出した。刃の素材は日本特殊合金株式会社が，有害物質を含有しない包丁用として使える KS111 という超硬合金として開発したものである。刃は 1000 分の 1 mm の精度で形状を加工し，刃身の厚さを通常のステンレス包丁の約2分の1の 1.2 mm まで研ぎ上げている[28]（図6-6）。

　非常に硬く薄い刃を使うことによってまさにスパッと野菜などが切れ，通常の包丁とは異なる切れ味を実現している。持ち手の木の部分の加工も複雑で5軸加工機を転用した専用機によって行っており，特許を取得している。

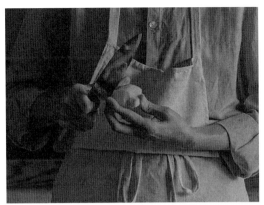

図 6-7　超硬合金包丁による調理
出典：福田刃物工業提供

　KISEKI:プロジェクトは Makuake を利用して先行販売した。Makuake を利用したのは，手数料がやや高いが，過去のプロジェクトを調べ，包丁の先行販売に適していると判断したためである。2022 年 5 月ごろには 80％程度完成し，2022 年 11 月クラウドファンディングでの募集を行った[29]。このプロジェクトの特色としてプロモーションも営業でなくエンジニアが行ったことが挙げられる。プロジェクトのウエブサイトはストーリーをふんだんに盛り込んで作られており，料理人のコメントも効果を上げている。また包丁の性能をわかりやすく表示するとともに，切れ味を実演する動画を掲載して製品の特色がよくわかるようにしている。

　Makuake でのクラウドファンディングでは目標額 30 万円に対し，100 倍以上の 4,053 万円を集めた。資金を提供した人は 1450 人にのぼる[29]。資金提供者は主に個人だが，家庭で使用する一般消費者もいれば，飲食店で調理を行うプロの調理人もいる（**図 6-7**）。資金提供の多くは KISEKI:の包丁のリターンを手に入れることが目的であり，KISEKI:包丁の性能を評価したものである。

　開発の過程で調理人の意見を聞いて作られており，またプロの調理人が

SNS で KISEKI: を紹介しプロモーションに役立つなど調理人とのコラボレーションをうまく活用している。事前にマスコミに情報をリリースし新聞やテレビなどで取り上げられる[30]とともに，SNS で開発ストーリー「おいしい包丁の物語」を発信したり，社員も積極的に広報活動したりするなどクラウドファンディング以外でもプロモーションを組み合わせて行ったことが成功につながったといえる。

3　クラウドファンディング終了後の KISEKI: プロジェクト

　クラウドファンディング終了の3ヵ月後である 2023 年3月から KISEKI: は税込み価格 34,560 円で，当社の EC サイトで一般販売を開始した。一般販売も好調で受注に生産が追いつかず新しく機械を増設し，受注に対応できるよう生産体制を強化している[31]。

　EC サイトは会社のホームページとは別に KISEKI: 専用のホームページを作り，そこで KISEKI: の宣伝を行うとともにオンラインストアとして注文に対応している。KISEKI: の包丁は楽天，Amazon などの一般の EC サイトでは販売しておらず，専用のホームページからのみの販売である。Makuakeではクラウドファンディング後も商品を販売するオンラインショップを運営しているが，当社では利用していない。これは KISEKI: の包丁は長寿命をうたっており，一生修理保証（有償）のサービス，無料で研ぎなおしを行うサービスをつけており[32]，購入者の会員管理が必要であるからでもある。

　販売促進策としては，体験イベントを実施して実際に包丁の切れ味を確かめられる機会を設けている。また，SNS などの情報発信を引き続き行っている。4月から専用砥石をオンラインショップで販売しており，自分で研ぎなおしを行うこともできる。

　当社では KISEKI: を一般消費者向け製品のブランドとして事業の第2の柱にしていく計画である。社内に開発，マーケティング，生産担当で7人の専任チームを作って体制を強化している。現在はまだ包丁だけであるが，2023 年 11 月にペティナイフの発売を予定している。クラウドファンディン

グを今後行うかも慎重に検討しており，KISEKI:がブランドとして認知されるよう，安易に製品の種類を増やさないという方針をとっていると思われる。

　KISEKI:専用のホームページも非常に洗練された高級感あふれる作りになっている。当社では他社のよいところを積極的にまねしつつ，他社がまねできない当社独自のものを作っており，KISEKI:ブランドでは今までにない新しい製品を開発し，販売する予定である。

第 6 節　購入型クラウドファンディングをどのように活用するか

　クラウドファンディングは最低金額 1 万円以上（READY FOR は 5 万円以上）とハードルが低いため，小規模事業者でも取り組みやすく，実際多くのプロジェクトが小規模事業者によって行われ，成功している。しかし，小規模事業者は人材やノウハウが不足するため，それを補ってクラウドファンディングを成功させるにはどうしたらよいかを考察する。

　購入型クラウドファンディングの成功要因については，主にプロジェクトのウエブサイトの作り方として多くの研究が行われてきた。石田＝大平＝恩蔵による実証研究では，説明文の文字数が多い場合や動画を用いた場合クラウドファンディングは成功する傾向にあることが示されている［石田他，2021，10-14 頁］。また，内田他による実証研究では動画・画像による説明が文章による説明より有効であり，募集期間や目標金額が増えると成功率が低下するという結果が得られている。［内田他，2018，213-220 頁］

　CAMPFIRE では自社のウエブサイトに統計データを公表し，今後クラウドファンディングでプロジェクトの実施を検討する人に役立つ情報を提供している[33]。これによれば，支援経験者のプロジェクトは目標達成率が高く，目標金額が小さいプロジェクトは目標達成率が高い。また，リターンの種類が多く，説明が詳しく画像や動画を効果的に利用するほど達成率が高くなっている。

　このような情報は貴重であるが，事業者がクラウドファンディングについて必ずしも十分な知識がないため，具体的なプロジェクトを進めるにはサポートする人が必要である。運営会社にはキュレーターという担当者がプロジェクトごとについて，事業者と打ち合わせし，必要なサポートを行う伴走者となって，プロジェクトを実施する。金融機関が仲介するケースでは，むしろ事業者のことをよく知っている金融機関の担当者がキュレーター的な存在としてサポートすることもある。岐阜県でもプロジェクトを実施した事業者の多くは，運営会社や金融機関などからのアドバイスを受けており，それが成功に大きく役立っている。

　購入型のクラウドファンディングでは，新商品開発に関わるプロジェクトが増えている。新商品開発では，売上を上げるために顧客から認知されることが重要である。購入型クラウドファンディングにおいては，社会問題に関心があり，好奇心が強く新しい商品を入手したいと考える資金提供者が多い。こういった人々に魅力的に映る商品をリターンとして提供するとともに，閲覧者の共感を得られるストーリー作りが大切である。そのためには，プロジェクトをウエブページに掲載した後も活動報告をこまめに行い，資金提供者の共感を高めていくことが必要である。

　購入型クラウドファンディングの利用については，応援購入のようなテストマーケティングの場と返済が不要な小規模な資金調達の場という2つの側面があり［三菱UFJリサーチ＆コンサルティング，2020, 19頁］，プロジェクトがどちらの目的に近いかによって進め方が異なる。

　応援購入はECにかなり近く，資金提供者の目的は早く安くリターンを入手することである。そのため，ECで販売するノウハウがほぼ共通してあてはまる。例えば，競合との差別化を図る，SEO対策を行う，SNSを活用するといったことである。クラウドファンディングの場合，情報が多い方が閲覧者は資金提供の可否を判断しやすく，ストーリーとともに商品の性能や特色をより詳しく説明する必要がある。株式会社ヒダカラはECサイトによるネット販売と並行して，クラウドファンディングに取り組んでいるが，EC

取引のノウハウがクラウドファンディングの成功に生かされている。

　クラウドファンディングはECに比べリターンの設計に自由度があり，新商品以外のものもリターンとして組み込むことができる[34]。また，プロジェクトが定型化されており，手数料も調達金額の一定割合であるため，初期費用が少なくてすむ，といったメリットもある。

　クラウドファンディングは顧客の声を集められるというメリットもある。プロジェクトのサイトは質問を受けられるため双方向のコミュニケーションができ，資金提供者はアンテナの高い人が多いため，SNSでクラウドファンディングに応募した感想などを発信することも多い。さらに，資金提供者のデータが入手できるため，そのデータをもとにDMを送って今後の販売に役立てることができる。資金提供は東京など遠隔地からも行われ，通常の営業ではアクセスが難しい顧客を開拓できる。

　一方，資金調達を目的とする場合は寄付型に近くなり，リターンの商品よりもストーリーがより重要になる。事業者がなぜそのプロジェクトを実施するのか，社会的にどのような意義があるのか，資金は何に使われるのか，といったことをウエブサイトで説明し，共感を得る必要がある。

　プロジェクトを成功させるためには，クラウドファンディングのウエブサイト以外でも，プロジェクトの情報発信や宣伝を行うことが重要である。多くのプロジェクトでSNSによる告知，知り合いによる応援メッセージなどがより多くの支援者を集めることにつながっている。できればプレスリリースを行い新聞やテレビなどのマスコミ，あるいはインターネット上の記事に取り上げてもらうとより有効である。

第7節　クラウドファンディングの課題と展望

　クラウドファンディングはニュースで取り上げられる機会も増え，一般の人の認知も進んでいる。クラウドファンディングを知っている人は42%，名前を聞いたことがある人は44%となっていて，認知度は若い世代ほど高い。

［三菱 UFJ リサーチ＆コンサルティング，2020，13 頁］現在ではさらにクラウドファンディングの認知は進んでいると考えられる。最近では首里城再建支援や国立科学博物館支援のプロジェクトが多額の寄付を集めており，クラウドファンディングは社会に根付いてきている。購入型クラウドファンディングにおいても CAMPFIRE で PrinCube というモバイルプリンターが 3 億円を超える資金を集めた[35]。ほかにも 1 億円を超えるプロジェクトがいくつか生まれている。不特定多数の人から資金を集めたい，あるいは新商品開発にテストマーケティングをしたい，という社会的ニーズにクラウドファンディングが応えてきたと言える。

　一方でクラウドファンディングが社会に定着するに伴って，以前より話題性は小さくなっている。このことは資金提供者の新しいものへのワクワク感に影響する。クラウドファンディングが一般的になれば資金提供者の裾野は広がるが，今までの資金提供者の意欲が低下してしまう懸念がある。プロジェクトを実施する事業者は資金提供者の関心や意欲を引き出す工夫が求められる。クラウドファンディングの普及は，クラウドファンディングにとって追い風であるとともに，逆にマイナス要因ともなるのである。

　また，分野は異なるが芸能やスポーツではファンが応援する人やチームに資金を提供する"推し"活動が活発に行われるようになっている。クラウドファンディングもプロジェクトのストーリーに共感して応援しようという資金提供者の気持ちが大きな要因となっている。このように顧客の感情に訴えかけるファンマーケティングの手法が広まっている。しかし，他のファンマーケティングの市場が広がればそこに消費者のお金が投下され，クラウドファンディングの市場が縮小する可能性もある。

　クラウドファンディングの運営業者が赤字であることも大きな問題である。3 大運営業者は，より支援が得られるプロジェクトを発掘したり，プロジェクトの企画を工夫したりできるスタッフの拡充を図っている。必要な先行投資であるが，コロナ禍という特殊要因がなくなりプロジェクトの件数はピークから減少しており，今後も不透明である。Makuake は上場に伴い資

金を調達し，READY FOR，CAMPFIRE も増資を行って資本充実を図っており[36]，現在のところ資金不足になるような状況ではない。しかし，運営業者の赤字が続けば，クラウドファンディングの仕組みは成り立たなくなってしまう。

　クラウドファンディングがさらに拡大していくためには，資金提供者を適切に保護する仕組みも欠かせない。三菱 UFJ リサーチ＆コンサルティングの調査によれば購入型クラウドファンディングでトラブルや困ったことを経験した人は日本では比較的少ない。[三菱 UFJ リサーチ＆コンサルティング，2020，24-25 頁]これは，運営業者の審査が比較的しっかり行われ，トラブル時の対応も適切であるからだと考えられる。しかし，クラウドファンディングが投資だというとらえ方では，資金を提供した人を消費者として保護することが難しい。市場の拡大のためにはクラウドファンディングが実質EC 化しているなど実情にあった法規制を行い，安心して資金提供できる仕組みが必要であろう。[井上，2020，30-32 頁]

　ここで取り上げた事例を見ると，クラウドファンディングは新事業を展開する際のテストマーケティングに有効だと考えられる。ただし，アイデアを実際のプロジェクトに具体化し，資金提供者の支援を得るためには，福田刃物工業株式会社のように日常的に社員が自分のアイデアを提案し，組織的に改善を進められることが必要であろう。自社で企画を作り上げることは大変ではあるが，運営業者や金融機関などの協力も得て自社で企画しないと社内のノウハウが蓄積できない。新事業を展開するためには社内体制の整備が必要であり，クラウドファンディングはその第一歩になると考えられる。

　クラウドファンディングは個人や任意団体でも可能である。他人から資金提供を受け，プロジェクトを行うことはひいては起業につながる。あるいは都会で勤務している人が副業として協力するということも考えられる。市場規模が小さく，人口減少と高齢化に悩む地方において，クラウドファンディングの柔軟な仕組みは地域活性化に適していると考えられる。

　岐阜県は小規模事業者も多く，これらの事業者を支援し，地域経済を発展

させることが地域活性化のために必要であり，クラウドファンディングがその 1 つであることはこれからも変わらないだろう。岐阜県の中小企業が資金調達や新商品発売の場として，クラウドファンディングがより効果的に活用され，岐阜県の活性化が図られることを願って，結びとする。

謝辞

　本稿の作成にあたっては，多くの関係者から取材にご協力いただいた。ご協力くださった方々をここに記し，深謝の意を表する。大垣共立銀行株式会社，有限会社蒲酒造場，小林生麺株式会社，株式会社ヒダカラ，飛騨信用組合，福田刃物工業株式会社，有限会社舩坂酒造店，有限会社山口鐵工所，湯峰ソーイング株式会社

注

1) 復興庁クラウドファンディング支援事業（被災地企業の資金調達等支援事業）について　https://www.reconstruction.go.jp/portal/sangyou_nariwai/cf/20190305151135.html
2) https://www.makuake.com/project/konosekai/
3) https://furu-sato.com/magazine/15927/
4) http://safe-crowdfunding.jp/wp-content/uploads/2021/07/CrowdFunding-market-report-20210709.pdf
5) 2023 年 8 月 19 日時点で 5811 件，122 億円の新型コロナウイルスサポートプログラムが実施されている。該当する場合は 12%のサービス手数料が無料となるほか，一部のプロジェクトにおいては 5%の決済手数料も無料になっている。実施時期は 2020 年 4 月〜7 月，2020 年 8 月〜10 月，2021 年 4 月〜5 月，2021 年 7 月〜8 月。
   https://campfire.co.jp/press/2020/07/01/kddi-covid-sp
   https://campfire.co.jp/press/2022/08/16/campaign,
   https://campfire.co.jp/press/2021/04/26/covid-19-support
   https://campfire.co.jp/press/2021/07/09/covid-19-support
6) Makuake　2020 年 9 月期決算説明資料 4-8 頁。
7) https://campfire.co.jp/press/2023/04/21/matsukiyo/（matsukiyoFIRE），https://www.biccamera.com/bc/c/service/bicfire/productentry.jsp（ビックFIRE）
8) https://baseu.jp/information/20201222
9) https://store.makuake.com/
10) Makuake　2022 年 9 月期決算説明資料 14-16 頁
11) https://www.fashionsnap.com/article/2018-04-03/faavo-by-campfire/

12）https://camp-fire.jp/curations/hidatakayama

13）https://camp-fire.jp/projects/view/245855，飛騨市の14社が参加　支援者 460人，支援総額2,387,180円

14）https://www.makuake.com/project/hidatakayama-bussan/　支援者846人，支援総額2,811,000円

15）https://readyfor.jp/projects/minocci　支援者289人，支援総額3,214,000円

16）https://www.securite.jp/fund/detail/3571（小林生麺），https://www.securite.jp/fund/detail/486（地ビール飛騨）
https://www.securite.jp/fund/detail/910（純米酒深山菊）

17）「CF限定先行販売　飛騨のお米の純米酒と生乳を使ってヨーグルトリキュールを作りたい」https://camp-fire.jp/projects/view/266908

18）「質実剛健を極めるステンレス焚火台「鐵火―Kurogane―」」https://www.makuake.com/project/azumoa/

19）「おうちで飛騨牛　みんなで大切に育てた飛騨牛を「今」美味しく食べてほしい！」https://camp-fire.jp/projects/view/265287

20）https://camp-fire.jp/projects/view/464116

21）https://camp-fire.jp/projects/view/486829

22）https://camp-fire.jp/projects/680745/activities/501211

23）国税庁「最近の日本産酒類の輸出動向について」（令和5年度）

24）https://www.makuake.com/project/whisky-hida/

25）「創業122年福田刃物工業株式会社」『週刊ダイヤモンド』2018年12月19日号，「革新の創造力」『プログレス』2023年1月1日号16-17頁，日刊工業新聞特別取材班『モノづくり中部　技術・技能自慢2021年度』日刊工業所新聞社，2021年，246-249頁。

26）「革新の創造力」『プログレス』2023年1月1日号16-17頁，西田渉「闘う！　カイゼン戦士62」『工場管理』日刊工業新聞社，vol. 68，No. 3，2022年，1-3頁。

27）日刊工業新聞特別取材班『モノづくり中部　技術・技能自慢2021年度』日刊工業所新聞社，2021年，246-249頁。

28）「超硬合金の三徳包丁開発」中部経済新聞2022年5月10日，「超硬合金包丁　早くも人気」中部経済新聞2023年4月13日

29）「料理人も驚いた「おいしい切れ味」。｜超硬合金包丁KISEKI：」https://www.makuake.com/project/fukuda_kiseki/

30）「家庭用包丁　超硬合金で進化」中日新聞2022年10月27日，「超硬合金の包丁開発」岐阜新聞2022年11月5日，「おいしくなる包丁　夢は世界進出」朝日新聞2022年11月23日。

31）「高級包丁　第2の柱に　福田刃物，専用設備を導入」日刊工業新聞2023年4月21日，「超硬合金包丁の生産能力増強」中部経済新聞2023年4月24日

32）https://kiseki-products.jp/，https://www.makuake.com/project/fukuda_kiseki/

33）「CAMPFIRRE統計データ」CAMPFIRE HP（https://camp-fire.jp/stats）

34）https://aoni.jp/note/market-size-crowdfunding/
35）https://camp-fire.jp/projects/view/211040　支援者 2 万人，支援総額 303 百万円
36）READY FOR　2020 年〜2022 年に 33 億円，CAMPFIRE　2020 年に 36 億円，2023 年に 10 億円，Makuake　2021 年 2 月 38 億円

引用・参考文献

a．欧文文献

Cumming, D. J., Leboeuf, G., & Schwienbacher, A.（2015）Crowdfunding models：Kepep-it-all Vs. All-or-nothing

Kunz, M. M., Bretschneider, U., Erler, M., & Leimeister, J. M.（2017）An empirical investigation of signaling in reward-based crowdfunding. Electric Commerce Research, 17（3）, pp. 425-461

b．和文文献

bamboo『推される技術　累計 3 億円集めた男のクラウドファンディング冒険記』集英社，2021。

石田大典, 大平進, 恩蔵直人「購入型クラウドファンディングの成功要因」『マーケティングジャーナル』vol. 40 No. 3, 2021 年，6-18 頁。

井上徹「我が国におけるクラウドファンディングの課題と可能性」『季刊　個人金融』2020 秋号，2020 年，22-33 頁。

今永典秀「地場産業の事業承継者によるクラウドファンディングを活用した取り組み」『Transactions Of the Academic Association for Organizational Science』組織学会 2018, Vol. 7, No. 2, 332-337 頁。

内田彬浩「クラウドファンディングにおけるプロジェクト設計に関する実証研究」『経済情報学会 2018 年春季全国研究大会要旨集』，2018 年，104-107 頁。

内田彬浩, 林高樹「クラウドファンディングによる資金調達の成功要因」『赤門マネジメント・レビュー』17 巻 6 号，2018 年，209-222 頁。

クラウドファンディング研究会, 大竹秀明『クラウドファンディングで資金調達に成功する　コレだけ！　技』技術評論社，2019。

佐々木敦也『ザ・クラウドファンディング』きんざい，2016。

中田行彦「クラウドファンディングの新潮流と参加者意識分析『経営情報学会 2018 年春季全国大会発表要旨集』，2018 年，337-340 頁。

中山亮太郎『日本最大級 Makuake が仕掛ける！　クラウドファンディング革命 面白いアイデアに 1 億円集まる時代』PHP 研究所，2017。

日刊工業新聞特別取材班『モノづくり中部　技術・技能自慢 2021 年度』日刊工業所新聞社，2021 年，246-249 頁。

西田渉「闘う！　カイゼン戦士 62」『工場管理』日刊工業新聞社, vol. 68, No. 3, 2022 年，1-4 頁。

橋本直幸「ピンチをチャンスに～コロナ禍に挑む飛騨牛復興プロジェクト～」『話題 畜産の情報』独法農畜産業振興機構，2022 年 4 月号。

HYDE『クラウドファンディング解体新書』Amazon Services International Inc., 2022。

古里圭史「クラウドファンディングと地域金融機関」『季刊　個人金融』2020 年秋号， 2022 年，55-65 頁。

丸山隆平『中小企業のためのクラウドファンディング入門』経済産業調査会，2018。

c．インターネット HP

「About GREEN FUNDING　未来を企画する」GREEN FUNDING HP（https:// greenfunding.jp/about）（2023 年 7 月 5 日アクセス）

BASE U「新機能「CAMPFIRE 連携 App」を提供開始しました」（2021 年 7 月 6 日） （https://baseu.jp/information/20210706）（2023 年 7 月 5 日アクセス）

「CAMPFIRRE 統計データ」CAMPFIRE HP（https://camp-fire.jp/stats）（2023 年 8 月 10 日アクセス）

FASHION SNAP「CAMPFIRE が「ファーボ」を譲受　日本最大の地域特化型クラウ ドファンディングサービス誕生へ」（2018 年 4 月 3 日）（https://www.fashionsnap. com/article/2018-04-03/faavo-by-campfire/）（2023 年 7 月 5 日アクセス）

Makuake プレスリリース「「Makuake」と連携する金融機関が 100 社を突破～全国の 金融機関 約 4 分の 1 と連携！　地域経済活性に貢献～」（2019 年 7 月 9 日） （https://www.makuake.co.jp/950/）（2023 年 7 月 5 日アクセス）

Makuake「2020 年 9 月期決算説明資料」（https://ssl4.eir-parts.net/doc/4479/tdnet/ 1892836/00.pdf）（2023 年 7 月 5 日アクセス）

Makuake「2022 年 9 月期決算説明資料」（https://ssl4.eir-parts.net/doc/4479/tdnet/ 2191883/00.pdf）（2023 年 7 月 5 日アクセス）

OCOS ローカルクラウドファンディング（https://www.oco-s.jp/）（2023 年 8 月 15 日 アクセス）

WMJ「飛騨高山蒸溜所が開業」WHISKY Magazine（2023 年 4 月 10 日）（http:// whiskymag.jp/hidatakayama2023/）（2023 年 8 月 10 日アクセス）

あおにメディア「クラウドファンディング市場規模　試すなら「購入型」から！」（2023 年 3 月 2 日）（https://aoni.jp/note/market-size-crowdfunding/）（2023 年 7 月 5 日 アクセス）

解説」（https://furu-sato.com/magazine/15927/）（2023 年 8 月 12 日アクセス）

「おうちで飛騨牛　みんなで大切に育てた飛騨牛を「今」美味しく食べてほしい‼」 （https://camp-fire.jp/projects/view/265287）（2023 年 5 月 10 日アクセス）

甲斐佑樹「「EC サイト化」するクラウドファンディング。変化する支援のかたち」 Impress Watch，（2020 年 7 月 16 日）（https://www.watch.impress.co.jp/docs/ topic/1265407.html）（2023 年 6 月 15 日アクセス）

（有）蒲酒造場「CF 限定先行販売　飛騨のお米の純米酒と生乳を使ってヨーグルトリ キュールを作りたい」（https://camp-fire.jp/projects/view/266908）（2023 年 6 月

15 日アクセス）

クラウドファンディング協会「クラウドファンディング市場調査報告書（2020 年）」
（http://safe-crowdfunding.jp/market-report2020/）（2023 年 7 月 16 日アクセス）

「クラウドファンディングで飛騨牛"困窮"のピンチをチャンスに！―1 万人の支援と
1 億 1000 万円を集めたプロジェクトの全貌に迫る―」CAMPFIRE ACADEMY
（2022 年 4 月 13 日）（https://camp-fire.jp/academy/articles/casestudy-265287）
（2023 年 5 月 10 日アクセス）

「クラウドファンディング目標達成は 20 回以上⁉ 「成功要因 103 の秘訣」に迫る」
CAMPFIRE ACADEMY（2022 年 8 月 12 日）（https://campfire.jp/academy/
articles/casestudy-50820）（2023 年 6 月 15 日アクセス）

「クラウドファンディング」飛騨信用組合 HP（https://www.hidashin.co.jp/
crowdfunding/crowdfunding.html）（2023 年 7 月 5 日アクセス）

株式会社システムインテグレータ「EC とは？ 意味や基礎知識，メリット・デメリッ
トから EC 通販ビジネスの特徴を解説」（https://products.sint.co.jp/siws/blog/
what-is-e-commerce）（2023 年 7 月 16 日アクセス）

株式会社ヒダカラ HP（https://hidakara.com/company/）（2023 年 5 月 10 日アクセス）

「飛騨・高山でクラウドファンディング」CAMPFIRE HP（https://camp-fire.jp/
curations/hidatakayama）（2023 年 7 月 5 日アクセス）

飛騨高山蒸溜所 HP（https://www.whisky-hida.com/）（2023 年 8 月 15 日アクセス）

飛騨高山の造り酒屋が「ウイスキー蒸溜所」を設立へ！ 舩坂酒造店社長インタビュー
【前編】（2022 年 4 月 24 日）anoina, news（https://anoina.jp/takayama-whiskey-
hunasakasyuzou1/）（2023 年 8 月 15 日アクセス）

飛騨高山の造り酒屋が「ウイスキー蒸溜所」を設立へ！ 舩坂酒造店社長インタビュー
【後編】（2022 年 4 月 24 日）anoina, news（https://anoina.jp/takayama-whiskey-
hunasakasyuzou2/）（2023 年 8 月 15 日アクセス）

福田刃物工業株式会社 KISEKI:HP（https://kiseki-products.jp/）（2023 年 8 月 10 日
アクセス）

福田刃物工業株式会社「料理人も驚いた「おいしい切れ味」。｜超硬合金包丁
KISEKI：」（https://www.makuake.com/project/fukuda_kiseki/）（2023 年 8 月 10
日アクセス）

(有)舩坂酒造店「飛騨高山の廃校をウイスキー蒸溜所へ，学びと笑顔あふれる場所に」
（https://www.makuake.com/project/whisky-hida/）（2023 年 8 月 15 日アクセス）

ふるさと納税ガイド「ふるさと納税の「クラウドファンディング」とは？ 違いや事
例を解説」（2020 年 11 月 30 日）（https://furu-sato.com/magazine/15927/）（2023
年 7 月 5 日アクセス）

三菱 UFJ リサーチ＆コンサルティング「クラウドファンディング（購入型）の動向整
理」消費者庁 HP（2020 年 9 月 30 日）（https://www.caa.go.jp/policies/policy/
consumer_policy/caution/internet/assets/caution_internet_201013_0001.pdf）
（2022 年 10 月 5 日アクセス）

株式会社矢野経済研究所『2022 年版国内クラウドファンディングの市場動向』（2022
　年 7 月 22 日）（https://www.yano.co.jp/press-release/show/press_id/3042）（2023
　年 7 月 16 日アクセス）
（有）山口鐵工所「質実剛健を極めるステンレス焚火台「鐵火―Kurogane―」」（https://
　www.makuake.com/project/azumoa/）（2023 年 6 月 15 日アクセス）

d．テレビ番組

NHK 総合　東海ドまんなか！「世界が乾杯！　Made in　東海　ウイスキー新時代」
　（2023 年 6 月 16 日放映）
BS テレ東　タタムなんてもったいない！「白川郷の名物豆腐が存亡危機‼」（2022 年 3
　月 13 日放映）

第3部 "特色ある地域" の未来を拓く

第7章

地域を支えるドローン技術

はじめに

　ドローンは軍用，産業用として開発が進められてきた。個人においては趣味としてプロポ（送信機）によって操縦された飛行機型やヘリコプター型のラジコンが普及していたが，自律飛行が可能な民生用ドローンとして手軽に空を飛べるようになったのは 2010 年代になってからである。民生用ドローンにはカメラが付いており，撮影された画像・動画データは様々な分野で活用されてきた。コロナ禍によって行動制限が行われ帰省や旅行等に行けない期間が続いたが，地域の魅力をより効果的に多くの人に伝えたのはドローンによる空撮であった。本章では地域を支えるドローン技術と試みを述べる。

第1節　ドローンを取り巻く環境の変化

　現在のドローンは"空飛ぶデジタルカメラ"としての活用が一般化している。その特徴はジンバルによる機械式の手振れ補正であり，ドローンの機体制御と連動してカメラのブレを感じさせない撮影を行うことができる。その一方で動力源はリチウムイオン電池等を使用した電気であり，ガソリン燃料を使用するエンジンと比較すると飛行時間は少ない。そのためより大容量のバッテリーの開発が求められており，ドローンを物流等に活用するための

ハードルの一つとなっている。

1 ドローン

　日本ではラジコンによる無人航空機は 1950 年頃には飛行していたと考えられているが，産業用としては農林水産省の外郭団体である農林水産航空協会とヤマハ発動機による開発によって RCASS（Remote Control Splay System，無人ヘリコプターによる農薬散布システム）の設計が行われたのが 1980 年頃である。その後，GPS を使用した自律飛行の開発が進み，1990 年代から農薬散布用のドローンが販売されている。そのため，日本におけるドローンの開発，活用の歴史は意外と長い。

2 政府によるドローン政策の変化

　ドローンは法律上において無人航空機として呼称され，重量 100 g 以上の飛行機，回転翼航空機，滑空機，飛行船で構造上人が乗ることができないもののうち，遠隔操作または自動操縦によって飛行させることができるものと規定されている。現在販売されているドローンのほとんどは重量 1 kg 以下であり，その特徴はマルチローター式回転翼航空機である。

1）政府の方針

　アメリカ同時多発テロ以降，世界では民生用ドローンによるテロ攻撃等が多く行われてきた。日本でも 2015 年に首相官邸にドローンが着陸し，テロ対策への不備やドローンに関する規則がほとんどないことが問題となった。この事件が契機となり，航空法の一部改正によってドローンの定義や飛行ルールが定められた。航空法は 2023 年までに 3 度改正（**表7-1**）されてきた。

　政府が 2015 年 11 月に開催した「未来投資に向けた官民対話（第2回）」において，株式会社 ZMP の谷口恒代表取締役社長，アマゾン・ドット・コムのポール・マイズナー副社長からドローンに関する言及があった。これに対し安倍内閣総理大臣 (当時) は「ドローンによる物資の配送を 3 年以内に目指す，ドローンの遠隔地からの操作やデータの転送を可能とする，そのために新た

表 7-1　航空法一部改正の編纂

改正日	内容
2015 年 9 月	2015 年 12 月よりドローンやラジコン等の無人航空機の飛行ルールが導入された。この改正では①一定の空域（空港周辺，高度 150 m 以上，人口集中地区上空），②一定の飛行方法（夜間飛行，目視外飛行等）において無人航空機を飛行させる場合は飛行毎に国土交通大臣の許可・承認が必要となった。
2020 年 6 月	2022 年 6 月より無人航空機を飛行させる場合は所有者等の登録と登録記号の表示が必要となり，登録記号はリモート ID の搭載も義務付けた。また，規制対象機体重量が 200 g から 100 g になった。
2021 年 6 月	2022 年 12 月から機体認証，操縦ライセンスを得て，運行ルールを遵守し，国土交通大臣の許可・承認を得ればレベル 4（有人地帯での目視外飛行）の飛行が可能となった。また，機体認証と操縦ライセンスを取得している場合は原則として許可・承認なく飛行が可能となった。

出典：国土交通省「無人航空機に対する主な規制の変遷について（航空法関係）」2021 年

な電波利用の制度整備を行う」[1]と発言している。

2）国土交通省の方針

　現在ドローンを飛行させるためには①ドローンの登録，②飛行許可・承認手続き，③飛行計画の通報，④事故等の報告，の手続きが必要である。

　2015 年 9 月の航空法一部改正により，ドローンの飛行には国土交通大臣の許可・承認が必要になった。そのため，飛行させる機体や地域，状況によっては飛行前に申請をする必要が出てきた。当初は全ての書類を申請者が作成し，何度も国土交通省の担当職員とメールにてやり取りを行っていたが，その後オンライン化，DIPS，DIPS2.0 を経て現在はドローンの機体・飛行申請等の作業はオンラインで行えるようになっている。

3）経済産業省の方針

　2015 年 9 月の航空法一部改正により，経済産業省では 2015 年に無人航空機の所有者把握を始めた。また，未来投資に向けた官民対話（第 2 回）において早ければ 3 年以内にドローン配送を可能とすることを目指すとされた。それに伴い，経済産業省において「無人航空機の目視外及び第三者上空等での

飛行に関する検討会」が設けられた。検討会では無人航空機の性能評価基準の検討，目視外飛行の要件，第三者上空での飛行のリスク要因と安全対策について話し合われた。経済産業省ではドローンを「空飛ぶクルマ」と位置付け，離島などへの物流やドローンタクシーの実現を目指している。

3 事件，事故

　国土交通省では下記を事故及び重大インシデントとして報告義務を課している。

　事故
　　①無人航空機による人の死傷（重症以上の場合）
　　②第三者の所有する物件の損壊
　　③航空機との衝突または接触
　重大インシデント
　　①無人航空機による人の負傷（軽症の場合）
　　②無人航空機の制御が不能となった事態
　　③無人航空機が飛行中に発火した事態
　　④航空機との衝突または接触の恐れがあったと認めた時

　国土交通省では報告のあった事故及び重大インシデントを公開しており，2022年12月5日から2023年8月15日までの間で24件の事業者，5件の個人，2件の行政機関の計31件，その内訳は9件の事故，22件の重大インシデントが報告されている[2]。

第2節　民間団体によるドローン活用

　インプレス総合研究所が2023年に発表した調査によると，2022年度のドローンの産業利用においては関連サービス市場が1587億円となり，点検が

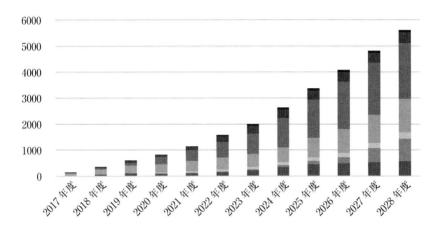

図 7-1　ドローンサービス市場の分野別市場規模
出典：インプレス総合研究所，2023 年

38％，農業が 29％，土木・建築が 13％を占めている（**図7-1**）。以上のように現在はドローンに搭載されたカメラで撮影した映像の利活用が中心となっている。しかし 2022 年 12 月にレベル 4 飛行が可能となり，物流等への活用など，様々な用途での飛行が可能となった。今後は物流においてもドローンの活用が進むと考えられる[3]。

　現在，民間企業においてドローンが最も活用されているのは撮影である。"空飛ぶデジタルカメラ" の機能を活かし，防犯，点検，空撮などがサービスとして伸びている。また動画配信サイト等でもドローンの空撮による観光 PR の動画数は非常に増えており，作成者や視聴者から支持されている。その背景には安価なドローンや法整備が進んだことによる飛行の簡便さがある。

1　地域の魅力発信

　岐阜県のドローン活用の事例を紹介する。飛騨木工連合会[4]は例年「飛騨

図 7-2　飛騨木工連合会の YouTube チャンネル
出典：YouTube[5]

の家具フェスティバル」を実施している。

　このフェスティバルに出展する企業の PR 動画としてドローン撮影が行われており，飛騨高山の紅葉の様子が映し出されている。**図 7-2** に飛騨木工連合会の YouTube チャンネルを示す。

2　株式会社 resolve の事例

　株式会社 resolve は岐阜県岐阜市に本社を置くシステム開発を手掛ける企業であり，Web マーケティングの一環として Instagram にて旅行アカウントの「gifu_trip」とグルメアカウントの「gifu_yummy」を運用している。2022 年に resolve と朝日大学において旅行アカウント「gifu_trip」にて岐阜を紹介する投稿を合同で行うことになった。投稿は 3 回行われ，ドローンによる空撮を主としたコンテンツを作成した。

　①関市を満喫！　前編（関市）2022 年 9 月 19 日公開（**図7-3**）
　　刃物の町である関市を紹介する内容で，安桜山展望台，関善光寺，関

図 7-3　朝日大学とのタイアップ企画『関市を満喫』
出典：Instagram⁶⁾

鍛冶伝承館，メロンファームの情報を掲載した。安桜山展望台と関善
光寺はドローンで空撮した。

②関市を満喫！　後編（関市）2022 年 9 月 25 日公開

前編に続き後編ではフェザーミュージアム，せきてらす，武芸川温泉
の情報を掲載した。

③大垣市　秋 1 日プラン前編（大垣市）2022 年 12 月 5 日公開

大垣市の紅葉を紹介する内容で，墨俣一夜城，大垣城，フェールアシュ
バル，円興寺，masu café の情報を掲載した。墨俣一夜城と円興寺は
ドローンで空撮をした。

④大垣市　秋 1 日プラン後編（大垣市）2022 年 12 月 7 日公開

前編に続き後編では枡工房ますや，奥の細道 むすびの地，A.T.
SQUARE，Oeuf Oeuf，コロナの湯の情報を掲載した。

⑤山県市 手軽キャンプ（山県市）2023年5月29日公開

　山県市のグリーンプラザみやまの情報を掲載した。キャンプ場横に流れる神崎川と施設全景，キャンプ場横のグリーンスライダーをドローンで空撮した。

　このアカウントでは県内外の人に岐阜の観光スポットを紹介し，またWebマーケティングのノウハウを取得することを目的としている。本取り組みにおいては学生が主体的に投稿内容を提案するなどwebマーケティング学習の一環として行ったが，ドローンによる空撮を使用した投稿はインプレッション数（投稿が視聴された回数）が増えるなどの効果を確認できた。

第3節　自治体によるドローン活用

　経済産業省は2021年に「自治体のドローン・自動配送ロボット等の利活用促進に向けた調査」を行い，2022年3月31日に調査報告書を公開した[7]。本調査では①自治体のドローン・自動配送ロボット等の利活用促進に向けた調査，②モデル自治体に対する取材・情報収集，③ドローン及び自動配送ロボットの利活用支援等を行っている団体（企業・協議会等）および関連ソリューションを持つ企業等の調査，④自治体のドローン・自動配送ロボット等の利活用促進調査，報告会の4つの取り組みを行った。

1　全国の事例

　経済産業省の調査では，全国の自治体でドローンを保有しているのは46%（回答818件中377件）である。これらのドローンの活用状況は災害対策・防災（218件）が一番多く，続いて観光（134件），農林水産（74件），建築・土木（61件），インフラ点検（51件）と続く。これらはドローンに搭載されているカメラによって撮影される画像・映像を活用した事例である。これらの自治体での一番の問題は自治体内での運用体制の確立である。

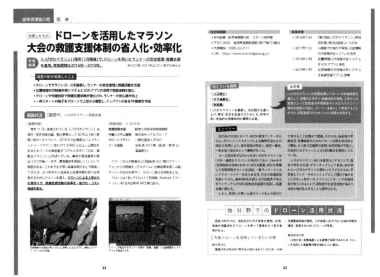

図 7-4　ドローンを活用したマラソン大会の救護支援体制の省人化・効率化
出典：令和3年度　産業経済研究委託事業
（自治体のドローン・自動配送ロボット等の利活用促進に向けた調査）成果報告書[8]

　経済産業省が発表している「ドローンモデル自治体」ではドローンを行政
の業務に活用する事例や災害対策への事例が報告されている[8]。岐阜県揖斐
川町ではいびがわマラソンを毎年開催しており，第29回からEDAC（一般社
団法人救急医療・災害対応無人機等自動支援システム活用推進協議会）の協力を得てド
ローンによる映像をリアルタイムで救護チームが監視することで要救護者の
早期発見を可能としている（**図7-4**）。また大和市消防本部では全隊員をド
ローン操縦者として育成している。その他にもドローンをビジネスとして企
業を誘致するなど，各自治体がドローンに期待することは年々大きくなって
いる。

2　瑞穂市の取り組み

　瑞穂市では2018年11月30日に「瑞穂市小型無人航空機庁内管理運用要
綱」を作成し[9]，広報紙，インターネット等を利用して市の魅力を発信するこ

と並びに防災，減災，災害発生時等の被災状況把握及びインフラ状況把握を目的としてドローンを運用することになり，ドローン 2 機を導入した。2019年 8 月には県から市の政策企画監として派遣されている巣之内亮氏を講師としてドローン研修を行い，業務にドローンを活用する準備を進めてきた。朝日大学とは 2018 年頃から話し合いが行われてきたがコロナ禍により中断した。その後 2022 年に再開し，12 月に市職員に対する講習会を行った。2023年 6 月には議会にてドローンの活用方法についての一般質問があり，主に災害時のドローンの活用について答弁が行われた。そこでは瑞穂消防署との協力や朝日大学との研修を通じて，ドローンを円滑な行政の業務に活用できるよう準備をしていると回答している。そのため 2023 年 9 月以降の具体的な活動を目指し，3 ヵ年計画を作成した。計画の目的は瑞穂市役所における業務の効率化と DX 化，防災対策を促進させることである。スケジュールは以下のとおりである。

　　　2023 年度
　　　　ドローン操縦者（5 名程度）の育成
　　　　各課からのニーズの聴取
　　　　シーズの確認
　　　2024 年度
　　　　ドローン操縦者（10 名程度）の育成
　　　　各課でのテスト運用
　　　2025 年度
　　　　ドローン操縦者（各課 1～2 名）の育成
　　　　各課での運用開始

　瑞穂市では上記の計画を通じてドローン操縦者を増やし，業務に活用しつつ，災害に備える体制作りを促進していく。

第4節　ドローン活用と地域の未来

　地域においてドローンの利活用には大きな可能性があり，地域の魅力を増大させるだけではなく，経済振興にもつなげることができる。特に2022年12月に解禁されたレベル4（人口集中地域の目視外飛行）については産学官が連携して様々な可能性を検討しており，今後は実績を積み重ねることでビジネスとして成立すると考えられる。そこで今後地域の未来を担うドローンの活用方法を検討する。

1　観　光

　現在はドローンにて撮影した映像をPR動画等で活用することが一般的となっているが，今後はドローンを用いた観光として①地域の魅力発信と②ドローンタクシーによる観光地での移動が考えられる。

1）地域の魅力発信

　地域の魅力発信には主にHPや動画配信サイト等による動画が多く使われている。近年ドローンが安価になり撮影編集が可能な企業や動画クリエイターが増えたことによって手軽に利用ができるようになってきており，これらのPR動画には多くの空撮シーンが含まれている。また，以前の有人ヘリコプターを用いた空撮と比べ，料金も1/10以下になっている。ドローンは地域のイベントにも多く使用され，ドローンの安全な飛行の啓蒙と普及を促進している。

　今後ドローンはライブカメラにも使用されると考えられる。ライブカメラは観光地等の道路状況や混雑具合を知るのによく使われている。現在のライブカメラの多くは固定式のネットワークカメラを使用しているが，将来的にはドローンを使ったライブカメラが考えられる。ドローンは自律飛行が可能であり，予め設定された場所で飛行を続けることができる。ドローンを使ったライブカメラでは広範囲の天候や交通状況，紅葉等の景観を俯瞰してリア

ルタイムで配信することができる。

2）ドローンタクシー

　ドローンタクシーは自律飛行が可能な有人ドローンであり，現在各国の企業が開発を進めている[10]。日本でも 2023 年 6 月に株式会社 SkyDrive とスズキ自動車が有人ドローンの事業化で連携協定を締結し，開発・製造を目指す事業・技術連携を行うことを発表した[11]。またそらとぶタクシー株式会社は 2025 年の大阪万博で有人ドローンを用いた SkyTaxi サービス[12]を計画し，大阪と関西国際空港・神戸間の飛行を目指している。その他にも全日空など経済産業省の後押しを受けて多くの企業がドローンタクシーの実現を目指している。これらのドローンでは従来のヘリコプターと違い，パワーソースは電気によるモーターを使用している。モーターを使うことで部品点数が少なくなり機体価格と整備費用を下げることができ，騒音の低減，パイロット不要による人件費の低減，機体小型化による省スペースでの離着陸が可能となる。飛行時間・距離の少なさは限られた飛行ルートを設定することで解決でき，有人ドローンは観光に適していると言える。

　地方にはまだ知られていない未開拓の観光地が多くあり，度々インターネット等のメディアで公開されることでオーバーツーリズムが起こることがある。これらの地域では交通機関等の整備ができていないことが多く，観光客の増加により地域の生活環境を壊す可能性がある。このような地域ではドローンタクシーが有効となることが多いと考えられ，また導入コストの低さから活用する自治体は多いと予想される。

2　物　流

　近年，日本の物流においては多くの問題を抱えており，特にへき地や離島などへの輸送には山間部の道路事情や海上の船舶等の種々の困難な事情がある。これらの解決策として考えられているのがドローンによる配送であり，現在多くの物流企業が研究・開発を行っている。岐阜県でも大垣市に本社を置くセイノーホールディングス株式会社が株式会社エアロネクスト等と社会

実装実験を行っている[13]。現在は拠点間での輸送が進められているが，将来にはドローンによる物資の輸送にはラストワンマイルの解決が期待されている。

　近年 ICT の活用による医療の情報化が進んでいる。画像診断からロボット技術まで，高度な医療支援技術が地域の医療を支えることが可能になってきた。しかし薬剤や器具等の物資の不足には地理的制約もあり，ICT 技術だけでは解決できないことは多い。事故や災害等では要救護者の情報収集や AED 等の輸送など，ドローンが担う役割は大きくなる。現在は医師や患者の移動には救急車やドクターヘリが用いられるのが一般的であるが，道路や現場の状況によってはヘリコプターよりも小型のドローンが人や物資を運ぶことでより迅速な対応が可能になる。

3　育　成

　現在多くのドローンスクールが国土交通省に登録講習機関として認定されており，これらのスクールで学ぶことで2022 年12 月に開始されたドローンの国家資格（操縦ライセンス）への対応も可能となる。国家資格では一等無人航空機操縦士と二等無人航空機操縦士があり，条件を満たすことで夜間飛行や目視外飛行が可能となる。また国土交通大臣への飛行毎の承認・許可が不要となるなど，ドローンのビジネス利用への迅速化が可能となっている。

　朝日大学では2015 年にドローンを導入し，現在までにゼミ生を中心に多くのドローン操縦者を育成してきた。また2016 年には県立岐阜商業高等学校にてドローンを用いた災害時の救助活動の可能性について高校生との議論を行った。これらのように教育機関，官公庁や企業などに対し，講演会や国土交通大臣の承認・許可等の取得をサポートするなど，地域のドローン操縦者育成や普及活動を続けてきた。2023 年度においても瑞穂市役所による3ヵ年のドローン計画に携わり，行政でのドローン活用について助言を行っている。

4 課 題

　ドローンが今後も普及・発展をしていくには乗り越えなければならない技術的な課題と制度的な課題がある。多くの企業が開発に取り組み，政府が検討を行っているが，一つの目安が2025年の大阪万博になると考えられる。

1）バッテリー技術の進歩

　ドローンのバッテリーにはリチウムイオンバッテリーやリチウムポリマーバッテリーが使われており，これらはスマートフォンや電気自動車等にも使用されている。どちらのバッテリーも高密度で大容量であるがスマートフォンの10倍程度の容量であってもドローンでは30分程度で消費してしまう。そのためより長時間の飛行を可能とするためにはさらに大容量化が必要となる。

　今後は観光や物流の分野でも大型のドローンが期待されているが，現在の飛行時間は長くても1時間程度であり，その後は1〜2時間程度の充電が必要となる。そのため離発着場には充電器と合わせて予備バッテリーを準備する必要があり，そのためにバッテリー交換を行う整備員が必要になると考えられる。

　EVにおいても航続距離や充電時間の問題が指摘されており，EV普及が進まない原因の一つとされている。有人ドローンや物流用ドローンも同様の問題を抱えると考えられ，離発着場と合わせて充電スタンド，交換用バッテリーを整備する必要がある。

2）ペイロードの増大

　現在社会実験が行われているドローンによる配送では薬などの軽量な物品の輸送を行っている。またその際に使用されるドローンの積載重量は5〜10kgであり，農薬散布などに使用されるドローンでも30kg程度の積載重量となっている。一方で多くの宅配事業者では小口の宅配便の重量制限を30kgとしている。ドローンによる宅配を実現するためには現在の積載量では到底足りない。ドローンの離発着には人や物件等から30mの距離は必要であると考えられており，ラストワンマイルを想定したドローン配送では着

陸できる場所に制限が出る。また重量と積載物品の容積は必ずしも比例するとは限らない。そのため，ドローンによる配送には拠点間輸送用ドローンとラストワンマイル用ドローンが必要になると考えられる。

　有人ドローンでは2〜3名程度の乗員を想定しているが，その場合の制限重量は200〜300 kg程度（人と荷物の合計重量）になると考えられる。有人ドローンのメリットは電動・低騒音・安価であるが，輸送人数の増加は今後必要不可欠となる。大型化が進みすぎると離発着の場所に制限が出るため，一般的なバンタイプの乗用車の定員8名程度が輸送できれば活用の幅が広がると考えられる。

3）操縦者及び運行管理者の育成

　2022年12月にドローンのレベル4飛行が可能となった。それと同時に無人航空機操縦者技能証明制度がスタートした。これはドローンを飛行させるのに必要な技能及び知識を有することを証明する国家資格である。この資格を取得することで従来は必要であった国土交通大臣の承認・許可がなくても特定の空域を飛行させることができ，また有人ドローンや物流用ドローンの飛行をさせるのに必要な要件をスムーズに取得することができる。この資格によって比較的自由にドローンを操縦させることが可能となり，今後考えられる様々なビジネスには必要な資格となる。この資格の取得者を増やし，ビジネスとして確立させるためには適切な運行管理者を育成する必要がある。

4）航空法の改正

　現在，ドローンは航空機に分類されていない。そのため法律面や技術面で大きな違いがある。航空機は1944年のシカゴ条約（民間航空機条約）により150 m以上の空域を飛行することになっている。現在ドローンの飛行上限は150 mであり，航空機と接触しないように法整備されている。海外では有人ドローンには航空機と同様の耐久証明が必要とする国もあるが，日本では試験飛行が行われている段階であり，量産化についてはこれからである。また維持管理には航空機と同様の費用が掛かると見込まれ，一般の人にとっては身近とは感じられない可能性が高い。

おわりに

　EV の特徴は従来の内燃機関に比べて部品点数が少なく，容易に開発・製造ができる事である。そのため世界では内燃機関を使った自動車を製造しているメーカーよりもベンチャー企業が EV を販売，普及させてきた。ドローンの世界でも同様の事が起きており，航空機メーカーではなくベンチャー企業が有人ドローンの開発で先行している。それゆえに自由な発想が可能ともいえるが，国土交通省からの各種証明の取得についてのノウハウがないために普及には時間がかかると思われる。

　日本では個人が航空機を操縦することは難しく，所有することはとてもハードルが高い。しかしグライダー等の愛好家等，空に魅力を感じている人はとても多く，ゲームの分野ではフライトシミュレーターには多くのユーザーがいる。また昔からラジコンの分野でも飛行機やヘリコプターを楽しむ人は多く，ドローンは多くの人にとって身近な空との接点になった。航空機の事故は自動車の事故と比べて圧倒的に少なく，それだけ多くの企業や政府が努力してきた成果が表れている。今後ドローンが荷物を運び，人が乗る時代になると，量産による価格下落により多くの人が自家用ドローンを利用することも夢ではない。へき地や離島に住む人がドローンで移動，観光用有人ドローンが陸の交通問題を解決する時代が目の前まで来ている。ただしそのためには乗り越えなければならないハードルが多くあることも事実であり，夢の実現のためには産官学が連携して問題を解決し続ける必要がある。

注

1) 首相官邸「未来投資に向けた官民対話（第 2 回）」2015 年。（https://www.kantei.go.jp/jp/singi/keizaisaisei/kanmin_taiwa/dai2/gijiyousi.pdf）（2023 年 8 月 21 日アクセス）
2) 国土交通省「無人航空機に係る事故等報告一覧」（令和 4 年 12 月 5 日以降に報告のあったもの）2023 年。

（https://www.mlit.go.jp/common/001585162.pdf）（2023 年 8 月 21 日アクセス）

3）インプレス総合研究所「2022 年度のドローンビジネス市場規模は前年比 33.7%
増の 3086 億円　レベル 4 飛行の解禁によりドローン活用が進み，2028 年度は 9000
億円超へ」『ドローンビジネス調査報告書 2023』3 月 27 日発売，2023 年。（https://
research.impress.co.jp/topics/list/drone/664）（2023 年 8 月 15 日アクセス）

4）飛騨木工連合会，2023 年。（https://www.hidanokagu.jp/index.html）（2023 年 8
月 30 日アクセス）

5）https://www.youtube.com/channel/UCQ8f7UIi0bsR0wO0N3FeGZA

6）https://www.instagram.com/p/CirtN1nuO4F/?img_index=1

7）経済産業省「令和 3 年度産業経済研究委託事業　自治体のドローン・自動配送ロ
ボット等の利活用促進に向けた調査」報告書，2022 年。（https://www.meti.go.
jp/policy/mono_info_service/mono/robot/drone_report.html）（2023 年 8 月 16 日
アクセス）

8）注 7 前掲サイト内，22-23 頁。
（https://www.meti.go.jp/policy/mono_info_service/mono/robot/pdf/drone_
report2.pdf）（2023 年月 16 日アクセス）

9）瑞穂市『瑞穂市小型無人航空機庁内管理運用要綱』，2018 年。
（https://www.city.mizuho.lg.jp/reiki_int/reiki_honbun/r011RG00000922.html#
shoshi-inf-span）（2023 年 8 月 15 日アクセス）

10）戸崎肇「空飛ぶクルマが切り拓く可能性とそのための条件整備」『産業総合研究』
Vol. 31，2023 年，1-8 頁。

11）スズキ自動車「スズキ，『空飛ぶクルマ』の製造に向け，SkyDrive と基本合意」
2023 年。（https://www.suzuki.co.jp/release/d/2023/0620/）（2023 年 6 月 16 日ア
クセス）

12）そらとぶタクシー株式会社「Sky Taxi Service in 2025，そらとぶタクシー株式会
社」，2023 年。（https://skytaxi.co.jp/service/）（2023 年 8 月 15 日アクセス）

13）エアロネクスト「セイノー HD とエアロネクスト，ドローン配送を含む新スマー
ト物流の社会実装を進める　山梨県小菅村で 2 つの SkyHub® サービスを 11 月 1 日
から本格スタート」，2021 年。
（https://aeronext.co.jp/news/skyhubservices_startinkosuge/）（2023 年 8 月 15 日
アクセス）

第8章

情報技術とインバウンド

第1節　新型コロナウイルスのコロナ禍がインバウンドに
##　　　　与えた影響

　序章でも述べられているように，新型コロナウイルス（COVID-19）が日本
のインバウンド（外国からの訪日観光）に与えた影響は大きい。新型コロナウイ
ルスによるパンデミックの影響により，多くの国と地域が旅行制限や入国制
限を実施し，世界中の航空便や交通機関の運行が制限されたことで，国際観
光産業が大きな打撃を受けた。日本も例外ではなかった。

　多くの国が日本への渡航を制限したため，訪日外国人観光客の数が減少し
た。これにより，ホテル，観光地，レストランなど観光関連産業は大きな売
上減少に直面した。特に，観光業は地域経済に大きく貢献しているため，訪
日外国人観光客の激減は，日本全体の経済にも影響を及ぼした。結果，地域
の雇用や地域産業に経済的な損失を与えただけでなく，観光業者や地域産業
に対して内在していた課題を明らかにした。

　2019年度は東京オリンピックの開催直前であり，海外からのインバウンド
による経済効果が期待されていた。2020年に入ると予想を超えるスピード
で新型コロナウイルスが蔓延し，やがて感染爆発となり世界はパンデミック
に見舞われた。人の行動が制限されたことで，インバウンドを期待した産業
は軒並み苦しい経営を迫られ，インバウンドに依存した経済モデルの脆弱性

が露呈した。

　インバウンドに依存した経済モデルは，観光客の動向で左右される不安定なものである。観光客が少なければ経済が停滞するが，多すぎるとオーバーツーリズムという問題が生じる。日本総研によれば，「新型コロナの水際対策が昨秋大きく緩和されたことを受けて，インバウンド需要に本格回復の兆し。長らくゼロ近傍が続いた訪日外客数は，2022 年 11 月に 93 万人とコロナ前の 4 割程度の水準まで増加。世界の航空需要予測などを参考にすると，訪日外客数は 2023 年末には年率換算で 2,000 万人を超える水準まで回復する見通し。」と述べている[1]。このように，海外からの観光客が増加する兆しは現れているが，安定した経済モデルへ移行するためには抜本的な見直しが必要である。

　コロナ禍を超えインバウンドが戻りつつある中で地域経済を考えた場合，歴史や自然などの観光資源に偏った産業育成ではなく，地場産業を育成することで「持続可能な」地域経済モデルをデザインすることが重要であり，その地域の魅力を観光だけでなく産業を含めて考える必要がある。

　朝日大学では，地域の知の拠点として，地域貢献を目的とした産学連携を行っている。そのひとつに，地域の物流企業との連携協議に基づく地域貢献のための共同研究がある。本共同研究では，岐阜県の県産品の越境電子商取引に着目し，海外からの観光客の購買行動を推進するためのデジタルプラットフォームならびにアプリケーションの開発を行なっている。以下，本共同研究を中心に本学の取り組みを紹介する。

第 2 節　インバウンドと越境電子商取引

　越境電子商取引の利用者数は年々増加し，市場規模が拡大している。これを支える基盤として，インターネットがあり，取引サイトが運営されている。図 8-1 に日本における B2B の電子商取引の市場規模，図 8-2 に B2C の電子商取引の市場規模を示す。

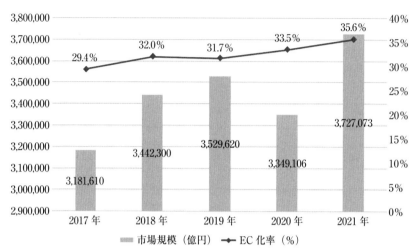

図 8-1 日本の B2B 電子商取引の市場規模の推移
出典：経済産業省：「令和3年度　電子商取引に関する市場調査報告書」
https://www.meti.go.jp/press/2022/08/20220812005/20220812005-h.pdf

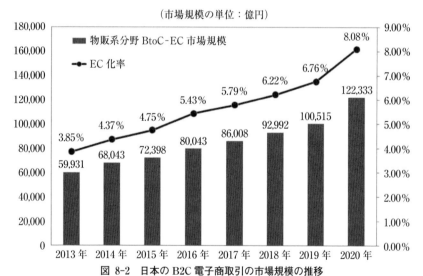

図 8-2 日本の B2C 電子商取引の市場規模の推移
出典：経済産業省：「令和3年度　電子商取引に関する市場調査報告書」
https://www.meti.go.jp/press/2022/08/20220812005/20220812005-h.pdf

　図 8-1 ならびに**図 8-2** より，電子商取引の市場規模は B2B だけでなく B2C 双方とも拡大している。2020 年の B2B の市場規模は前年よりも減少したが，これはコロナ禍による経済の停滞が原因と予想される。翌 21 年には回復傾向を見せていることから，この増加傾向は経済の成長とともにさらに加速すると考えられる。着目すべきは EC 化率の伸びである。コロナ禍での外出制限による巣篭もりをしなければならない状況において，宅配サービスの利用が増加した。これに伴い，企業の DX（デジタルトランスフォーメーション）が促進され，いろいろなサービスがスマートフォンを通じて利用できるようになった。

　朝日大学では，濃飛倉庫運輸株式会社との産学連携に関する覚書に基づき，2016 年 4 月から 2023 年現在に至るまで「越境電子商取引と国際/地域物流」をテーマに共同研究を実施している。この共同研究では，地域が抱えるさまざまな社会背景から三つの重点課題と三つのミッションを設定している。これらの社会問題を解決するための力として①情報収集力，②物流力，③国際競争力，④地域の魅力に着目し，情報を集約するプラットフォーム（名称："つなぐ"アプリ）の開発に着手した。ここで述べるプラットフォームとは，情報を収集，整理，共有，提供するための技術的な基盤や仕組を示しており，"つなぐ"アプリとは，このプラットフォームを利用するためのアプリケーションである。このアプリは，観光客をターゲットとしており，観光でのさまざまな利用シーンを想定している。このアプリは観光情報の検索からお土産等の県産品の検索，運賃の簡易計算を行うことが可能で，最終的には商品の決済に"つなぐ"ことができる。

　朝日大学では，実際に岐阜に訪れている観光客をターゲットとし，O2O（Off-line to On-line）による電子商取引サイトへの誘導までつなぐサービスモデルを提案した。O2O はオフラインからオンラインという意味であり，通常，物理的な存在や活動からデジタルオンライン環境への移行や変化を指す表現である。これは，インターネットやコンピューター技術の普及に伴って，多くの活動やプロセスが従来のオフライン（物理的な場所や非デジタルの状態）か

らオンライン（インターネットやデジタル環境）に移行することを示している。次節では，プロトタイプの作成と実証実験の結果を示す。

第3節　高山市における実証実験

"つなぐ"アプリは，「観光」という目線からサービスを考えたビジネスモデルであり，拡張現実（Augmented Reality：AR）などを用いて商品の宣伝やショールームへの誘導を目的とする。本実験では，神戸デジタルラボの協力のもと，AR を使った観光案内アプリ Seekat[2)] を用いて実験を行った。被験者は，このアプリを用いて街並み散策や目的地への誘導の効果を調査した。

本実証実験の目的は，まず飛騨・高山の魅力を体験することである。観光客が何を目的として，どのようなルートで移動するのかを体験する。実際に現地で観光スポットを巡ることで，"気づき"や"感動"を見つける。次に，AR アプリについて主観評価を行う。

アンケートでは，目的地にたどり着くための情報量の適切さやその情報が散策に役立ったか，などに関して以下の項目で評価した。

- ●行ってみたい場所を探す手間は少なくなったか？
- ●目的地に着くまでワクワクできたか？
- ●スマホに依存せず，目的地までたどり着けたか？
- ●目的地への行き方が簡単に分かったか？
- ●目的地にたどり着けたか？
- ●散策時にアプリは使いやすかったか？
- ●散策中に新たな気付きはあったか？

実験には朝日大学の学生ら15名が参加し，2日間にわたって実施した。15名の参加者を徒歩チーム，自転車チーム，自動車チームの3チームに分け，それぞれのチームが目的の観光スポットを決定した上で，SeekAt および

図 8-3　実験の様子（著者が撮影）

図 8-4　アプリ画面（拡張現実を用いた情報提示）

Google マップの情報を手掛かりに観光を楽しんだ。実験終了後，実験参加者に対してアンケート調査を実施した。**図 8-3** に実験の様子を示す。スマートフォンの画面を見ながらに移動になるため，ながらスマホにならないよう，十分注意しながら実施した。**図 8-4** は実際のアプリの画面である。アプリを立ち上げた上でスマーフォンのカメラをかざすと，実際の風景に観光スポットが添付される。矢印は方向を示し，目的地までの距離が示される。

　調査の結果，周辺散策については，参加者の 80％ が既存の地図アプリより

図 8-5　家具判定アプリ①（スクリーンショット）
写真を投稿した際の画面

SeekAt を利用したほうが街歩きが楽しかったと回答した。また，参加した全員が SeekAt によるナビゲーションが観光地散策で有効であると回答した。利用者の目的を入力することで，個人の好みを反映した情報提示が可能であり，県産品の紹介やショールームへの誘導に可能性があることが示された。

第4節　家具判定アプリの作成

"つなぐ"アプリは，「観光」という目線からサービスを考えたビジネスモデルであり，拡張現実や地図アプリを用いることで商品の宣伝やショールームへの誘導できる可能性が示された。つぎに街中で見かけた商品を画像認証することで，メーカーとショールームに誘導するサービスを提案する。

　観光客が街歩きをしている最中，興味を引く商品があったとしても，どこで購入すれば良いかわからない。特に，海外からの観光客の場合，言語の問題があり，円滑なコミュニケーションができないことが多く，販売の機会が

図 8-6　家具判定アプリ②（スクリーンショット）
AI の画像判定により，家具の類似度を算出しショールームまでの地図
を表示している

失われてしまうことが多い。そこで，欲しい商品を写真に撮影し，メッセージサービスに共有することで AI による画像認証を行い，販売先や購入ができるサービスを提案する。このプロジェクトでは，産学連携に加え，飛騨木工連合の協力のもと「飛騨の家具」を判定するサービスを構築し，飛騨の家具フェスティバル 2019 にて紹介した（図 8-5）。

第 5 節　コロナ禍での地域貢献

　2020 年の高山における海外旅行客は激減し，前年度の 9 割減となった。新型コロナウイルスの収束に見通しが立たない中，企業がビジネス環境の激しい変化に対応し，データとデジタル技術を活用した新しいビジネスモデルへの変革が求められた。

1 2020年度

1）コロナ禍での開催

2020年度は，越境電子商取引を "つなぐ" プラットフォームの構築とコロナ禍におけるDXの可能性を検討した。つなぐプラットフォームは，海外旅行者をターゲットとしたシステム提案をしてきたが，20年度はその仕組みを適用し国内における情報発信を中心に検討した。具体的には，飛騨の家具フェスティバルへの参加を中心に，企画段階から参画することで，企業文化・風土を大切にしつつも，三密を避けるためのデジタル技術を活用した新しい情報発信について提案した。

デジタルスタンプラリーの構築と実装，YouTubeによる動画配信，Instagramによるフォトコンテストを行った。これらのアイデアは，学生からの意見（アイデア）をアイデアソンで集約し，飛騨木工連合に提案した。アイデアソンとは，アイデアとマラソンをかけ合わせた造語であり，新たなアイデアを発掘するための手法である。

20年度は三密を回避するために，飛騨の家具フェスティバルは会場を分散させることになった。これまでの飛騨の家具フェスティバルは，飛騨・世界生活文化センターを会場としていた。密をさけるために，会場を分散させ，各メーカーのショールームで実施することとなった。会場を巡ってもらうための方策として，スタンプラリーが企画された。朝日大学ではデジタルスタンプラリーを担当することとなり，学生とともに作成した。デジタル化することで，リアルタイムにユーザーの行動を集計できるため，参加者の情報や会場ごとの集客数や混み合う時間帯などを把握することが可能となった。

2）デジタルスタンプラリーの企画・実施とデータ収集

学生を中心にデジタルスタンプラリーを企画し，既存のwebサービスを利用してスタンプラリーを構築した。飛騨の家具フェスティバルについては，大きな会場で実施されていたが，密になるため各店舗のショールームに家具を展示して実施された。来場者が各会場（拠点）を回遊できるようにスタンプラリーが企画されたが，スタンプ付近の密集が予測されたため，QRコー

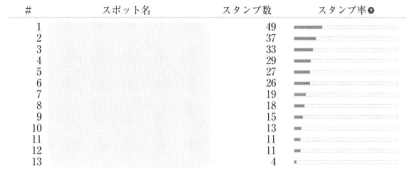

#	スポット名	スタンプ数	スタンプ率❓
1		49	
2		37	
3		33	
4		29	
5		27	
6		26	
7		19	
8		18	
9		15	
10		13	
11		11	
12		11	
13		4	

図 8-7　情報収集画面（スクリーンショット）

ドを読み込む方式のデジタルスタンプラリーを提案した。

　本スタンプラリーは既存のプラットフォームを活用した。スタンプの拠点情報や設定は学生が中心となり実施，サービスとして実装した。本プラットフォームでは，スタンプが押される度にデータベースに情報がアップロードされるため，リアルタイムに利用者の動向を計測することができた。**図 8-7**にスタンプラリーの結果を示す。スタンプが押せる場所（スポット）は 13 ヵ所あり，スポットごとに押されたスタンプの数が表示される。これらのデータは飛騨木工連合に提出した。

3）動画配信による国内外への情報発信

　飛騨の家具フェスティバルにおける新作家具のお披露目として，家具メーカーのショールームを撮影し，YouTube により配信した。ショールーム撮影ならびに動画の編集は学生を中心に実施した。

4）フォトコンテストの実施

　Instagram によるフォトコンテストを実施した。ハッシュタグをつけた写真を SNS にアップロードすることで，新作家具や商品の情報発信を狙った。**図 8-8** は実際に配布したフォトコンテストのチラシである。

図 8-8　フォトコンテストの紹介ページ
出展：飛騨の家具フェスティバル 2020（2020 年）　現在は閲覧できない

2　2021 年度

　2021 年度も前年同様に新型コロナウイルスの蔓延防止のため，海外からの観光客は回復しなかった。そこで，21 年度は，DX にさらに力を注ぐこととし，データとデジタル技術を活用した情報発信，情報収集とそれを活用した新しいビジネスモデルについて検討した。具体的には，飛騨の家具フェスティバルへの参加を中心に，YouTube による動画配信，360 度カメラを使ったバーチャルショールームを実装した。

　21 年度は，新しい試みとしてドローン実習を行い，ドローンの操縦技術を身につけた。実習は朝日大学で実施し，濃飛倉庫運輸から 2 名，朝日大学から 3 名（教員ならびに学生）が国土交通省から飛行許可を得ることができた。

　次に，朝日大学の学部学生によるアイデアソンを開催し，飛騨の家具フェエスティバルでの企画コンペを行った。結果，YouTube での情報発信と，バーチャルショールームが提案された。動画撮影・編集については前年のノウハウを継承し，編集技術を上げるとともに，21 年はメーカーへのインタビュー，ドローン撮影などを実施した。なお，ドローンによる空撮は濃飛倉庫運輸，ならびに朝日大学の双方で行った。

図 8-9　学生のインタビュー風景（著者が撮影）

　動画はイベント開催中に YouTube に投稿することで，視聴者の動向をリアルタイムに計測することができた。結果，海外からの視聴も多いことが示され，国外からも注目されていることがわかった。

1）動画配信による国内外への情報発信

　飛騨の家具フェスティバルにおける新作家具のお披露目として，家具メーカーのショールームを撮影し，YouTube により配信した。ショールーム撮影ならびに動画の編集は学生を中心に実施するとともに，ドローンを使った空撮映像も導入した。図 8-9 に取材の様子を示す。

　図 8-10 は YouTube の閲覧履歴である。この履歴を確認すると，チャンネル登録者ではなく外部からの視聴が約 95％以上あり，海外からの視聴が 15％ほど確認された。YouTube 検索からの視聴が大半を占めており，関係者だけでなく海外を含めて，広く視聴されていることがわかる。

2）バーチャルショールーム

　バーチャルショールームとは Web 上で展開される展示空間を示す。従来の店舗で商品を展示するショールームとは異なり，店舗ではなく，オンライン上にショールームを展開する手法である。今回は，360 度が撮影できるカメラで各店舗のショールームを撮影し 360 度のパノラマビューでフロア内を閲覧できるページを作成した。このことにより，フロアの全体図から見たい場所を選択できるため，現地に行かなくても店内の雰囲気や家具を確認する

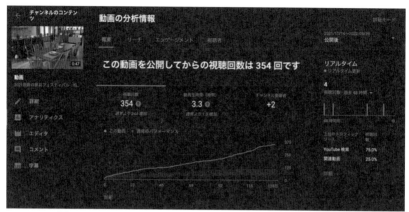

図 8-10　YouTube の視聴履歴と分析結果（スクリーンショット）

図 8-11　HIDA（飛騨産業）のバーチャルショールーム
出展：飛騨の家具フェスティバル 2021（現在は閲覧できない）

ことができる。

第 6 節　まとめ

　本章では，インバウンドをサポートするための情報技術について朝日大学の取り組みを紹介した。観光庁によれば，「政府は，『観光先進国』への新たな国づくりに向けて，平成 28 年 3 月 30 日に『明日の日本を支える観光ビジョン構想会議』（議長：内閣総理大臣）において，新たな観光ビジョン『明日の日本を支える観光ビジョン』を策定しました。この『観光ビジョン』に盛り込まれた受入体制に関する施策について，訪日外国人旅行者がストレスなく，快適に観光を満喫できる環境整備に向け，政府一丸となって対応を加速化していきます。」と，政府の方針を紹介している[3]。

　それに呼応するように，岐阜県高山市では確実に海外からの訪日観光客が増加しており，コロナ禍前の水準に戻りつつある。今後は，海外からの観光客の増加が地域の観光だけでなく，産業を支える経済モデルにシフトするよう新しい技術を取り入れながらドライブする必要があると考える。生成 AI の技術を活用することで，翻訳など言語バリアが取り払われる日がすぐそこまで来ている。デジタル技術は突き詰めていけば，それを意識することなく利用することができる。例えば，スマートフォンの仕組みを知らなくても，誰でも使いこなすことができる。現在，AI は技術の過渡期であるが，いずれさまざまなサービスに投入され，自動運転や自動翻訳など多岐にわたる利用が促進されると予測する。

　これまで地域（地方）は，人，物，金，情報，技術が不足し，都会への人材流出に悩まされてきた。AI がサポートし，通信ネットワークが整備された世界では，地理的（場所や言語を含む）な制約条件が薄くなり，地域において働きやすい環境が整うと考える。そのためには，DX の正しい理解と促進が重要である。

文献

1）日本総研，"わが国のインバウンド需要に本格回復の兆し—2023年のGDPを0.4％押し上げ，"リサーチ・アイ No. 2022-072, Jan. 10, 2023.

2）神戸デジタルラボ，"岐阜県高山市で観光満足度へのナビアプリの影響を比較"，https://www.kdl.co.jp/news/2017/12/seekat_takayama/（2017.12.18 プレスリリース）

3）観光庁，"訪日外国人旅行者の受入環境整備"，https://www.mlit.go.jp/kankocho/shisaku/kokusai/ukeire.html（最終更新日：2023年5月25日）

第9章

あなたのムラは世界全体
〜自分本意で SDGs〜

はじめに

　持続可能な開発目標（Sustainable Development Goals：SDGs，以下 SDGs）が 2015 年に国連決議により採択されてから，本稿執筆時点（2023 年）で 8 年が経過する。2030 年の目標達成を 15 年間で目指す計画において，本年は中間年度に当たる。「周知・認知度を向上させる」フェイズから「実働が求められる」フェイズへと移り変わらなければならない節目を迎えている。

　その目論見通り SDGs に対する周知は広汎に行われている。多くの企業が SDGs 開発目標のマークを広告等に用い，またその取り組みについて積極的な広報活動を行っている。企業にとっては（SDGs との直接的な関連性は低いが）環境に配慮した取り組みを行う企業に対する優先的かつ有利な融資が行われており，自らの企業活動において環境に対する低負荷を主張することが重要かつ急務になっている。一方，初等・中等教育においては，主に総合学習の時間を利用して SDGs についての学習が進められ，一定の年齢層以上よりも子供を含む若年層の方が SDGs に対して詳しい知識を持っているという状況にもなっている。SDGs 関連の様々なイベントが行われ，また NPO 等による活動も盛んである。

　一方で，2030 年に SDGs が達成される見込みは低い。多くの人にとって，SDGs とは単純に「地球に優しい何か良いこと」のような捉えられ方をして

いるのみであり，自らが，何かを実働しなければならないものであるとは考えられてはいないのではないか。日本においては2019年に環境庁によって「レジ袋の有料化」が行われた。これは「ウミガメがクラゲと間違えてレジ袋を食べる」「マイクロプラスチックとなり環境および人体にも蓄積される」などの概念と結びつけられている。これによりマイバッグの利用が普及し，多くの人が地球環境の良化に貢献しているように思っている。だが，それはSDGsの（あるいは脱炭素化の）本質をついた行動ではない。2023年7月は「歴史上最も暑い夏」であるというNASAの発表があった。日本でも最高気温が35℃を超える猛暑日の連続記録を更新した地点が多い。地球温暖化が進むと，北極の氷が溶けて，シロクマが住めなくなるという概念（図案）が，SDGsのシンボルとして用いられることも多い。しかし，それはSDGsの本質ではない。

　本章では，SDGsをムラ（生活圏）の問題から捉える。ムラは居住地の地域共同体である。一方で，ムラは地球全体に広がる概念である。本章ではムラに生きる個人が，地球のどこかにあるムラを対等な立場と関係性にあると捉え，尊重することが，SDGsの本質であると主張する。その立場から，ムラに生きる我々がどのように行動することが，SDGs達成のための実働であるのかについて論ずる。

第1節　SDGsの概要

　国連や日本国政府，地方自治体，NGO・NPOによる解説資料が豊富であり，概要説明は蛇足になる可能性があるものの，本章におけるSDGsの捉え方として説明を行う。

1　持続可能な開発
　なぜ持続的な成長が必要なのか。端的な解答は「あらゆる貧困の解消のため」である。

SDGs のアジェンダ[1]においては，前文に「平和の強化の追求」「極端な貧困を含む，あらゆる形態と側面の貧困」が，持続可能な開発のための不可欠な必要条件であるとしている。アジェンダの「宣言」第 7 節には「我々のビジョン」として，以下のことが述べられている。

> （前略）我々は，すべての人生が栄える，貧困，飢餓，病気及び欠乏から自由な世界を思い描く。我々は，恐怖と暴力から自由な世界を思い描く。すべての人が読み書きできる世界。すべてのレベルにおいて質の高い教育，保健医療及び社会保護に公平かつ普遍的にアクセスできる世界。身体的，精神的，社会的福祉が保障される世界。安全な飲料水と衛生に関する人権を再確認し，衛生状態が改善している世界。十分で，安全で，購入可能，また，栄養のある食料がある世界。住居が安全，強靱（レジリエント）かつ持続可能である世界。そして安価な，信頼でき，持続可能なエネルギーに誰もがアクセスできる世界。

貧困とは何か，という定義は様々である。マルクス主義経済学においては資本家による搾取の結果生じる富の偏在であると考え，スティグリッツは市場の機能不全による生活水準の低下と捉えている［Stiglitz, 2012］。

本節では，SDGs アジェンダを参考にし，貧困を「life（生存，生活，人生）を送るために必要な資源を十分に獲得できない状態」と定義する。貧困は，単純に「お金がない」「食べる物がない」という状態ではない。アジェンダ第 7 節の引用部にある通り，（病気になっても）十分な保健医療にアクセスできない状態，（戦争を含む）暴力から逃れられない状態，教育が得られない状態，これらの全てが"貧困"に当たる。引用部には見られないが，十分な通信手段（インターネットへのアクセス）が得られない状態も，現代社会においては貧困の一部を為すと言えるだろう。

貧困に関しては，絶対的貧困と相対的貧困の区別および双方の同時的な解消についても，大きな課題となっている。

絶対的貧困は，必要な資源が絶対的に得られない状態である。例えば，食料や安全な水，自然環境へのシェルター（家屋）が得られない状態を指す。SDGs アジェンダでは，開発途上国における絶対的貧困の解消を第一義とし

ている。

　一方，相対的貧困は，ある国家あるいは地域内で，他者と比較して十分な資源が得られていない状態である。"豊かな先進国"においては，危機［Caplan, 1964］に対して十分な支援が得られない状態と言い換えることもできるだろう。危機とは「人生上の重要目標の達成が妨げられたとき（中略）克服できない結果，発生する状態」とされている。危機理論やコミュニティ支援の分野においては，危機に対する十分な（金銭などの）物質的支援や，（人のつながりによる）心理的支援，（情報提供による）手段的支援，（行政や法による）制度的支援が適切に行われ（エンパワーメント），危機に陥った人が問題解決を行えた場合に，その人の人間的成長が望めるとされている。相対的貧困とは，十分な支援を得ることができずに，危機にある人が危機のまま取り残されている状態であると考えることができる。それは「誰一人取り残さない」SDGsの目標が未達成の状態に合致し，さらに身近なコミュニティで「貧困に陥って困っている人」を表すことができる。

2　SDGsの17の目標[1]

　よく知られているように，SDGsは17の目標で構成されている。本章では，主に目標1から5までを取り上げるが，第3節において，我々の身近なムラと目される岐阜県におけるSDGsについても論ずるため，全ての目標について取り上げ解説する。なお，それぞれの目標についての解説は，目標に附則するターゲットを，本章での内容に合わせて再構成したものである。なお，それぞれの目標の末尾の〈括弧〉内に示したものは，本章内で目標を示す際に把握を簡易に行うために，執筆者が独自に付与した略称である。

1）目標1：あらゆる場所で，あらゆる形態の貧困に終止符を打つ〈貧困〉

　　　　　　　　　　本章での貧困の定義は，人が必要な資源を十分に獲得できない状態である。ターゲットでは開発途上国における絶対的貧困の解決が強調されており，それはもちろん重要な課題である。一方で，本章では相対的貧困も重要な問題として考える。“先進国”における相対的貧困の解消がない限り，絶対的貧困の解消は困難であるという議論を行っていく。

2）目標2：飢餓を終わらせ，食料安全保障及び栄養改善を実現し，持続可能な農業を促進する〈飢餓〉

　　　　　　　　　　日本国内に在住する者にとって，飢餓の問題は開発途上国における遠い問題（我々が支援してあげる話）だと思われる場合が多い。日本の食糧自給率を考慮すると，実際には日本は飢餓に直面していると考えられ，気候変動や国際関係の変化により，餓死者を多数出してしまうリスクを抱えている。

3）目標3：あらゆる年齢のすべての人々の健康的な生活を確保し，福祉を促進する〈健康〉

　　　　　　　　　　日本では国民皆保険制度や先進医療を享受できる経済性を持つために，平均余命が長い国という立場を維持し続けている。一方で，新型の伝染病（例えばCOVID-19の蔓延）に対する公衆衛生上の弱点も見いだされている。

4）目標4：すべての人々への包摂的かつ公正な質の高い教育を提供し，生涯学習の機会を促進する〈教育・学習〉

　日本の大学進学率は50％前後を推移しており，高等教育へのアクセスは十分に高いとは言いがたい。さらに，生涯学習の持続，在住外国人への教育機会の提供，女性の高等教育など，他の目標にも関連する課題として，「すべての人々への」教育（学習機会）の提供が求められている。

5）目標5：ジェンダー平等を達成し，すべての女性及び女児のエンパワーメントを行う〈ジェンダー〉

　性的少数者の問題と絡めて捉えられることが多い目標であり，その人権保護と多様性の尊重は急務となっている。一方でジェンダー的な意味での女性は，いまだに男性と平等な立場にあるとは言えない。第3節において詳しく論ずるが，「女性が弱い立場に置かれ弾圧され性的被害に遭っている」とされる一部の国のことではなく，他ならぬ日本がジェンダー不平等な国である。女児についても児童婚は法により禁止されているが，教育（最終学歴や進学先）の不平等などを考慮すると，平等性が確保されているとは言いがたい。

6）目標6：すべての人々の水と衛生の利用可能性と持続可能な管理を確保する〈水と衛生〉

　清潔な飲料水の確保と，それを維持するための下水（排水）の整備については，日本ではおおよそ達成されているように見える。一方で，日本は「1人あたりの利用可能降水量が約5100 m³/年・人と，世界の平均である2万2000 m³/年・人の4分の1程度[2]」であり，

水資源が豊かな国とは言えない。さらに輸入される穀物や食肉を生育する際に使う水の量を考慮すると，日本は大量の水資源輸入国であるということが指摘されている。

7）目標7：すべての人々の，安価かつ信頼できる持続可能な近代的エネルギーへのアクセスを確保する〈エネルギー〉

　脱原発の動きによって，また太陽光発電の（乱）開発によって，我々が最も身近に感じ取ることのできる目標である。はたして再生可能エネルギーによる電化が最良の解決策と言えるのかどうかは，第5節で議論する。

8）目標8：包摂的かつ持続可能な経済成長及びすべての人々の完全かつ生産的な雇用と働きがいのある人間らしい雇用ディーセント・ワークを促進する〈雇用と働きがい〉

　日本においてはブラック企業，（自死を含む）過労死に対して，社会的な関心の高まりと政府の施策により，いわゆる働き方改革が推進されている。いまだ不十分とは言え，ワークライフバランスの促進などについては変革が進んでいる。一方で，少子化による働き手不足の深刻化による影響が懸念される。

9）目標9：強靱（レジリエント）なインフラ構築，包摂的かつ持続可能な産業
化の促進及びイノベーションの推進を図る〈インフラ〉

高度経済成長期に整備されたインフラの同時老朽化が問題となっており，計画的なメンテナンスと再整備が必要とされている。これについても人口減少と過疎地域の増加により，「見放される地域」が出現することが懸念される。

10）目標10：各国内及び各国間の不平等を是正する〈不平等〉

ダイバーシティ（多様性）の確保の問題として捉えられる場合が多いが，その内容は多岐に渡る。「国内及び各国間」の文脈で考えるならば，人口減少社会となる日本においては，移民対策が今後の焦点となっていくだろう。この話題については第4節で議論する。国際的な貿易の不均衡の解決（フェアトレードなど）や，貧困，ジェンダー，障害・病気などによるインクルージョン（包括化）の課題も含まれている。

11）目標11：包摂的で安全かつ強靱（レジリエント）で持続可能な都市及び人
間居住を実現する〈都市〉

COVID-19の蔓延は，都市の感染症に対する脆弱さを如実に示す問題であった。歴史上，ペストやコレラ，インフルエンザなどの蔓延は，都市部において猖獗を極める。それは，人口の集住という資源の効率的消費に有利な都市の居住形態が，反面として公衆衛生上の問題を孕むことを示す。一般的にはスラム解消の課題として捉えられる目標だが，ポスト・コロナ時代においては，新型感染症が生じた場合に，いかに都市機能を喪失しないで対策を取らなければならないかという問題に直結する。

12) 目標 12：持続可能な生産消費形態を確保する〈生産消費〉

　　　　食品ロス，サプライチェーン，フェアトレードの文脈に位置づけられることの多い目標である。日本においては食糧自給率の問題と絡み，目標3との関連性が高いと考えられる。

13) 目標 13：気候変動及びその影響を軽減するための緊急対策を講じる〈気候変動〉

　　　　「割れた氷の上にいるシロクマ」のイメージであり，脱炭素化社会の実現と密接に関係しており，さらに目標7との関連性が高い。

14) 目標 14：持続可能な開発のために海洋・海洋資源を保全し，持続可能な形で利用する〈海洋〉

　　　　「クラゲと間違えてビニール袋を食べるウミガメ」のイメージであり，海洋廃棄物や化学物質汚染の問題に関連している。海なし県の岐阜県ではあるが，目標15と合わせて，責任のある目標であることを第4節で考察する。

15) 目標15：陸域生態系の保護，回復，持続可能な利用の推進，持続可能な
　　森林の経営，砂漠化への対処，ならびに土地の劣化の阻止・回復及び生
　　物多様性の損失を阻止する〈陸域生態系〉

　　　　　　　　　　世界的には砂漠化の進行阻止という文脈で捉えられ
　　　　　　　　ることの多い目標である。一方で，日本においては森
　　　　　　　　林崩壊，里山崩壊の文脈で考える必要がある。人口減
　　　　　　　　少と林業の不活性化によって，日本の森林は荒廃した
　　　　　　　　まま無秩序に増加する傾向が見られる。野生生物の市
街地への出没は，「森に餌がなくなったから」ではなく，動物数の増大と森林
管理の破綻によるものである。

16) 目標16：持続可能な開発のための平和で包摂的な社会を促進し，すべて
　　の人々に司法へのアクセスを提供し，あらゆるレベルにおいて効果的で
　　説明責任のある包摂的な制度を構築する〈平和と公正〉

　　　　　　　　　　現実に戦争がなくならない世界での野心的な目標で
　　　　　　　　はあるが，資源の暴力的な争奪（戦争）に代わる新たな
　　　　　　　　問題解決法を用いない限り，ここまでの15の目標（特
　　　　　　　　に貧困問題）は達成できないという意味において重要で
　　　　　　　　ある。

17) 目標17：持続可能な開発のための実施手段を強化し，グローバル・パー
　　トナーシップを活性化する〈パートナーシップ〉

　　　　　　　　　　この目標は，以上の16の目標を達成するために，世
　　　　　　　　界中が相互に支援し合う体制を作らなければならない
　　　　　　　　という趣旨である。ターゲットには国際社会（国，政府
　　　　　　　　機関および国際組織）が達成するべき多くの政策目標が
　　　　　　　　並んでおり，他の目標と比較して若干異質ではある。
この目標において達成すべきと思われる，世界中の人間が自らのコミュニ

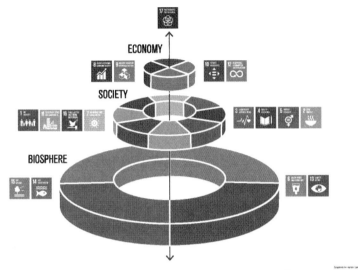

図 9-1　SDGs のウェディングケーキモデル[2)]

ティにおいて目標達成することを通じて，全世界での SDGs 達成を目指すという方向性を敷衍・論考したのが本章の内容ということになる。

18) SDGs のウェディングケーキモデル

以上の 17 の SDGs は，内容が重複しており，因果関係が相互的・相補的であり，全体像を捉えることが困難である。通称「SDGs のウェディングケーキモデル」は，2016 年の EAT 食糧フォーラムにおいて，Johan Rockström と Pavan Sukhdev が提唱したモデルである[3]（図 9-1）。

モデルにおいて，開発目標は「生態圏」「社会」「経済」の 3 つの階層に分類される。目標 6，13，14，15 は生態圏の目標とされ，開発資源の根幹を支える地球環境全体に関わるものとして分類される。目標 1，2，3，4，5，7，11，16 は社会の目標とされ，基本的人権およびそこから派生する人間性を確保する権利について分類される。目標 8，9，10，12 は経済の目標であり，世界経済と開発に関わるものである。目標 17 については既述の通り，SDGs を

実現するために必要な，人々の根幹的なパートナーシップを示す。

　このモデルは「自分と関わりのある目標は何か」「どの目標が他のどの目標と関連するのか」ということで"行きつ戻りつ"しがちな17目標の関連性を整理した優れたモデルである。重要な点は，17の目標は持続可能な開発という1つの大目標の様々な側面を示しているということである。ある1つの目標のみを達成することは不可能であり，ある目標の達成に着目し実働をする場合においては，関連する他の目標も同時に達成する必要がある。最終的には全ての目標が達成され，持続可能な開発が成立するということになる。

　本章においては，このモデルの整理・分類を参考にしながらも，自分のムラでの目標達成が世界のムラでの目標達成につながるという点についての議論を進めていく。そのため「生態圏」「社会」「経済」の枠組みにとらわれることなく，我々自身のムラである岐阜県における目標間の関連性を独自に分析しながら論考する。

第2節　ムラの定義

　本章では，独自の概念としてムラを定義する。ムラは生活圏であり，生活（Life，生きること，生命）を維持する資源を獲得する圏域である。それは小さな意味では村落共同体を表すが，持続可能な成長の文脈では地球全体であることを示す。

1　本章執筆者の過去におけるムラ概念

　本章執筆者（畦地）は，過去にコミュニティの中での動的な知識の相互作用（Dynamic Knowledge Interaction）を阻害するコミュニティの形態としてムラ概念を規定した［Azechi, 2000；畦地 2016］。本章におけるムラは，その概念とは異なるものであることを示すために，紹介する。

　畦地［2016］のムラは，日本の窮屈で自由にものが言えない「ムラ社会」を念頭に置いて構成されている。その特徴としては，①メンバーが固定され，

②社会勢力関係（上下関係）が固定され，③社会的勢力の小さい者が大きい者に対して自由に発言できないという，権威主義的な性質を持つ集団である。これは，日本に歴史的に実在した村落共同体で顕著であった特徴とは言いがたいが，主にインターネット上のコミュニティにおいて他者の意見の表明を阻害したり，集団で一部の他者を攻撃したりする様子を描写するために立論を行った。

　現在でもこの概念は有用であると考えられるが，本章におけるムラの概念は，次節における定義に基づくものであることを強調しておく。

2　生活圏域としてのムラ

　本章におけるムラは，「life（生存，生活，人生）を送るために必要な資源を獲得するための場」であると定義する。これは第1節第1項で規定した貧困の定義の変形と述べることもできる。英単語の life の便利な多義性に依存する定義であるが，近いドイツ語の単語として「生活世界（Lebenswelt）」を挙げると現象学的な間主観性の議論となり，「生存圏（Lebensraum）」と呼ぶと領土拡張主義の議論となる。

3　ムラの大きさ

　本章では，人が自分の身の周りの生活をする場の呼称としてふさわしい，近世村落（あるいは現代における単位自治会）を示す言葉としてムラという言葉を用いる。開発途上国あるいは先進国において，どのような場合にも人は，自分の生活資源を獲得するために一定の相互作用を持つ人間関係の中に生活している（生きている）。あるいは"定住地""拠点"と考えてしまいたいのだが，非定住生活を営む人たちにおいても，完全なる孤独の中で生活する（生きる）ことは不可能である。生活資源獲得のための自然な最小単位として，ムラという言葉で代表させる。

　比較人類学者のダンバーは［Dumber, 1996］，様々なサルの相互作用（毛づくろい）観察と，サルの脳容積の関係性から，人間が相互作用を行える人数を

150人前後（ダンバー数：Dumber Number）と推定した。ダンバーはサルの毛づくろいに代わり，人間は言語を用いた"おしゃべり"によって相互関係を維持していると述べている。進化生物学的な文脈からは，人は互いに互いの意図を読み合うことによって，利己的あるいは利他的な行動を維持すると考えられており，意図の読み合いが行える限界数が150人であると述べることもできる。ダンバー数は推定値あるいは経験則的な概念ではあるが，例えば軍隊の1人の指揮官が直接的に指揮できる限界の中隊規模が，およそ150人から200人とされているのと符合する。近世村落あるいは単位自治会についても，「顔と名前の分かる」人数は150人程度と考えられ，それを越えたムラにおいては階層的な構造（村長を集めた寄り合いにおける顔役や，自治会長を集めた連合自治会における会長など）が必要と考えられる。

　一方で現代社会におけるムラは，全世界でもある。なぜなら，どのような国や地域に居住する（生きる）人間であっても，世界中からの資源の獲得がなければ生活を維持することが不可能だからである。本章では深く取り上げないが，地球環境の変動を考えた場合，他の文明から隔絶した民族にとっても，やはりムラは世界全体であるということになる。

　例えば食料やエネルギーなどの生体を維持するための資源については，ほぼ全ての人間が少なくとも一部を他国・他地域からの資源に頼っている。化石燃料はもとより，食料生産に必要な肥料，食料生育のための水資源などの貿易が行われることにより，ムラはその人が見たことも聞いたこともない世界へと拡張される。さらに，情報通信インフラストラクチャー（インターネット）においては，利用できないことが生活（生存）不能になる危険性を孕むほど大きな資源となっている。ネットにアクセスできないことは，生活資源や危機回避へのアクセス法を知ることができない危険性につながる。

　ムラは身の周りであり，世界全体である。この考えを元に，我々のムラの大きな部分を占める岐阜県におけるSDGsの課題について考える。

第 3 節　岐阜県における SDGs

　岐阜県においては，清流の国推進部に SDGs 推進課が設置され，「地方創生を推進する原動力であり，アフター・コロナ社会に向けた取組みを進めていくうえで，重要な指針となる SDGs を推進」している[4]。岐阜県は内閣府の令和 2 年度（2020 年度）SDGs 未来都市として選定された。一方で，（株）ブランド総合研究所による「第 4 回地域版 SDGs 調査 2022」の結果において，岐阜県は最下位の 47 位であった[5]。ブランド総合研究所による調査は，在住都道府県民に対し「自分の自治体が SDGs に取り組んでいると思うか？」と問い，「そう思う」と回答した者の割合を比較する単純なものであり，これをもってして岐阜県（行政や住民）の SDGs に対する認識や取り組みが低いと単純に主張するべきではない。ただし，岐阜県在住者が自らのムラである岐阜県において，具体的にどのような SDGs 上の課題があるかを知る者が少ないということを示す，一つの目安にはなるだろう。

　以下では，岐阜県と在住者が直面している SDGs の課題を，4 つにまとめて取り上げる。

1　貧困に関する課題

　岐阜県で見られる貧困は，主には相対的貧困であると考えられる。SDGs 目標 1 のターゲット 1.1 には「1 日 1.25 ドル未満で生活する人々と定義されている極度の貧困」という表現があり，これが絶対的貧困線であると考えることができる。以下に述べる岐阜県における貧困線（等価可処分所得が 122 万円未満）をドル建て換算すると（為替相場によるが）1 日 25 から 30 ドル程度となり，これをもってして多数の県民が絶対的貧困のラインにあるとは言えない。

　もちろん，これは県内に絶対的貧困が見られないという意味ではない。厚生労働省による令和 3 年（2021 年 1 月）調査の結果では，岐阜県内には 6 人のホームレスが居住しているとされている。彼（彼女）らは，安全な住居（家屋/

シェルター)を得られていないという意味において,絶対的貧困に陥っていると見なすことができる[3]。同調査によると,ホームレスの数は全国的に(岐阜県内でも)年を追うごとに減少しているという傾向にある。これは福祉政策の手が届くことにより,例えば生活保護の給付,その前提となる住所の提供,それに協力するNPO等の人権団体の活動が実を結んでいるという成果が挙げられる。一方で,非正規労働者等が短期間に居住地を変え,雇い止めになると同時に住居を失う「隠れホームレス(不安定居住・不安定就労層)」が統計に上らない相当数存在するのではないかという指摘もある[6]。

　一方で相対的貧困については,「子どもの貧困対策」に焦点を当てた問題意識の共有と施策が行われている。令和2年(2020年3月)の「岐阜県子どもの貧困対策アクションプラン」においては,等価可処分所得122万円(貧困線)未満の世帯を貧困と定義している。同報告書における岐阜県の平成30年(2018年)度の子どもの貧困率は7.2%であり,厚生労働省の平成28年(2016年)国民生活基礎調査における結果である13.9%よりは低水準であると(限定条件つきながら)述べられている。しかし,貧困児童生徒においては,例えば学習時間が少なく,将来の最終進学希望学歴が低く,自己肯定感が低いという結果が述べられている。また,朝食を食べない子どもの割合も低所得者層では高くなっており,施策としての子ども食堂の利用意向なども含めて,現代では死語とされている「欠食児童」の存在も伺える結果となっている。

　貧困の連鎖[4]は確実に存在している。これらの課題は,SDGsの目標1〈貧困〉のみならず,目標4〈教育・学習〉,目標10〈不平等〉,目標16〈平和と公正〉に関わってくるものであると考えられる[5]。さらには子供の欠食については目標2〈飢餓〉にも関連している可能性が高い。

2　差別に関する課題

　世界経済フォーラムが2023年版として発表したジェンダー・ギャップ指数において,日本は調査対象146国中125位であった。これは過去最悪のランキングである。なお上智大学を中心とした研究グループ「地域からジェン

ダー平等研究会」が発表した都道府県版ジェンダー・ギャップ指数（2023 年版）[7]においては，岐阜県は（全国 47 都道府県において）「政治 29 位，行政 10 位，教育 16 位，経済 37 位」という結果になっている。こちらについての総合順位は示されてはいないが，性平等的な県であるとは言えないだろう。岐阜県は，世界でもジェンダー・ギャップが大きい国の，恒常的な下位県である。我々の身近なムラは，世界で最も性差別が行われている地域の一つと主張することができる[6]。

　都道府県版ジェンダー・ギャップ指数の下位指標と県内の社会状況を省察すると，以下の特徴が見られる。なお，教育については，次項において独立して分析を行う。

　第 1 に「行政 10 位」については，県庁における要職（管理職や審議委員等）の性比の差が小さいことが貢献しているように見える。一方で副知事は男性のみであり（全国 9 位となっており，ほぼ全ての都道府県で女性の副知事がいないことを示している），市町村については依然として女性管理職の割合が小さい。県が積極的にジェンダー・ギャップの解消に取り組んでいる努力が見られるが，各市町村などの身近なムラのレベルには浸透していないと考えることができる。

　第 2 に「政治 29 位」については，非常に特徴的である。岐阜県は，歴代知事に女性が 1 名も存在していない。2023 年調査時点の市町村長に女性が存在しない。県議会の性比は全国 29 位であるが，定数 46 名に対して 4 名である。国会議員については県内 7 名の議員中 1 名が女性であるが，比率としては全国平均的（23 位）である。

　第 3 に「経済 37 位」については，フルタイム以外の仕事に従事する者の賃金の性比が比較的小さい（全国 12 位）のに対し，フルタイムの仕事に従事する者の賃金の性比が大きく（全国 39 位），フルタイムに従事する者自体の性比も大きい（46 位）。法人の管理職の性比も大きくなっている（42 位）。

　以上の課題は，SDGs の目標 5〈ジェンダー〉，目標 10〈不平等〉，目標 16〈平和と公正〉に関連する一方，目標 8〈雇用と働きがい〉，目標 1〈貧困〉に

も関連する。地域性（ムラ）としての岐阜県内で，どのようなジェンダー・ギャップが生じているのだろうか。

　第1に「女は前に出るな」という保守的な地域性が関連していると考えられる。女性の社会的役割として求められるのは長となることではなく，育児・家事などに関連する「見えない仕事」をすることである。例えば，岐阜県PTA連合会における役員は，29名中女性が4名である（ただし会長は女性）。多くの小中学校PTAにおいて会長を男性が務め，女性はPTA活動の実働（見回りやベルマーク回収）を行うという役回りになっている。男性は日中はフルタイムで勤務している者が多い。いわゆる高度経済成長期的な性役割分担になっている。

　なお，岐阜県内は政治においても「女性が看板ではあるが，実は重視されていない」ということを象徴する事例が見られる。野田聖子衆議院議員は1987年に初当選して以来，当落はありながらも，大臣の歴任を含めた多大な政治活動を行ってきた。政治的立場はジェンダー平等および多様化の尊重，ワークライフバランスの重視というものである。「岐阜は野田聖子を選出している土地」として"リベラル"な気風を持つと捉えられる場合が多い。しかし，他6名の男性衆参議員は保守的な政治的立場を表明している者が多い。なお，野田氏も含めて保守政党である自由民主党に所属する議員であり，岐阜県が保守王国と称される場合もある。保守的な風土を意図的に隠蔽するために野田議員が存在している訳では全くないのであるが，第2の野田聖子（女性国会議員）が輩出される気配がないことが，岐阜県特有の社会的雰囲気を物語っていると言えるだろう。

　第2に，第1の原因と関連しながらも逆説的な表現になるが「豊かな地域」であることが考えられる。経済的に困窮している，いわゆるシングルマザーが多く存在し，さらなる支援策が必要となっていることは言う間でもない。しかし，県内において多くの女性が「親の近くに住んで，あるいは同居して，与えられた役割を果たす」ことを可能にしている社会的背景が存在すると推測される。総務省統計による「持ち家比率（2018年）」[8]は74.3%であり，全国

5位である。地価が低い場合に持ち家比率は高くなる傾向にあるが，それだけでは説明できない。どちらかというと，地域に代々に渡って居住し続けている者が多い「地方部」であり，それが近代化，都市化，ベッドタウン化した結果であると言えるだろう。持ち家は上の世代からの（直接的・間接的な）相続によるものであり，あるいは社会的な流入によって得られたものである。いずれの場合にせよ，男性がフルタイム労働を維持しながら，女性は家事・育児やパートタイム労働をするということにより，持ち家のある生活が維持できるという点が，岐阜県が「豊かな地域」であることの証左となる。非常に不本意だが「女性がフルタイム労働をする必要のない」社会環境であると表現することもできる。

　第3に「中小企業が多い」ことが挙げられる。総務省による「令和3年経済センサス―活動調査（速報）集計結果」[9]によると，岐阜県内の従業員数100人以上の企業の割合は1%である。これは大企業（従業員数300人以上）の占める割合の全国平均4.5%よりもはるかに低い。一方で，従業員数1〜4人の零細企業の割合は59.1%であり，全国平均の16.7%よりもはるかに高い。一般的には中小（零細）企業においてはフルタイム雇用を維持する力が小さく，パートタイム・非正規雇用に労働力を頼る傾向にある。また，結婚・出産を機に退職した女性がフルタイムの正規雇用を得る復職機会も小さく，それに適した労働市場も小さいと考えられる。

3　教育に関する課題

　都道府県版ジェンダー・ギャップ指数において岐阜県は「教育」の項目で16位となっている。下位指標によると，岐阜県は4年制大学進学率の性差が全国33位となっている。

　この原因についての岐阜県の事情を勘案すると，推測が非常に複雑になる。まず，調査は大学の所在地での測定となっており，「県内4年制大学の学生の性比」が示されているということになる。一般的にジェンダー不平等な状況下では「女性学生は地元の大学に自宅から進学させる」ことが多く，そうで

あるならば県内大学の女性学生の割合は高くなるはずである。ところが，岐阜県内の4年制大学においては，一般的に「県外に流出した学生数を，県外学生を獲得することにより埋めている」という状況になっている[7]。

　JSコーポレーションによる「都道府県別大学人気ランキング」[10]は，当該県の高校生を対象にして，進学先として興味のある大学を選択してもらう調査である。2023年版調査によると，県内私立大学の人気順位としては朝日大学（本学）が1位，岐阜聖徳学園大学が4位であるものの，上位には愛知県の大学が名を連ねている。これは，岐阜県の特に人口集住地域である東海道線と中央線の沿線において，名古屋圏で職を持つ者が住居を構えているという場合が多いという特性と原因を一にする。県内の私立大学9校よりも，より選択肢が多く通学もしやすい名古屋圏の大学を選択するのは自然であろう。

　問題は，その際に県外大学に女性学生が進学できているかどうかということである。女性学生を県外大学に進学させるという意識が低く，さらに県内大学にも進学させないという事情が，進学率の性差の原因となっているのではないだろうか。なお，全国的な傾向ではあるが，岐阜県においても女性の短期大学への進学率は男性に比して高い（女性70.0%対男性30.0%）[11]。この原因としては「女子（女性）は親元に置いておきたい」「女子を4年制大学へ進学させる学費が不要な支出である」という意識が強いからではないかと考えられる。

　全国的な傾向としても，NHK放送文化研究所による「第10回日本人の意識調査」[12]において，大学までの教育を受けさせたいと考える人の割合は，女性に対しては61%であったのに対し，男性に対しては72%であった。その差は11ポイントである。同報告書の記述によると，1980年代までは20ポイント台であったため，女性の進学に対する意識は変容していると考えられる。しかし，例えば「婚期が遅れる」「『出産・育児で退職するまでの就職準備』のための進学」という"昭和の意識"が根強く残り続けているために，女性の4年制大学率が低くなっているのではないだろうか。

　本節では女性の高等教育へのアクセスの低さについて述べた。これは

SDGs の目標 4〈教育・学習〉，目標 5〈ジェンダー〉目標 10〈不平等〉，目標 16〈平和と公正〉に関わる問題である。岐阜県および県内各大学では，この ギャップを埋めるために様々な施策を行っている。例えば県外大学への学生 の流出を食い止めるための魅力ある大学づくり[8]，学費の減免措置などであ る。一方で，それらの施策が問題解決や支援に即効性のある効果を及ぼして いないことも確かであり，さらなる実働が必要とされる。

4　環境に関する課題

　本章執筆時において，コクチバスの長良川流域における生息が拡大してい ることが話題となっている。侵略的外来生物による固有生態系の攪乱は，自 然環境破壊という意味では非常に大きな問題である。これは目標 15〈陸域生 態系〉の保護に含まれ，生態系と生物多様性の価値を損じないようにすると いうターゲットに抵触する。

　一方で，国際連合食糧農業機関に認定されている世界農業遺産の「清流長 良川の鮎」は，稚鮎を年間 120 トン放流することで維持されており，その半 数の 60 トンが琵琶湖産である[13]。間野ら［2014］によると，長良川で捕獲さ れた鮎のうち「天然遡上個体 86.1%，人工種苗 9.7%，海産種苗 4.2%」と なっている。「湖産種苗とされる個体はこれらの標本には含まれていなかっ た」とされているが，人工種苗の半数，全体のおよそ 5% が長良川の鮎ではな く琵琶湖産の「外来」鮎であるのではないかと推測できる。

　本章執筆者の立場は「外来種と在来種の混交が，ただちに生物多様性を損 なっているとは言えない」「混交するからには同種であると判断できる」「地 方種，亜種の固有性は重要だが，混交によって消滅する特徴は適応により固 定された固有の物であるとは言いがたい」というものである。そのため，長 良川の鮎が外来の琵琶湖産の鮎によって"汚染されている"とは主張しない。 しかし，SDGs 目標上は，この現象は明らかにターゲットに反する。SDGs を 考え実働することは，「考え方(認知)」のレベルから非常に困難なことである。

　環境問題については，気候変動と脱炭素化，クリーンエネルギーの開発と

普及（目標7〈エネルギー〉，目標13〈気候変動〉）が重要視され，岐阜県内でも取り組みが行われている。しかし，ここでは岐阜県特有の問題として，里山環境の持続不可能性について述べたい。

　岐阜県では一部地域の指定も含めて17市町村が過疎地域に指定されている[14]。その多くは中山間地域であり，「豪雪地帯や振興山村地域など他法に基づく地域指定を受けている市町村が多い」。人口の減少により耕作放棄が行われる田畑が多く農村が成立しなくなっている一方，中世以降盛んであった林業の衰退により，山林の資源利用サイクルが停止している。スギやヒノキなどの針葉樹は建材として県（美濃・飛騨地方）の特産品であり，定期的な伐採と植林がくり返されることにより山林の環境が保たれていた。現在では手入れがされないまま倒木が放置される場所や，樹種の保水力の弱さから豪雨による山崩れが生じている箇所も散見される。

　このことから，県内では2つの問題が生じている。1つ目は野生動物と人の接触頻度が高くなっていることであり，2つ目は竹林の侵食である。

　全国的に問題になっている野生動物の個体数増と人との接触頻度の増加の原因については，様々な説がある。気候変動により山林に動物の食料がなくなったという説がある一方で，山林の無秩序な増加により食料が多くなったために個体数が増加したという説もある。いずれの場合にせよ，野生動物が人の居住地域に頻繁に姿を現すようになった原因には，山林が居住地に接触するようになったためであると考えることができる。

　林野庁のデータによると，森林蓄積量は，日本の場合は増加している[15]。これは目標15〈陸域生態系の保護〉の達成に向いた方向であると考えることもできる。しかし実際には山林の手入れが為されぬまま，野放図に森林が増殖した結果としての蓄積量の増加であると考えることができる。山林が増殖し，それまで緩衝地帯として存在した里山，持続可能に利用されてきた山林が崩壊した結果として，野生動物が人の居住地に姿を見せるようになったと推測することができる。

　その証左として挙げることができるのが，竹林の爆発的な増加である。荒

廃した里山（耕作放棄地や資源化されなくなった山林）において，竹による草原化が生じる場合が多く，県内でも多くの自治体が対策を行っている。竹は強固な地下茎により増殖するために，他の樹種の生育を阻害する。野生動物と同じく人の生活圏に侵入し，建物等の人工物へ被害を与える。保水力が小さいために，水害の防災上の観点からは有害であると言える。

　以上のように，岐阜県内では山林の荒廃に基づくSDGs上の問題を抱えている。もちろん，ゴミの排出と処理の問題（目標11〈都市〉，目標12〈生産消費〉）などの一般的な環境問題に対して達成すべき目標も多い。ただ，海なし県として忘れがちなのが，岐阜県内の環境問題が目標14〈海洋〉に直結するということである。木曽川水系の水質汚染は，直接的に伊勢湾の水質汚染に影響する。工場・生活排水などの産業的な汚染もさることながら，山林の荒廃による土砂の流出・富栄養化などは，岐阜県民にとって重要な生活資源である河川の利用価値を減少させるだけではなく，海洋の利用可能性も低下させる。SDGsは1つの地域内で各目標を達成すれば良いという目標ではなく，隣のムラ，世界中の他のムラと連結している一蓮托生の問題であるということを考えることができる。

第4節　あなたのムラは世界全体

　本節では，地尊心［畦地，2015］の考え方を援用しつつ，SDGsの達成に必要な，対等な地域としてのムラとムラの対等な関係性および相互尊重について述べる。本章におけるムラが，自分の身の周りのムラを示すのみならず，世界中のムラ全てのことであることを示す。

1　ムラ間の対等な関係と尊重

　畦地［2015］は「地尊心」という概念により，①人が自分の地域に対する誇りを涵養すること，②他の地域に居住する人が持つ地域に対する誇りを理解すること，によって地域同士がその誇りを尊重しながら対等な関係性を築

いていくことが可能であると論じた。畦地［2015］の論点では，観光が主要な産業になり，また少子化によって人口の社会変動が活発になる時代において，自分の地域に対する理解および他の地域との相互理解が重要であるとするものであった。SDGsにおけるムラの概念においても，この考え方は援用できる。

　持続可能な開発を行うにあたり，最も重要なのは，自分が住んでいる地域としてのムラである。はたして，自分の住むムラは2030年にSDGsの17目標を達成できるであろうか。あるいは1つでも達成できるだろうか。さらに言うのであれば，現在，達成できるような実働を行っているだろうか。この場合の「自分が住んでいる地域としてのムラ」には多義性が存在する。生活資源を獲得する場としての最も小さいムラには単位自治会などの地域共同体，その外側には市町村などの自治体，第3節で取り上げた県単位のムラが存在する。それだけではなく，家族や職場・学校，各種団体などの，必ずしも地域性に立脚しないムラも存在するだろう。ここには，コミュニティを取り扱うときと同様の定義のしづらさが存在する。

　しかしながら，まずは自分が所属しており，生活資源の獲得に直接的に必要ななにがしかのムラを考えた場合に，それがいくつかの絡み合うレベルの混在であっても，ある種の空間と人間関係を想定できるはずである。その中で，取り組むべき，重要な，達成すべき目標は何であろうか。

　本章執筆者は大学教員であり，岐阜県瑞穂市に在住している。よって自分のムラにおいては目標4〈教育・学習〉と目標11〈都市〉に興味がある。自治体との職務上の連携した活動経験によって，目標1〈貧困〉，目標13〈気候変動〉，目標15〈陸域生態系〉についても興味がある。自分の研究の根本としては，目標5〈ジェンダー〉と目標16〈平和と公正〉の差別問題につながる部分が重要であると確信している。

　しかし，それだけが自分のムラにおけるSDGsではない。

　執筆者がムラのSDGsを達成するためには，パソコンとインターネットと出版，すなわち電気と通信手段が不可欠である。すなわち，この章を執筆し

て広く意見表明することが執筆者の SDGs に対する実働である。これは他の
ムラの住人たちによって支えられている。そこで重要になるのは目標 7〈エ
ネルギー〉と目標 15〈陸域生態系〉である。電気はどのムラから来ているの
か。石油資源の多くはアラブ諸国から輸入されており，そこでは，そのムラ
で生活している人たちが資源を消費し獲得しながら生活して（life 生きて）い
る。紙の原料となる森林資源は北米から輸入されており，そのムラの人たち
も生活して（life 生きて）いる。その資源獲得のために，人たちが直面している
問題と目標は何であろうか。あるいは貧困かもしれず，あるいは働き方かも
しれない。自分が得ている生活資源に関わる全ての目標を把握し達成するた
めの実働は困難である。

　しかし我々は，ともかくも自分のムラについての目標を把握し，達成に向
けての実働を行うことが可能である。

　SDGs は決して慈善でもないし，良いことをしているわけでもない。コン
ビニでレジ袋をもらわずマイバッグを持参することによってウミガメを助け
る運動でもなければ，レジで募金をして世界の“恵まれない人”を助ける運
動でもない。強いて述べるのであれば，自分と自分のムラが勝手に助かるた
めにだけ行う実働である。自分本位の，自分のムラが持続可能な成長を遂げ
られるような目標達成をして行かない限り，世界全体のムラでの SDGs の目
標達成などできるはずがない。

　全てのムラが，自分のムラでの目標達成を自分で行っていくこと。自力で
はそれが不可能なムラに対しては支援を行う必要もあるだろう。しかし，ま
ずは自分のムラの目標が何であり，そのために何を実働しなければならない
かを考えなければ，自分の生活資源を提供してくれている世界の裏側のムラ
の目標達成に貢献することができようはずもない。

2　ムラが壊れる：貧困に陥る私たち

　前項で述べたとおり，SDGs は世界の困っている人たちや貧しい人たち，
地球環境の変動で生存が危ぶまれている生物たちを助けるために行う慈善活

動ではない。SDGs の達成は，自分と自分の身の周りのムラが貧困に陥らないために行う，<u>自分本位の実働</u>である。

世界中のムラが持続可能な開発を達成できない場合に何が生じるかは，アジェンダの前文に書かれている通りである。

このアジェンダは，人間，地球及び繁栄のための行動計画である。これはまた，より大きな自由における普遍的な平和の強化を追究するものである。

人間と地球は，持続的な繁栄ができない。さらに平和の強化ができない。その先にあるのは世界的な貧困であり，平和のない時代の到来である。

第1節で述べたとおり，貧困は生命を維持できないという絶対的貧困のレベルだけではなく，必要な生活資源を入手できないという状態でもある。自分の身の周りのムラで，例えば言論活動（研究）をするためのエネルギーを得ることができない。インターネットを始めとする通信が使えない。災害時の支援が得られない。インフラの老朽化に手が打てずに交通が途絶する。居住している家屋（シェルター）が竹林に蚕食される。これらの貧困が，我々の現状の隣に迫っている。

さらに平和維持については戦争の回避は言う間でもなく，テロや暴力の抑止についても対策を取る必要がある。暴力は，資源の不均衡を原因とする。どのように資源が分配されるべきなのか，不均衡な分配を暴力的な手段により解決することが"正しい"かどうかの議論は行わないが，資源が「ない」とする側が「ある」とする側に対して実力により奪取することが暴力（戦争，テロ）である。これは，他のムラに対する理解と尊重が欠けていることに起因する。他のムラが自分の身の周りのムラと同様に資源の不均衡と課題を抱えていることを敢えて無視することが，暴力的な手段の行使につながると考えられる。これは最終的には教育の問題に起因すると考えられる。これについては，次節でさらに検討を行う。

3　SDGs とコロナ禍

2020 年初頭から全世界で蔓延した COVID-19（以下，コロナ禍）は，経済と

産業とlifeの停滞を生じさせた。この世界的な災害は，SDGsの重要性を知らしめた反面，SDGsどころではないという気分も醸成した。

　コロナ禍が生じたのは，SDGsが達成されないことに対する脅しや地球からの警告ではない。生物兵器開発の失敗（アウトブレイク）であるという証拠はなく，人々を洗脳するワクチンを投与するためのデマでもない。原因を陰謀論で楽しく憶測することはさておき，コロナ禍で問題となったのは貧困により治療や予防措置が受けられない人々の問題，目標3〈健康〉，目標6〈水と衛生〉，目標10〈不平等〉の問題であった。経済力の高い国々では，合衆国で開発された感染予防ワクチンの接種が比較的迅速に進んだが，2021年10月28日の段階で「ワクチンを少なくとも1回摂種した人の割合」が10%を切っている国が9ヵ国ある[16]。日本では公衆衛生上の施策として巨額の税金を投入して高価なワクチンを無償で接種できた。一方で，経済力の低い国では，ワクチンを購入することができない。たまたまCOVID-19は感染力が高まるとともに弱毒化が起こるという，ウイルス感染症として一般的な終熄経過をたどった。しかし，感染力が高いまま強毒性が維持されるウイルス感染症が世界的に蔓延した場合，あるいは強毒変異を起こしたCOVID-19が再度感染拡大を起こした場合に，ワクチン接種できないムラを我々はどうするのであろうか。それらのムラで生じた感染災害が，あっという間に身の周りのムラに波及して生活を壊すことを，我々は2020年前半に体験したのではないか。

　コロナ禍において，自分の身の周りのムラの状況はどうなっていたのか。行動規制によって観光業と外食産業が壊滅的な打撃を受けたのは言うまでもない。それらの産業に従事している人々は休業状態に追いやられ，国や自治体からの金銭的支援が存在したものの，相対的貧困に追いやられた。被災者が貧困状態に陥ることは常であり，そのための支援体制を整えることは当然ではあるが，あまりにも大規模な災害においては介入が遅れて被害が拡大するという事例となった。

　それ以外の職場・学校等のムラにおいても，あらゆるルーチン（それまでう

まくいっていた life 生活様式）が破壊された。不慣れなリモート・ワークの不便さはもちろんであるが，対面でのコミュニケーションが図れないことによる意思疎通の不便さは，身近なムラのコミュニティを破壊しなかったか。単位自治会のレベルでは様々な行事が中止され，それにかこつけた自治会不要論が跋扈する状況になった。自治会の有用・不要性の議論は別の議論とするが，その重要な機能の1つである防災面での不安がつきまとう期間であった。災害発生時に避難所を運営するとして，どこまで感染症対策が可能なのか。また，日常的に防災訓練をする機会，顔見知りになる機会のないコミュニティにおいて，犯罪を抑止する安全かつ円滑な避難所運営はできたのか。今後，解決されなければならない課題が浮き彫りとなる状況であった。これが目標11〈都市〉に関連するコロナ禍における問題である。身近なムラはコロナ禍によって壊されたのである。

第5節　SDGs：岐阜県民として何を行うべきか

　自分と自分の身の周りのムラが貧困に陥らないために，我々は何を実働するべきなのか。身の周りのムラが多義的であることは第4節第1項で述べたとおりではあるが，本節ではターゲットを岐阜県に合わせた議論を行う。我々は，自分のムラである岐阜県において，SDGs の達成のために，どのような実働を行うべきなのだろうか。

1　貧困の問題

　貧困対策は，福祉と人権擁護，労働経済の問題に帰せられることが多い。県内でも非正規雇用者や（かつ）シングルマザーへの支援が行われ，貧困から脱出するための介入が様々なレベルで行われている。しかし，貧困の問題が貧困者のものだけであるという考え方は，本章で論じてきたように，間違いである。

　例えば相対的貧困については，ほぼ全ての人が職業生活を終えた後に陥る

可能性がある。日本には老齢年金制度が存在しており，ある程度の老後の生活資金は確保されている。しかし，人口減少 (少子高齢化) の影響により，多くの場合は"年金生活"において，現役時代よりも生活水準を落とさざるを得ない。さらに，国民年金 (いわゆる 1 階部分) の支給額だけでは，多くの人の年収が貧困線 (あるいは住民税非課税基準) 未満に陥ることが想定される。すでに政府が定年退職年齢の延長施策を行っているように，労働可能な高齢者は働き続けるという社会変革が必要である。そのためには，高齢になっても多くの人が健康であり続けられるための，医療や公衆衛生の整備が必要である。岐阜県内でも過疎化に伴い地域中核病院の統廃合がささやかれる状況になっているが，高齢者の QOL を高め，かつ働き続けられる健康を保つという意味においては，目標 3〈健康〉，目標 8〈雇用と働きがい〉，目標 11〈都市〉において誤った施策である。今後の高齢者，特に人口比の厚い第 2 次ベビーブーム世代に対する政策を誤らないことが，SDGs 達成の鍵の一つとなる。

　第 3 節で論じたとおり，格差は積極的な介入 (支援) がないと固定し，世代で貧困が循環する。ここには高等教育への進学問題が関わることをすでに述べた。すでに令和 2 年度 (2022 年度) から大学教育の無償化制度 (高等教育の就学支援新制度) が開始されており，主に住民税非課税世帯の成績優秀者を対象として，授業料減免と給付型奨学金を受給することが可能である。岐阜県においては，4 年制大学，短期大学，専門学校を網羅して幅広く制度の利用ができる。一方，制度利用の要件とされる成績優秀については，初等中等教育における塾などの通学費用負担が考慮されていない。「高校卒業までは授業の予復習をしていれば内容は全て把握できる」という考え方もあるが，現実問題として優秀な成績を維持し続けるためには，学校外での学習が必要である。さらに貧困家庭において子供が学習に専念できる環境にあるか (例えば家計補助のためのアルバイトや家族の世話など) という問題も生じる。

　教育・学習は，貧困から抜け出すための情報アクセスの確保である。貧困家庭の子供に対する多くの施策や支援が講じられてはいるが，さらなる充実を図らないと，この問題を解決し，目標 1〈貧困〉を達成することはできな

い。

2　差別の問題

　貧困家庭の子供と同様に，あるいは同時に，女性の大学進学率が低いことに対しても行政および大学自身によるさらなる介入（支援）が必要であると考える。合衆国においては連邦高等裁判所が，一部大学におけるアファーマティブ・アクションが憲法違反であるという判決を下した[17]。日本においては逆に，一部私立大学の医学部で，合格得点に達した女性受験生を不合格にするという差別問題が発生している[18]。日本の差別案件は論外ではあるが，人の特性（属性）による優遇措置も差別の一種であるという原則においては，合衆国におけるアファーマティブ・アクションも差別である。

　岐阜県内の大学において，性別による入試合否の女性差別問題がないと信じよう。女性の進学率向上のために，何が可能なのか。方策は2つある。1つ目はムラとしての岐阜県における社会意識の変革である。豊かな地域である岐阜県は，女性がフルタイムで働かなくても家計が維持でき，生活が可能である。一方で，フルタイムで勤務した場合に，誰が子供や家族の面倒を見るのかという考え方が支配的である。第3章でも述べたように"昭和"（高度経済成長期）の考え方と慣行が残る，ある意味では"良い地域"である。しかし，この社会通念を変革しなければ，目標5〈ジェンダー〉の達成は不可能であろう。必要なことは，ここでも教育である。現在，県内の初等中等教育では，ジェンダー平等についての充実した授業が行われている。だが，子供が家庭に帰り親を始めとする上の世代の行動や考え方に触れれば，その教育内容は「学校の授業でのこと」として消え去ってしまうだろう。成人を対象とした生涯学習による女性差別（を含む広汎な差別）についての周知が，県民の意識を変えることにつながると考えられる。

　2つ目は女性をめぐる雇用慣行の改革である。岐阜県内だけではなく全国的な女性を取り巻く労働問題として，ガラスの天井やマミートラックなどが取り上げられている。前者は女性が男性と同様の働き方をしても職位が向上

しない現象であり，後者は出産・子育てを終えて職場復帰した女性が元の仕事に戻れない（単純作業や労働時間短縮を見込んだ仕事を割り当てられる）現象である。これらの問題については，官公庁および大企業においては，問題解決への努力が為されている。一方で，中小企業率の高い岐阜県内においては，産休・育休で社員が長期休暇を取得することによって企業の経営に過大な影響を及ぼす（なんとならば，社員数が少ないために，「仕事を抜けられては困る」）ことから，本格的な対応が取られている企業は極少数である。属人的な働き方が問題であると指摘することは容易であるが，中小企業に対して支援や施策なく強要をすることは無責任である。必要なのは，人員の不足している中小企業であっても，女性が男性と平等の条件で就労できる環境を，自治体や業界団体が整えることである。目標5〈ジェンダー〉，目標8〈雇用と働きがい〉，目標11〈都市〉，目標16〈平和と公正〉に関連する困難な実働であり，具体策なく「行うべき」と書きっぱなしにするべきことでもない。しかしながら，この課題を達成できなければ，我々のムラ岐阜県におけるSDGsの達成はできない。

3　教育の問題

　相対的貧困の状態においては，生活時間が勤労に終始するために，生涯学習を受けることが困難になる。ここまで述べてきたように，SDGsの達成には，様々な意味での教育の充実が不可欠になる。岐阜県内では大学コンソーシアムや県の施策，あるいはNPOによる活動として，様々なSDGsについての研修会・勉強会が開催されている。新聞社やテレビ局などのマスメディアや，コミュニティ・ペーパー等の媒体においても，多くの機会にSDGsに関する情報が公開されている。一方で，そこに参加したり，情報にアクセスする人間は少ない。SDGs関連の情報があっても，多くの人は"慈善活動""地球を大切にする活動"として「またやっている」と読み飛ばすのみである。

　どのように効果的に情報を市民に伝えるのか。これは，あらゆる場面において困難である。人々は自分が欲する情報しか欲しようとはしない。お役所

から回ってくるキレイ事の情報などは見向きもしないし，教育などは受けようとしないのである。

　対応策は2つある。1つ目は，外発的動機づけ（インセンティブ）を用いることである。例えばSDGsの情報に接した場合に換金性のあるポイントを発行する。勉強会等に参加した場合にはより多くのポイントを提供するなどにより，効果的な情報提供と学習が可能であろう。しかし，外発的動機づけにより得られた知識は定着率が低く（勉強会に参加はするが研修中全ての時間居眠りをしたりスマホをいじっていたりする），インセンティブが得られなくなるとそれ以上の継続学習は為されない。

　2つ目は，メディアによる広報ではなく，人づての情報の流布を用いる方法である。Katzら[Katze, et. al., 1955]による「コミュニケーションの二段階の流れ」によれば，人は一対多的なマスメディアからの情報よりも，知り合いからの一対一的なコミュニケーションによる情報によって強く影響を受けることが知られている。この原則は，現在SNSにおける（主にインフルエンサーを用いた広告という分野での）マーケティング的な情報の流布に用いられている。SNSを用いたSDGsの実働フェイズについての広報も可能であるが，身近なムラを通じた相互学習を行うことの方が，より目標達成には効果的なのではないだろうか。論じてきたとおり，我々は自分の身の周りのムラにおけるSDGsの達成に注力するべきである。その各ムラの活動として，SDGsに関する（実働と達成に関する）継続的な学習を行う必要があると考えられる。これについては行政よりもNPOの得意とする活動の範疇であり，さらには個々のムラにおけるキーパーソンの存在が重要となる。ムラで実働を率先できる人材の育成。それこそがSDGsの達成につながる必要不可欠な施策であると考えられる。

4　環境の問題

　里山の崩壊への対策や森林環境の整備に関しても，非常に複雑かつ困難な問題が生じる。脱炭素化社会は目標7〈エネルギー〉と関連して論じられる

ことが多いが，多くの場合は太陽光発電を始めとするクリーンエネルギーを使った電化を促進する方策となっている。一方で，放置山林における太陽光パネルの乱開発が，樹木の伐採と山の保水力の低下をもたらし，水害などの原因になることはもちろん，そもそも持続可能なエネルギーではないのではないかという議論も絶えない。ウクライナ戦争によって天然ガス供給が途絶えたヨーロッパ諸国では，石炭による発電が再開されたり，原子力発電の廃止が延期されたりという自体が生じている[9]。目標16〈平和と公正〉の達成なしに，目標7〈エネルギー〉などの環境問題が解決されないという困難を具体的に示す事例となっている。

　岐阜県におけるエネルギー問題は，どのように実働するべきなのか。非常に簡単に考えると，森林資源をエネルギー化することにより，商業ベースでの持続を行うということが挙げられる。すでに県内では増大する竹林対策として，伐採竹を竹炭に加工し，燃料化する試みが行われている。また荒廃森林においても，間伐材などを木炭化し，燃料として利用することは可能である。現実に，飛騨地方の一部では石油や電気による暖房よりもコストが低いという理由により，現在も「薪ストーブ」「木炭燃料」が利用されている。あまり本質的ではない（上に，執筆者にとっては信じがたい理屈ではある）が，植物由来燃料はゼロエミッション換算される。すなわち，植物がCO_2を吸収して作った生体組織を燃焼させるために，そこで排出されたCO_2は環境全体では差し引きゼロになるという考え方である。森林資源が余り，あるいは暴走的に増加しているのであれば，脱炭素燃料として利用することは有用であろう。

　問題は，山林から植物由来燃料を都市部ないしは発電所等に輸送する際に，CO_2が排出されてしまうことである。これは他のエネルギー資源においても避けて通ることのできない問題ではある。例えば電気自動車により植物由来燃料を輸送し，発電を行い，その電気を使って輸送を行うというサイクルを考えることはできなくはない。しかし，その場合に総体としてCO_2の排出量が削減できるのか。目標13〈気候変動〉，目標15〈陸域生態系〉，目標11〈都市〉などに現実として貢献できるのかについては，他の専門的な研究を待た

なければならない。

　最後に，本章で何度もくり返し述べていることではあるが，環境に配慮したから SDGs が達成できるというわけではない。環境問題は SDGs の一部であり，持続可能な"成長"を獲得するための手段と目的にすぎない。極論としては，人類文明を産業革命以前に戻せば環境問題を食い止めることができるという考え方もある。しかし，我々はできるだけ生活をシュリンクしないで生活資源を獲得する方法を考えなければならない。なぜならば，産業革命以前の社会，資源の獲得と公平な分配が行われない社会においては，絶対的貧困や人権が守られないという状況が到来すると考えられるからである。SDGs の 17 の目標は重複する部分や関係性の循環が多い。しかしそれは全てを同時に達成しなければならないという使命に基づいているのである。

おわりに

　本章では，SDGs の実働フェイズに際して，岐阜県民が何をしなければならないのかということを述べた。本章で述べたことは，いわば精神論であり，実働のための具体的な施策については，実現性があやふやな思いつきの提案に留まっている。

　一方で，全世界的な社会変革が必要とされる時に，世界は個別の人々が生活資源を獲得するムラで構成されていると考え，自分の身の周りのムラを変革することによって，全世界的な SDGs を達成することができるはずであるという主張を行った。

　本章の執筆開始時に絶対に使わないと決めた言葉がある。それは「自分ごと」である。多くの SDGs 入門書や勉強会では，自分ごととしての SDGs という表現が用いられる。自分ごとということは，要は他人ごとである。「地球のために」「困っている人たちや動物のために」自分でできることをしようという考え方は，論理が転倒している。もう一度くり返すが，自分と自分の身の周りのムラにおいて，自分自身が目標を達成することが，自分の見たこ

とのない遠くのムラの目標達成につながるのである。あくまでもSDGsの達成に対する実働は，自分ごとではなく自分本位で行われるべきである。

　本章では，執筆者が身近に接している在留外国人の就業・教育問題，フェアトレードの問題，食品ロスの問題について触れることができなかった。SDGsの文脈というのみならず，地道に活動を行っている各分野の方々に対する尊敬の念を表して，この章を終わりとしたい。

謝辞

　2023年11月15日（水）に本学で開催された講演会において，野田聖子衆議院議員に質疑応答を賜り，岐阜県選出国会議員の実感として，第3節2項の内容についてほぼ同様のご意見をお持ちである旨，ご回答をいただいた。本章の分析の方向性がおおよそ独りよがりのものではないことを確認できた点について，またこちらの都合にのみ沿ったやや乱暴な質問に対して真摯にお答えいただけた点について，厚く御礼申し上げる。

注

1) SDGsロゴの利用については，国際連合広報センター「ロゴ使用のためのガイドライン（日本語訳）を参照し，「情報目的」利用の項に従い提示した。
2) モデル図はストックホルム・レジリエンスセンターのWebサイト（クリエイティブ・コモンズ CC BY-ND3.0）に従い引用した。
3) 2020年3月25日に，本学の（当時）学生2名がホームレス襲撃殺人事件に加害者側の立場で関与する（後に不起訴処分）という事件が発生した。本章の執筆者として痛恨の極みであることと，犠牲者の方に対しては謹んで哀悼の意を表する。
4) 厚生労働省の平成23年（2011年7月）「生活支援戦略中間のまとめ」においては，生活保護受給家庭の子供が成長後に生活保護を受給する割合が高いという減少を「貧困の連鎖」と呼んでいる。本章では，この概念をより弱く，広く用いた。
5) 貧困には性的少数者に対する差別，社会からの隠蔽化の問題（目標5「ジェンダー」）も関わるという議論もあるが，本章では執筆者の知識・理解と能力が不足しているため論考しない。
6) なお，この主張に対しては常に「女性の人権が制限されているイスラム教国群よりも日本の順位が低いのはおかしい」すなわち「調査の方法と結果に信頼が置けない」という反論が生じる。それらの国々（さらに多くのアジア諸国）とは順位を算出するためのスコアが低い位置でほぼ差がなく固まっている床効果が生じていることが，発表から見て取ることができる。順位の正確性はともあれ，日本が「性差別

的な国の群にある1国」であることは覆しようがない。

7) 例えば多治見市在住の学生が瑞穂市に設置された朝日大学に通学するためには，1度名古屋駅を通過しなければならない。

8) 全国的な傾向ではあるが，看護師養成のための学部・学科が設置されたことは，女性の進学率を高めていると考えられる。一方で看護師は女性の職業であるという職業的偏見を強化する施策であるとも言える。朝日大学においては，公認会計士を目指すことのできるカリキュラムや，吹奏楽部の整備などによって，女性が進学するモチベーションを持てるような整備を行っている。

9) 2023年に開催された「国連気候変動枠組み条約第28回締約国会議（COP28）」において，日本は温暖化対策に消極的な国とされる国に環境NGO「Climate Action Network」から与えられる「化石賞」を4年連続で受賞した。石炭発電の再開を行ったブルガリアや，石炭発電への依存を後退させたドイツ・オランダ・オーストラリアは受賞せず，ほぼ二酸化炭素削減を行っていない中国については過去の受賞歴がない。日本を標的とした差別的な"賞"であることを指弾せざるを得ない。

引用・参考文献

a．欧文文献

Azechi, S., Communication among Distance Areas with Alternative Media "POC" (2)：Cultural Representations Varying through the Practices, International Workshop for Social Intelligence Design Proceedings, 2006.

Caplan, G., Principles of Preventive Psychiatry, 1964. （新福尚武 訳，予防精神医学，朝倉書店，1970）

Dumber, R., Grooming, Gossip, and the Evolution of Language, Harvard University Press, Cambridge, 1996. （松浦俊輔ら 訳「ことばの起源―猿の毛づくろい，人のゴシップ」青土社，1998）

Katz, E., and Lazarsfeld, P. Personal Influence：the Part Played by People in the Flow of Mass Communications, 1955.

Stiglitz, J. The Price of Inequality：How Today's Divided Society Endangers Our Future, W.W. Norton & Company, 2012. （楡井浩一ら 訳「世界の99％を貧困にする経済」徳間書店，2012）

b．和文文献

畦地真太郎，「地域間交流と相互理解に果たす地尊心（ちそんしん）の役割」，In：畦地真太郎・米田真理・中垣勝臣（編）：地域アイデンティティを鍛える―観光・物流・防災―，朝日大学産業情報研究所叢書12，1-21，成文堂，2015.

畦地真太郎，知識創造コミュニティへの社会心理学的アプローチ，朝日大学大学院経営学研究科紀要，16，51-76，2016.

間野静雄，淀太我，石崎大介，吉岡基，長良川におけるアユの由来別の成長特性，水

産増殖，62，1，89-97，2014.

c．Web サイト

［1］「我々の世界を変革する：持続可能な開発のための 2030 アジェンダ」(外務省仮訳)
https://www.mofa.go.jp/mofaj/gaiko/oda/sdgs/pdf/000101402.pdf

［2］「水の循環と水資源」(国土交通省) https://www.mlit.go.jp/tochimizushigen/
mizsei/junkan/index-4/11/11-1.html（2024 年 1 月 8 日閲覧）

［3］「The SDGs wedding cake」(Stockholm Resilience Center) https://www.stock
holmresilience.org/research/research-news/2016-06-14-the-sdgs-wedding-cake.
html

［4］「岐阜県　清流の国推進部」https://www.pref.gifu.lg.jp/soshiki/4.html（2024 年 1
月 8 日閲覧）

［5］「第 4 回地域版 SDGs 調査 2022」(株式会社ブランド総合研究所)
https://news.tiiki.jp/articles/4742（2024 年 1 月 8 日閲覧）

［6］「ホームレスを「おっちゃん」と考える人は，本当のホームレス問題を知らない：ブ
ルーシートが目立たなくなった訳」(白波瀬達也，プレジデントオンライン，2021 年
5 月 1 日 11:00) https://president.jp/articles/-/45605（2024 年 1 月 8 日閲覧）

［7］「都道府県ジェンダー・ギャップ指数 2023 年版」(地域からジェンダー平等研究会)
https://digital.kyodonews.jp/gender2023/（2024 年 1 月 8 日閲覧）

［8］「社会生活統計指標―都道府県の指標―2022」(総務省)
https://www.stat.go.jp/data/shihyou/naiyou.html（2024 年 1 月 8 日閲覧）

［9］「令和 3 年経済センサス 活動調査（速報）集計結果」(総務省) https://www.stat.
go.jp/data/e-census/2021/kekka/index.html（2024 年 1 月 8 日閲覧）

［10］「高校生 193,548 人が答えた大学人気ランキング」(JS コーポレーション)
https://school.js88.com/ranking（2024 年 1 月 8 日閲覧）

［11］「学校基本調査 令和 5 年度（速報）：短期大学の都道府県別学校数及び学生数」
(文部科学省) https://www.e-stat.go.jp/stat-search/files?tclass=000001208274&cycle=0
（2024 年 1 月 8 日閲覧）

［12］「第 10 回「日本人の意識」調査 結果の概要」(NHK 放送文化研究所)
https://www.nhk.or.jp/bunken/research/yoron/index.html?p=%E6%97%A5%E6%
9C%AC%E4%BA%BA%E3%81%AE%E6%84%8F%E8%AD%98%E8%AA%BF%E6%
9F%BB（2024 年 1 月 8 日閲覧）

［13］「「長良川の鮎」漁獲増へ 放流用稚魚の施設拡充」(読売新聞)
https://www.yomiuri.co.jp/local/gifu/feature/CO006490/20180418-OYTAT50025/
（2024 年 1 月 8 日閲覧）

［14］「岐阜県過疎地域持続的発展方針（2021～2025 年度）」(岐阜県)
https://www.pref.gifu.lg.jp/page/14430.html（2024 年 1 月 8 日閲覧）

［15］「森林の蓄積等の状況」(林野庁) https://www.rinya.maff.go.jp/j/keikaku/
tayouseichousa/tikuseki.html（2024 年 1 月 8 日閲覧）

［16］「チャートで見るコロナワクチン　世界の接種状況は」（日本経済新聞）
　　　https://vdata.nikkei.com/newsgraphics/coronavirus-vaccine-status/（2024 年 1 月
　　　8 日閲覧）
［17］「アングル：米大学の人種優遇「違憲」判決，企業の多様性方針に波及か」（ロイ
　　　ター通信）https://jp.reuters.com/article/affirmative-action-idJPKBN2YJ05R（2024
　　　年 1 月 8 日閲覧）
［18］「医学部入試の女性差別，文科省汚職きっかけで発覚…昨年度の合格率は男性を
　　　逆転」（読売新聞）https://www.yomiuri.co.jp/kyoiku/kyoiku/news/20220720-
　　　OYT1T50269/（2024 年 1 月 8 日閲覧）

終章

"日本人の目からみる外国の魅力"
～本書の成果と意義～

第1節　日本人の目からみる外国の魅力

1　"そと"（地域外）からの視点の重要性

　本章は本書全体の総括をおこなう位置づけにある。序章において"外国人の目からみた日本の魅力"（インバウンド）を論じたので，ここではその対比として，"日本人の目からみた外国の魅力"（アウトバウンド）について一個人の主観的体験を通して検討し，その視点をインバウンドに投影する。

　地域（特に都市部に対する地方）のさまざまなこと（問題点）を考える上で，"うち"（地域内）に暮らす当事者としての視点が重要であるのは言うまでもない。日常生活レベルの軽微なものから，一度の訪問では解らないより深淵にある因習的・制度的要因に根ざすものまで，積層的な問題や課題がそこにはある。解決の容易な場合もあれば改善が困難な場合もある。所謂"いなか"から都会へと人口流出が続くのは，単純に不便であるからとか仕事がないなどの経済的な問題だけではない，目視できない"暮らしにくさ"もあるだろう。

　地域特有の規範や制度，因習などの閉鎖的慣習は伝統と言えば聞こえはいいが，他者の目には，あるいは世代間の差があると，時代錯誤に映ることもありうる。第9章で述べられているように，伝統的価値観や慣習の継承が"遅れ"として認識されることもある。その地に永く暮らす"うち"側の人間だからこそ，こうした地域の抱える問題が認識可能であり，だからこそ，地域

内の問題は"うち"側の人間が解決する努力が必要である。

　一方で，"うち"である域内に暮らす当事者は，自身が置かれた環境に慣れ親しみ，それを当然のものとして認識しているため，得てしてその魅力に気づかないか特に意識しない場合が多い。"そと"（地域外・外国）の人にとって非常に魅力的と思えるような事象，例えば白雲たなびく名峰も紺碧の海岸も，遙か連なる棚田も，白銀の雪景色も，荘厳な神社仏閣も，毎夜煌めく高層ビル群も，慣れてしまえば感動は薄れ魅力は魅力と感じられにくくなる。夜に一人歩きできる治安の良さや安価でおいしく飲める水道水ですら，それが得られない国や地域に暮らす人々からすれば羨望的であるが，"うち"のひとにはそのありがたみが薄れてしまっている。同じものをみたとき，"うち"の目と"そと"の目が同じに映るとは限らない。

　他方で，そうした"うち"（地域内）に暮らす人々にとって，"そと"が眩しく魅力的に映るのもまた事実だ。そこには自分たちが暮らす地域にはないものがあるからだ。"そと"に何を求めるかは人それぞれである。自然，文化，伝統，人々の暮らし，建造物，産業経済，政治的安定，社会的紐帯などさまざまある。言えることは，"うち"側の人が"そと"側の人間の立場に立って"そと"の地域を見る視点は往々にして新鮮かつ刺激的である，ということだ。地域内の人間だけでは気づかないことを，あるいは忘れてしまった地域の魅力を地域外の人は教えてくれる。地域の問題を検討する際には，"そと"からの視点もまた非常に重要である。

　また，"そと"を見ることは"うち"を見直すことでもある。"そと"と"うち"を対比することで自身の置かれている地域の現状を相対化して捉えることができる。"うち"と"そと"の人々が交流することでそれぞれの内側に変化や改善をもたらす可能性もある。序章において，"そと"（外国人）の目をとおして岐阜の魅力を検討したのはそのためだ。つまるところインバウンドを考えることはアウトバウンドを考えることでもある。

　本章では，一旦，日本人の目からみた外国の魅力について検討し，それを岐阜の魅力にフィードバックさせる。ただし，それ自体（すなわち外国の魅力の

検討）が本書の目的ではないので，幾度となく欧州を訪れた一個人の体験談を中心とした些末な検討に留め置くことを，あらかじめご容赦願いたい。それでも "そと" の体験を "うち" に投影するのは有意義であろう。なぜなら，一個人の主観的体験や感想に "いいね" と同調することが多々あるからだ。

2　魅了する外の国，惹きつける彼の地

　人はなぜ外国に行くのか（あるいは国内でもいいのだが），知らない土地を訪れたいと思うのはなぜだろう。そこに何らかの魅力を感じているからに他ならない。何を魅力と感じるかは人それぞれであるが，人間には "知りたい"（知的学習・吸収）と "動きたい"（身体的行動・活動）という連携する欲求があり，それは抑えられない。コロナ禍が一段落した今，人々はそのことを証明している。今の日本は外国人旅行客で溢れかえっているが，これは日本に限ったことではない。ツーリズムの復活を超えて，今や世界中が観光客で溢れ，オーバーツーリズムの様相さえ呈している。どうやら人間は知的探究心を満たさないといられない生き物である。

　以下ではアウトバウンドの視点から日本人がなぜ海外に行くのかについて考察し，その視点からなぜ外国人が日本に観光に訪れるのかを検討する。日本への，特に岐阜へのインバウンドを増加させるにはどうしたらよいか。その答えのヒントは，逆に日本人が海外旅行に行く理由を考えてみることから得られる。岐阜との対比を考慮して，ここでは観光大国フランスの地方・地域に対象を限定して海外旅行に行く理由を，特に重要と思われる以下の5点に絞り込んで検討する。すなわち①非日常的体験，②異文化理解，③旅行体験の補填ないし上書き，④趣味や娯楽の追求，⑤人的交流，である。

1）非日常的体験

　日常の生活圏においても例えば盆踊りや初詣，週末のレジャーやアウトドア・スポーツなどの日常生活とは少し異なる活動は可能であるし，国内旅行でも少し生活圏を離れれば違う世界を体感できる。岐阜県民なら近県の海に行くだけでも非日常的体験は可能である。何かそうした体験や経験がしたい

という欲求は誰にでもあるが，海外では，言語，気候，文化，食事，習慣などすべてが異なるため，非日常的な刺激をより強く受ける。

　フランスの首都パリは世界史の舞台となる歴史を辿り，多くの観光客が訪れる魅力的な都市であり，エッフェル塔や凱旋門，ノートルダム寺院，ルーブル美術館など有名な観光対象をもつ。強いて日本でいえば東京や京都に該当するので，岐阜地域の参考にするには大きすぎる。むしろ地方都市や田舎のほうが対比するには適する。有名な観光対象がなくても魅力はある。

　現地の人々にとっては取るに足らないささやかなものでも，外国人にとっては新鮮に映ることがある。知らない言語が飛び交い，知らない文字の表示板に囲まれて自動車が右側通行で走るというだけでも"異世界"感を得られる。欧州の平原に広がる小麦畑さえ，それが名画に描かれた風景と似通っているだけで感動を呼び起こす。「フランスの最も美しい村」[1]（1982 年設立）や日本の団体も加盟する「世界の最も美しい村」[2]（2012 年設立）などの協会が，特に魅力的な村を保存し観光に結びつける取組みが続けられているが，加盟の有無にかかわらず，世界中には魅力的な農村や山村，漁村も多い。特別な観光対象がないとしても，インバウンドを考えたとき，なにげない風景，現地に暮らす人々の市場で買い物をするような日常が，外国人には魅力的と映ることもある。

　地中海に面した南仏の，イタリア国境に近いマントン（Menton）近郊とスペイン国境に近いコリウール（Collioure）をあえて季節はずれに訪れたことがある。夏はどちらも避暑客で溢れるが，夏が終われば海岸は閑散とし，町は落ち着きを取り戻し，地元の人々が日常生活を送る，こぢんまりとした美しい町である。コリウールは多くの画家が訪れ，その風景を作品に残している。自然の美しさもさることながら，この二つの地域はそれぞれイタリアとスペインの国境地域圏の影響を受けていて，パリとは明らかに違う文化圏に属している。パリもすでに日本人には非日常であるが，ここではさらに隣国との二つの文化が融合した非日常を体験できる。

　日本を訪れる外国人にも非日常的体験は当てはまる。白川郷の合掌造り

は，今でこそ世界遺産に指定され国内外から多くの観光客を引き寄せ，魅了しているが，元を正せば雪深い山村の家屋であり，そこには今も住人が暮らしている。春の桜も，初夏の田植えと鯉のぼりも，夏の夕立や雨上がりの虹も，秋の紅葉も，晩秋の収穫後の田畑も，冬の深雪も，四季折々，合掌造りを演出する。外から来る人にとっての非日常というのは，現地の人々の日常なのかもしれない。そう理解すると，観光資源はどこにでもあり得る。

2）異文化理解（食・衣装・祭り・宗教・芸術）

　ただ知覚するだけの非日常的体験を一歩推し進め，異なる文化や生活を体感したい，さらには自国文化と比較してその相違を楽しみたい，という欲求もある。自分の生活環境とは異なるものに対する「知りたい・理解したい」という，より積極的な欲求である。わかりやすいのは食文化である。外国のとある国では人々はどのようなものを食べているのか，どんな味がするのか，なぜそうした食文化が発達したのか，気候や風土，宗教的理由に根ざしているのか，興味深いだろう。日本国内で食べることが可能だとしても，本場の味はどうなのか，日本で食べるものと違いがあるのか，あるいは現地で現地の人々に混じって同じものを食べてみたい，などと思う。

　北仏ではバターやクリームを料理に用いるが，南仏ではオリーブオイルを使用する。先のコリウールなどでの食事はパエリアなどスペイン・カタルーニャの影響をうけている。また北仏・ノルマンディやブルターニュ地方ではそば粉のクレープ（ガレット）が食事として提供される。小麦が穫れなかった痩せた冷涼気候地域の主食である。この地域はそうした気候ゆえに葡萄よりも林檎の栽培に適する。従って，そこでつくられる地酒はワイン（葡萄酒）ではなくシードル（林檎酒）やカルバドス（林檎の蒸留酒）である。

　宗教はどうだろうか。荘厳な大聖堂から村の小さな教会まで，ステンドグラスの美しさと静寂に包まれた厳かな雰囲気には魅了される。宗教的行事も多く，宗教に対する知識や理解が求められる。クリスマス（降誕祭）やイースター（復活祭），カーニバル（謝肉祭），ハロウィンなども宗教由来の祭祀である。以前よりも宗教色が薄れたとはいえ，体感して理解するのは旅行の魅力

である。伝統行事や民族衣装などを知るのも異文化理解である。西洋芸術や音楽に触れるのもまた，異文化理解である。

　日本を訪れる外国人にとっても，日本食は興味深いだろう。寿司は言うに及ばず，最近ではラーメン（拉麺）やたこ焼きなどのいわゆるＢ級グルメに興味を示す外国人も多い。麺類はアジア大陸伝来であるが，日本的進化を遂げた結果，カレーライスやテンプラ（天麩羅）などとともに，すっかり"日本食"として定着した。神社仏閣が外国人旅行客に人気なのは，同じように様々なお祭りなどの伝統行事（祭祀）が仏教や神道に根ざしており，そこに神秘性や奇異性があり，それを魅力と感じるからだ。能や狂言などの古典芸能もある。文化もまた気候，風土，因習，宗教観などに根ざし，他地域との交流や物流等の影響を受けて地域的な特色を帯びている。洋の東西を問わず，そうした魅力の根源に大きな違いは無い。

3）旅行体験の補填ないし上書き

　一度訪れた場所を，もう一度訪れたいと思うことがある。すでに体験した既知のものごとを，再度経験したいと思わせるものは何だろうか。もう一度食べたい。もう一度みたい。もう一度おこないたい。人間には欲求があるが，１度目の印象がとてもよいとそうなる可能性が高い（満足度が非常に高かった場合）。あるいは１度目の満足が不十分な場合もそうである（本来得られたであろうはずの満足が不十分な場合）。

　南仏のニース（Nice）やカンヌ（Cannes）から内陸に向かってさほど遠くない距離に，グラース（Grasse）という町とエズ（Èze）という美しい村がある。どちらも香水で有名な地域である。グラースには香水博物館があるほか，両地域にはフラゴナール（Fragonard）社など，香水メーカーの工場や研究所がある。高台から地中海を眺める風光明媚な地でもある。コリウール同様，冬の気候が穏やかで，適度な町の規模とあわせた居心地の良さが，もう一度訪れたいと思わせる場所である。また，北仏ブルターニュの海岸に沈みゆく夕陽を眺めた経験があるが，茜色の空に薄赤紫色に染まる水面が印象派の絵画そのものに美しく，写真を撮らなかったことが今も悔やまれる。もう一度あ

の夕陽を見たいという，単純な理由が衝動となる。

　こうした経験はフランス国内に留まらず訪れた世界各地にある。旅行体験の不完全燃焼は再訪の動機となり得る。むしろ何らかの理由で十分満喫できなかったからこそ，そうした欲求はより強くなり，再訪のインセンティブになり得る。日本へのインバウンドを考えてみても，何度も日本を訪れる人がいる。日本各地を周る人もいれば，何度も同じ場所を訪れる人もいるだろう。非日常的経験においても，異文化理解においても，一度では体験しきれない魅力が，あるいは何度訪れても都度発見する新たな魅力が，リピーターを産むといえる。

4）趣味・娯楽の追求

　絵画や音楽，舞台などの芸術鑑賞，登山やスキー，海水浴などのレジャーやスポーツの観戦，参加，グルメ，語学修得，自然観察，写真撮影など，挙げるときりが無いが，趣味や娯楽，レジャーを動機や目的とした外国訪問がある。日常では得られない環境において，趣味・娯楽の領域を広げかつ深める行為であり，非日常的経験と異文化理解とも深く関わる。こうした渡航の目的がはっきりしていて，自分の興味関心と直結した活動は，その地域を訪れる強いインセンティブとなるし，再訪の可能性もより高い。

　残念ながら自分にはそうした趣味がないので，多くを語ることはできないが，古い建築物と郷土料理に興味があり，鉄道に乗るのが好きなので，フランス各地を旅行した経験がある。フランスの町並みや建築物には，はっきりとした地域的特徴がある。こうした遺跡や建築物を訪れる方々，ブルターニュではエスカルゴを，ブルゴーニュではガレットを，サヴォアではフォンデュやラクレットを，ペリゴールではフォアグラ料理を，オクシタニーではカスレやパエリアを，アルザスではシュークルートを，と各地の郷土料理を地酒（地域産のワイン等）と合わせて堪能した。

　岐阜を考えるとき，序章がすでに述べているように，登山やスキー，キャンプや川遊びなど，自然が豊かであり，白川郷などの世界遺産もあり，非日常的体験を求める観光客を楽しませる魅力が岐阜には十分にある。郡上おど

りや高山祭などの地域の祭りや，鵜飼，美濃和紙の製造体験など異文化理解
のニーズにも応えられる。温泉や郷土料理も地酒もある。岐阜は外国人が求
める趣味や娯楽に対応するだけの観光資源を有している。問題は如何にして
魅力を認知させるかであり，それを本書は問題の一つにしている。序章，第
7章，8章がそれに答えている。

5）人的交流

　最後に人的交流である。ここでははじめて訪れる地での人的交流を取上げ
る。SNSなどネット上の繋がりも含めて，知人友人，家族親族がそこにいる
のであれば訪れるには十分な理由なので，ここでは割愛する。さて，はじめ
て訪れた地で，現地の人との何らかの交流があれば，滞在は忘れられない思
い出となる。また，修学旅行や研修，交換留学，スポーツやイベントの大会
参加など，交流を前提とした渡航もある。ホテルやレストランなどでの心の
こもった「おもてなし」ももちろん重要だが，利害関係なしに親切な対応を
受けると，好印象からその地により魅力を感じられる。逆に嫌な思いをする
と，それだけでその地に対する魅力を失わせる。犯罪が絡めばなおさらであ
る。

　自分自身も旅行をしていて大変困っているときに，現地の人に助けても
らった経験が1度や2度ならずある。詳細は省くが，その地域と人々に良い
印象を持っている。他方で，上着にアイスクリームをつけられて危うく身ぐ
るみ剥がされそうになったことや，友人がスリの被害に遭ったこと，レスト
ランで会計をごまかされたことなど，ここでは書けないことも含めて，必ず
しも現地住民ではないにせよ，そこにいる赤の他人から"攻撃"されると印
象は途端に悪くなる。

　こうした経験は日本を訪れる外国人も同様であろう。一度訪れた地で現地
の人と良い繋がりができれば，また訪れたいと思うし，現地にいた人（必ずし
も住人ではない）から嫌な目に遭わされれば，二度とごめんだと感じるだろう。
地域の魅力は，そういう意味では，その地の人々が旅行者に対してどのよう
な対応をするかで，大きく変わる。

　日本人は親切だといわれる一方で，外国人に対するヘイトも特にネット上では散見される。多様な人間がいて多様な考え方があるのは当然だが，他者に対して根も葉もない憎悪や差別感情を抱くのは，皮相浅薄を超えて，危険ですらある。外国人旅行客と友好的であるためにも，事実を正しく認識することと，他者や異文化の尊重も必要である。郷に入っても郷に従えないこともある。一方的な "日本観" の押しつけは時に人的交流を阻害することさえある。互いに寛容な心での相互理解と相互承認が必要であろう。地域の魅力を理解してもらうためには，相手のことも理解する必要がある。

　こうしてみると，序章で述べられた "外国人の目からみた岐阜" は，すべて彼我の方向性が異なるだけで，"日本人の目からみた外国" と本質的には同じであるといえる。われわれが海外旅行で望んでいること，求めていることを，日本を訪れる外国人旅行客も求めている。岐阜地域の魅力を考えることは，外国のとある地域の魅力を考えることと同一である。確かにそこにしかない唯一無二の絶対的な魅力はあるが，そうでなくても，案外何気ないことが "そと" の人には大きな魅力に思える。和歌や俳句，川柳に詠まれたような日常生活や人生観，死生観，あるいは浮世絵に描かれた自然風景が，日本人には当たり前でも，外国人には新鮮で，何より日本を感じられる世界観を体現しているのではないだろうか。

第2節　継承する地域・創造する地域

　地域，とりわけ岐阜あるいは岐阜県のさまざまな魅力が，本書各章の執筆者を通じて検討された。改めてここで振り返って，そのエッセンスを本書全体の中に位置づけ，もしくは意味づけて，その成果と意義について確認しよう。

1　いにしえからの魅力の継承

　われわれは地域のどのような魅力を継承してきたのだろうか。あるいは魅

力の根源はどこにあるのだろうか。この点に関して，岐阜（県）の自然・歴史・文化・伝統産業などの魅力について執筆者の実体験を通して俯瞰的に示したのが序章である。執筆者自身が"そと"の人であり，しかも外国人であり，なおかつ日本各地での滞在経験や，岐阜の"うち"での生活や子育て体験を有している，その視点からの岐阜評である。こうした"うち"と"そと"，日本と外国との比較の視点から，地域内に暮らす人とは異なる新鮮な着眼点が論考に活かされている。とはいえ，あるいは当然といえば当然だが，読者も気づかれたと思うが，序章で語られる継承された魅力は，そこに暮らすわれわれの感覚に近い。主観的であるにせよ，"うち"と"そと"との区別なく普遍的な魅力がそこには存在する。

　序章では多くの魅力を取上げたが，そのうち，自然に関しては第1章，2章で，歴史に関しては第3章でより詳述された。また伝統工芸と産業化については第4章，6章，（および第2章，5章，7章，8章）に継承された。インバウンドの岐阜への誘導については第7章，8章でも検討された。人と人との繋がりという点では第9章に繋がる論点を指摘した。本書のイントロダクションとして，地域をみる多面的・重層的視点を序章は提供した。

　第1部「"魅力ある地域"の根源を探る」では，地域の魅力がどこから生じてきたのかに関して，自然・文化・歴史の側面からアプローチしている。自然に焦点を当てれば，第1章と2章が西濃地方のシンボル的存在である伊吹山を取り上げている。山は信仰の対象にもなれば，観光の対象にもなる。地形が気候に影響を与え，それらはそこで生きる人々の生活や社会経済活動の基盤となる。地形と気候という自然条件は，そこに暮らす人々の活動を制約するとともに，恩恵を与える。尾根や河川などの自然地形が県境となっている岐阜県は，特に自然からの影響を受け，自然が文化を育み，また，産業の礎となっている。伊吹山の豊かな自然とその恵みの活用の仕方が，滋賀県側と岐阜県側では大きく異なることは大変興味深い。それを詳述したのが第1章と2章である。

　伊吹山の植生をとおして，県境という人為的な区分など全く関係の無い名

山としての魅力を伝える一方で，伊吹山が経済資源となる江戸時代以降，その利用をめぐって人間の関与の仕方が山の西と東で大きく異なることを第1章が示した。西側すなわち滋賀県側が薬草の商品化や登山，スキー場開発などのスポーツ，レジャーの対象として早くから伊吹山を経済資源として活用してきたのに対して，東側すなわち岐阜県側ではほとんどそうした利用がされていない。自然を自然のままに共生してきた。今後はどのように共生していくのか，魅力の"創造"のあり方が問われている。

　なお，第1章では"あたりまえ"の風景としての伊吹山の価値が述べられているが，"うち"側の人にとってのあたりまえは，"そと"の人にとっては限りなく新鮮に感じられる場合も多い。熱帯地域で暮らす人が北ぐにの降り積もる雪を見るのと同じように，われわれが慣れ親しんだものもまた，捉え方によってはインバウンドを誘引する観光資源になり得る。

　さて，伊吹山を人間はどのように利用してきたのか，薬草をめぐって，自然を活用する歴史的視点から，伊吹山の東西で人間の関与の仕方が異なる様とその理由が第2章で語られた。西側で薬草の商品化が江戸時代（あるいはそれ以前）から行なわれる一方，東の岐阜県側ではそうした行為はほとんど見られない。こうした相違は，都市部での学問の発達による生薬の知識，近江商人の活躍，京・大坂など古都がもつ大規模市場，上方と江戸との海運航路による活発な物流など，さまざまな要因が考えられる。他方で東側すなわち岐阜県側の人々と山との関わりは淡泊で無関心に近い。しかしながら，だからこそ現在，手つかずの自然との共生と利用法が検討されている。単純な商業主義，開発主義とは異なる形で，地域の魅力を活かした薬草の商品化（＝自然の魅力の消費財化）が求められている。

　また第2章では伊吹山薬草の宣教師由来説が論じられているが，歴史ミステリー形式で，その説は果たして正しいのか否か，読み手にとって大変興味深く語られているのも特徴である。遙か昔に思いを馳せる歴史ミステリーもまた，地域の魅力を高める貴重なスパイスである。歴史を探る論考は第3章に引き継がれる。

　岐阜に関する歴史で誰もがすぐに思い浮かべるのは関ヶ原の合戦であろう。この時期の歴史物語を彩る東海地方（特に愛知）の三英傑，すなわち，織田信長，豊臣秀吉，徳川家康は小説や，映画，テレビドラマなどで数え切れないほど取り上げられているが，史実により忠実に再現されているものもあれば，フィクションや二次的作品（史実から着想を得た創作物など）もある。歴史上の人物とその思想や行為もまた，地域の魅力となる。その事例が第3章である。

　織田信長は楽市・楽座などの経済政策で有名であるが，一般的には余りなじみのない撰銭令など，信長の貨幣流通をめぐる優れた政策が第3章では検証された。信長の撰銭令の特徴は，それまで嫌われて取引に使用されてこなかった貨幣を，正規に流通させる仕組みを作ったことにある。

　また，なぜ信長が永楽通宝を好んだのか，貨幣史研究の大家である執筆者を以てしても，このミステリーは推測の域を出ない。解けない謎は歴史ロマンの面白みである。そしてそれがさらに人々の想像と創造を掻き立てる。

　戦国武将の商品化はすでにたくさん行われている。「岐阜関ヶ原古戦場記念館」にはそうした土産品で溢れている。新たな歴史上の発見や未だ解けない謎が，新たな派生品（文学作品，サブカルチャー，商業的活用など）を生みだす可能性がある。そこに携わる人たちも多い。信長の好んだ永楽通宝の不良品（"撰銭"）を模した"わけあり煎餅"が商品化されても不思議ではないだろう。そうした魅力の"消費財化"すなわち商業化について検討されたのが第4章以降である。

2　魅力の"経済価値化"，あるいは商品化

　いにしえから受け継がれてきた地域の魅力を，産業に利用・応用することで商品化が図られ，そこに伝統という歴史性を纏うとさらに商品価値が高まる。伝統工芸品である。魅力は経済価値化が可能である。序章でも説明されているが，美濃の和紙や関の刃物，飛騨の家具などは自然・文化・歴史と伝統工芸の融合の産物である。また第1章，2章でも取上げられた伊吹山の薬

草の商品化も自然を消費財へと転化させる。しかし伝統や自然の単純な再生産を墨守しているわけではない。絶えずそこには新しいもの（マーケティング手法，新技術など）を加味して，伝統の刷新，あるいは伝統と現代技術の融合を図ることで新たな魅力が付加されている。

第2部「"豊かなる地域"の資源を生かす」では，主に経済活動からみた地域の魅力を検討している。地域の魅力的"資源"を活用して，いかにしてさらに魅力を高めるのか，すなわち魅力の経済価値化＝商業化である。風光明媚な景色や湧き出る鉱泉を利用した旅行関連・飲食・サービス業はその最たる事例であるが，本書では伝統工芸品（製造業）の現代的アプローチの視点から考察されている。

長良川の清流も鮎も，岐阜の清酒もいにしえから継承されてきた自然であり，伝統産業である。それらを現代のマーケティング手法を駆使してミックスし，新たな魅力として商品化したその一連の手法とプロセスが第4章の事例のひとつとして紹介されている。継承されてきた資源（＝地域の魅力）を如何に"見える化"して演出するかで，また新たな魅力を引き出すことができる。第4章は全国各地のそうした継承されてきた資源の商品化に関する諸事例を取上げたが，ここでは"継承"を"創造"に繋げていることが理解される。

"地域の魅力"の商業化は地域活性化にとって重要である。新たな経済活動を創出するからだ。こうした取組みについて，地方自治体が果たす役割も大きい。地域が自然の境界で成立しているのではなく，社会的境界すなわち行政単位で区切られているからである。地域連携も行なわれるが，まずは都道府県，市町村といった単位で活動が計られる。当然，豊かな活動資源＝財源を有する自治体もあれば，そうでないところもある。そうした自治体間の税収格差問題を批判的に指摘しているのが第5章である。

第5章では税システムの現状と問題点，およびふるさと納税等を活用した地域活性化について触れた。地方公共団体，いわゆる役所も広報活動や第3セクターなどを立ち上げるなどして，地域の発展に積極的に関与しているが，

その財源はどこかといえば税収である。豊かな自治体もあればそうでない自治体もある。こうした税収の格差が生じている現状に一石を投じて改善を提言しているのが第5章である。岐阜はといえば，税収ランクで47都道府県の真ん中くらいだが，岐阜県内でも市町村間の格差はあり，人口と税収が必ずしも比例しないため，税収格差問題は根が深い。

　また，ふるさと納税を利用した税収の増加と地域産業の振興，および魅力の増大とアピールが検討されるが，これも理念とは裏腹に，解決すべき課題が山積している。すなわち，ふるさと納税が集まる自治体とそうでない自治体が存在し，それがさらに格差を拡大させるというのである。行政が地域の魅力の継承と創造の両面において貢献するためには，こうした取り組むべき課題と向き合い解決を図っていく努力が必要なことを第5章が指摘した。

　他方で，地方自治体の税収格差に基づく制約を克服する上で，民間を中心とした新たな方法が注目されている。資金がなければ集めればよい，その新たな方法として昨今登場してきたのが，クラウドファンディングである。第6章ではクラウドファンディングを通じた新商品開発がすでに実施され，その成果が述べられている。すなわち，県内の酒造会社や農業・畜産業関係，刃物製造企業などとの実践事例，成功事例である。ここでもすでに地域内に蓄積されていた"経済資源"（＝伝統的産業活動）という魅力の新基軸を示している。

　岐阜には魅力的な経済資源があり，それらを活用して新商品開発につなげた。第6章で取り上げられている一連の商品は，やはり遙か以前から継承されてきた伝統工芸品や農産物などに付加価値的創造を施したものである。つまり継承が創造を生みだしている。さらに，クラウドファンディングは県産品を扱うふるさと納税の利用促進にも利用されているほか，地域の金融機関と連携して地域経済の活性化にも貢献している。クラウドファンディングによる返礼品の開発が，第5章で提起されたふるさと納税をめぐる諸問題を改善する一助になるだろう。

　さて，クラウドファンディング自体が情報通信技術の発展の恩恵を十二分

に活用しているのだが，地域の魅力創造・発信においては，そうした情報通信技術の進歩が大きく貢献している。それが第3部のテーマである。

3 未来志向と魅力の創造

　コロナ禍という異常な事態がわれわれにもたらしたものとして，医療や医薬の進歩を別とすれば，社会活動を維持するための情報通信技術の進歩と，生死に直面した人類の根源的幸福を追求する精神的進歩の2点が挙げられる。どれも絶えず進歩しているものだが，コロナ禍によって加速された。

　第3部「"特色ある地域"の未来を拓く」では，新技術を活用した魅力の創出と活用が示されている。地域の魅力をどのようにして"そと"の人々，とりわけ外国の人々に伝え，それをインバウンドに結びつけるか，これは研究当初からのテーマであった。外国人の日本における滞在先にも偏りがある(序章)。いかにして岐阜に誘導するのか，こうした観点からアプローチしているのが第7章と8章である。そこでは新たなツールを使って魅力をより魅力的に演出し，世界中に伝達する事例が紹介されている。

　ドローンという新しいツールが実は既に1990年代には登場していたが，ドローンとインターネットを組み合わせることで，地域の魅力の世界的な情報発信が豊かさを増した。第7章ではそうしたドローンを使用した情報発信などが検討された。「飛騨の家具フェスティバル」出展企業のPR動画をドローンで撮影して魅力を演出し，それをインターネットで配信する取組みを紹介している。また自治体のPR動画などを朝日大学と民間企業と合同で製作してインターネットで動画配信するなど，地域の魅力の発信に新たな技術やツールがますます利用されている。さらに，地域の魅力の伝達のみならず，瑞穂市は防災，減災，災害発生時の情報収集を目的として，ドローンの利用を推進しているなど，行政もまたあらたな技術の利用を促進している。"うち"に暮らす人びともこの情報通信技術の進歩の恩恵を受けている。将来的にはドローンタクシーの実現による観光活性化など，さらなるドローンの活用事例が検討されている。

　第8章では，飛騨家具という伝統工芸品をスマホアプリという最新のツールを使って情報発信し，それをインバウンドの増大に結びつける試みが紹介されている。ドローンやスマホアプリを使った地域の魅力発信は，継承されてきた魅力を，よく知らない人たちにより魅力的に伝えることで，関心を引き起こす。それは国内にとどまらない。インターネットを通じて世界中に情報提供を行っている。継承された魅力は新たな創造を生み，世界中に情報発信され，インバウンドへと結びつける。伝統と革新技術，遺産と新規創造物が，ここにおいて結合する。

　新技術の利用や産業経済の仕組みを高度化する物質的進歩とは別に，価値観や人間生活の仕組みを高度化する精神的進歩の観点から，地域の未来の方向性を探っているのが第9章である。SDGsという現代的であり近未来的でもある課題に対して，岐阜はどのような位置づけにあるのかを示し，どうあるべきか提案している。すなわち，自分たちの“ムラ”をよりよくすることが世界全体をよくすることと同一である，という提言である。それぞれがそれぞれの地域において，最大公約数的な幸福の追求と達成とを果たすとき，望むべき幸福な社会が訪れる。

　第9章は“うち”の視点から論じられている。長期間あるいは永続的に“うち”に暮らす人でないと気づかないことも多い。地域の魅力はそこを訪れる人のみならず，暮らす人にとっても魅力的であるべきだ。そういう論点を提示した第9章を受けて，われわれは今後どうあるべきか，絶えず自問自答し，改善していく必要があろう。“そと”のひとを“うち”に引き寄せ，移住したいと思わせるほど魅了するためには，“うち”に暮らす人びとが充足感，幸福感を感じられる地域でなければならない。地域の魅力が永続するためには，最も基本的なこと（課題解決・状況改善）をまずは達成し，維持し，継承する必要がある。継承するとは未来を創造することに他ならないからだ。

4　「継承する」とは「創造する」こと

　本書は「継承する地域・創造する地域」というタイトルだが，これまでみ

てきたように，継承してきた地域の魅力にあらたな価値を加えて地域創造が行われていることが明らかとなった。地域の遺産を継承することで地域への誘因力が形成され，そこに新たな手法としてのマーケティングやインターネット，クラウドファンディング，ドローン，スマホアプリなどの"イノベーション"を用いて新たな価値を付与し，魅力創造へと繋げているのである。第1章から第9章では魅力を要素分解して検討してきたが，全章をつうじて得られた結論は，継承と創造が同一線上にあるというシンプルなものであった。今回は岐阜を中心に取上げたが，継承が創造を生みだすのは何も岐阜に限ったことではなく，これはあらゆる地域に当てはまる。

　今回，総勢11名によって本書は執筆されたが，それぞれの専門領域からのアプローチであるため，一見すると相互の関連性が弱いように思われる。しかしながら，学際的であるからこそ，多面的なアプローチが可能となり，地域の魅力を探求する書籍としての豊かさを増している。その結果として，継承が創造を生み出すことを，これ以上になく証明したのである。

第3節　地域の未来と大学（結びに代えて）

1　大学もまた地域の魅力の構成要素

　石狩郡当別町に所在する北海道医療大学が，北広島市に移転する計画が進行している。同大学HPによれば北広島市と移転候補地を所有する株式会社ファイターズ スポーツ＆エンターテイメントとの間で「北海道ボールパークFビレッジ共同まちづくりに関する基本合意」が締結されたことが，2023年10月11日付で公表された[3]。大学の移転先では新たな魅力あるまちづくりが検討される一方，現住所の当別町は大学がなくなることで，アパート経営や飲食店など地域の産業経済をはじめ，またアルバイトなど若い労働力確保も制限されるのみならず，町の賑わいにも影響を与えることが推測され，大きな転換点に立たされている。これに対して早速当別町では大学移転により影響を受ける，またはその恐れがある事業者からの経営上の相談窓口を10

月 10 日，経済部産業振興課に開設した[4]。

　大学移転がこれほど全国的ニュースになるのは，地域にとっての影響が計り知れないことを物語っているからだ。大学は地域にとって魅力的な存在である。本書でも朝日大学と地域との関わりが随所で示されている。留学生受け入れや学生間国際交流の事例（序章），朝日大学エクステンションカレッジを通じた公開講義による地域住民への教育機会の提供（第3章），マーケティングを学ぶ経営学部生と企業とのコラボによる地域色ある商品開発の事例（第4章），企業と朝日大学のコラボによるドローンを使った地域の魅力紹介活動（第7章）などが挙げられる。飛騨高山の家具業界と大学と学生とのコラボ（第8章）もそうである。大学は多岐にわたって産学連携を推し進め，学生を巻き込んで地域作りに携わっている。

2　地域未来の創造のために大学が果たすべき役割

　こうした取り組みからもわかるように，大学の存在もまた，地域の魅力の一つである。あるいは，魅力ある大学だけが地域の魅力となり得る，といった方が正解だろう。大学は地域と深くかかわっている。地元瑞穂市との連携や物流企業との共同研究も行われている。企業による寄附講座も行われている。経営学部関連だけでもすぐにこうした事例が挙げられるが，法学部，歯学部，保健医療学部，図書館，医科歯科医療センター，朝日大学病院など，様々な部署が地域と密接に関わっている。学生による部活動や課外活動，ボランティア活動などを通じた社会貢献もある。そうした有為の人材を育成し，これまでに多くの卒業生を輩出して，県内外で活躍している。

　今大学を取り巻く環境は，少子化による定員割れを引き起こすなど，決していいとは言えない。18 歳人口に対して大学の数が多すぎるとして，大学の淘汰も話題になっている。大学は地域の魅力を創造し，発信していかなければならない。さもなくば魅力の無い大学として，地域住民から敬遠され，淘汰の対象となりかねない。

　大学は若者を引き寄せ，人材を育成して社会に送り出し，地域に活力を与

え，地域と連携しながら，最先端の情報を発信し，地域の文化水準の向上に寄与する存在である。こうした活動を継続していく限り，本学もまた岐阜県西濃地方という地域の魅力の一構成要素であり続ける。朝日大学産業情報研究所もまた，地域のために，より一層地域との関係を深めながら情報発信を継続していく，それが産業情報研究所の使命であり，存在理由でもある。

注

1）https://www.les-plus-beaux-villages-de-france.org/fr/
2）https://lpbvt.org/
3）北海道医療大学HP。北海道ボールパークFビレッジ　共同まちづくりに関する基本合意締結について―北海道医療大学（hoku-iryo-u.ac.jp），https://www.hoku-iryo-u.ac.jp/topics/information/1055531/（2023年11月16日アクセス）
4）当別町役場HP。北海道医療大学移転関連　事業者向け相談窓口の設置について―当別町公式ホームページ―札幌至近の自然あふれるまち（town.tobetsu.hokkaido.jp）
https://www.town.tobetsu.hokkaido.jp/soshiki/syoukou/42606.html（2023年11月16日アクセス）

あ と が き

　岐阜は"山と温泉しかない"と謙遜だか自嘲だかわからない，やや否定的な表現をする人がいるとすれば，それは私のように岐阜の山の中で生まれ育った人間である。そのくせ，あるいはだからこそ見渡す限り"海しかない"風景に憧れる。あるいは深夜に煌々と輝く"高層ビルしかない"都会が眩しく見える。尤もこれらは単なる主観的イメージに過ぎないが，要はすでに十分享受しているものに対しては魅力が薄れてしまっているが，逆に，未知のもの，未体験のものには憧れや，知りたい，体験したい，手に入れたいという欲求が働く。こうした知識欲が人間にある限り，地域は誰かにとって魅力的であり続ける。だからこそ地域研究に携わる我々は，今後もますます地域の魅力を発掘し，研磨し，発信し続けていく。その責務がある。

太平洋を北上するフェリーにて，
朝焼けの大海原を眺めながら

　　　　　　　　　　　　　　　　　　　　　　　　　　　　　　編者記す

編著者紹介（執筆順）

戴　秋娟（たい　しゅうけん） 北京外国語大学歴史学院准教授	序　章
神谷　真子（かみや　まさこ） 朝日大学経営学部教授	第1章
米田　真理（よねだ　まり） 朝日大学経営学部教授	第2章
櫻木　晋一（さくらき　しんいち） 朝日大学経営学部教授	第3章
中畑　千弘（なかはた　ちひろ） 朝日大学経営学部教授	第4章
壁谷　順之（かべや　のぶゆき） 長崎県立大学地域創造学部教授	第5章
村橋　剛史（むらはし　たけし） 朝日大学経営学部教授	第6章
曽我部雄樹（そがべ　ゆうき） 朝日大学経営学部准教授	第7章
矢守　恭子（やもり　きょうこ） 朝日大学経営学部教授	第8章
畦地真太郎（あぜち　しんたろう） 朝日大学経営学部教授	第9章
中垣　勝臣（なかがき　かつおみ） 朝日大学経営学部准教授	終　章

朝日大学産業情報研究所叢書 13

継承する地域・創造する地域
──コロナ禍を越えて蘇るその魅力──

2024年3月25日　第1刷発行

編著者　中　垣　勝　臣
発行者　阿　部　成　一

〒162-0041　東京都新宿区早稲田鶴巻町514番地
発行所　株式会社　成文堂

電話　03(3203)9201(代)　Fax(3203)9206
http://www.seibundoh.co.jp

製版・印刷　三報社印刷　　　製本　弘伸製本
© 2024　K. Nakagaki　　Printed in Japan
☆乱丁・落丁本はおとりかえいたします☆
ISBN 978-4-7923-5071-0　C 3034　　検印省略

定価（本体3000円＋税）

朝日大学産業情報研究所叢書